小林和夫著作集

補遺1

ルカによる福音書・上

いのちのことば社

刊行のことば

小林和夫先生とは五十年来の親友ですが、先生ほどに卓越した説教者というのは、めったにいないのではないかと私は思っています。それは友人だからというひいき目からばかりでないことは、一度でも先生の説教に触れたことがある人なら、誰もが納得するに違いありません。

それは何も、いわゆる〝説教がうまい〟という次元のことではないのです。本来、説教というのは、上より与えられた内なるもののトータルな表現だと思いますから、まず「与えられた内なるもの」の豊かさが問われることになるはずです。ですから、小林先生の説教がすばらしいと言われるのは、何よりもこの「与えられた内なるもの」の豊かさにあると言うことができましょう。そして、その内なるものの豊かさとは、小林先生の場合、〝みことばによる恩寵経験の豊かさ〟だろうと私は思っているのです。

当然ながら説教には、その与えられた内なるものを、いかに表現し、伝達するかというプロセスが求められることになります。その点から見ると、なお一層、先生の説教がどうして優れているかがわかるような気がします。

その中のいくつかの要素を挙げてみますと、まず第一に、先生の説教はどんな時でも、聖書釈義の工程をきちっと踏まえた上での解き明かしであり、そこには決して勝手な読み込みがないということ。第二に、その内容が、単にテキストの解釈によるだけでなく、聖書全体を貫く神学的視点に裏づけられているということ。第三に、その説教は託された羊を養う牧会的配慮でなされていること。そして第四に、まことに説教の範たるにふさわしいみごとな説教学的な構成で組み立てられているということです。

以上のような要素を踏まえながら、先生によって「みことばが開かれて」いくのです。このような説教は、一つの教会の祝福にとどめるべきではなく、日本の教会に主より与えられた共有財産として広くその祝福をお分かちすべく、そしてこれにいくつかの主要な論文も加え、著作集全十巻という形で刊行いたしました。読まれる方々にとって、聖書への開眼の書となることを確信してやみません。

そして、さらにまた小林先生の熱い願いを受けて、ここに補遺として、ルカによる福音書（上・下）と使徒行伝、合わせて三巻を追加刊行する運びとなりました。「ルカ文書」の全体を丁寧に解き明かした連続講解説教からは、その熱い思いがほとばしり出てくるようで圧巻です。福音の核心をより深く理解するために、益となることは間違いありません。

日本の諸教会への豊かな祝福を心より祈りつつ。

二〇一四年十二月二十四日（救い主のご降誕を覚えつつ）

小林和夫著作集刊行会　代表　　村上宣道

補遺への序

『小林和夫著作集』全十巻は、一応終結しましたが、筆者の心の中に、何か一つ欠けたものがあると感じていました。

ルカによる福音書と使徒行伝、いわゆる「ルカ文書」におけるイエスの福音の足跡を考えると、聖書に親しんでいる者には自然に、宣教の時と場所とが見えてきます。イエスの宣教はガリラヤで始まり、エルサレムにおいて、宣教の内容である十字架と復活、聖霊降臨が起こり、さらに福音は、「ただ、聖霊があなたがたにくだる時、あなたがたは力を受けて、エルサレム、ユダヤとサマリヤの全土、さらに地のはてまで、わたしの証人となるであろう」（使徒行伝一章八節）と言われるように、「エルサレムから地のはてまで」という跡づけを見ることができます。

実は、これは旧約聖書そのものの、父祖たちの信仰の生活の足跡（旅程）に見ることができるものです。たとえばアブラハムは、カルデヤのウルからハラン、そしてカナンの地に行き、エジプトにさえも下ります。そしてまた、約束の地カナンにおいて天に召されたという、信仰の歩みの歴史を見ることができます。また、出エジプトをしたイスラエルが、解放後、四十年にわたる、荒野から約束の地に至るまでの歴史の記述をモーセ五書の中に見ることができます、続く歴史書の中でも、士師やサムエルなどの預言者によって、どの地で何がなされたということが、イメージ深く入っています。さらに言えば、ダビデもシオンの地に契約の箱を移したことや、国内、諸国で敵との戦いをしており、その勝利も神の御手によってなされたと告白しています。

このように、聖書の言う救いは、この地上における神の民とともにおいでになる主の臨在の証しであり、神によって指定され、導かれた土地で起こりました。聖書は、その土地その土地の名前をはっきりと記しているのです。

筆者は最近、改めて *The Apostolic History and The Gospel* という、F・F・ブルースに献呈された論文の、F・V・フィルソンの "*The Journey Motif in Luke-Acts*" を読んで、聖書は救いの歴史であるというときに、その時と場所とをはっきり知らせているということを新しく知り、その意味の深さを考えました。そして、この見方はルカによる福音書と使徒行伝にも一貫して、福音がどこから始まり、どこに至ったかという過程があることに、深く思いを至らせられました。

ルカの場合は、福音がだれに対して適用され、イエス・キリストのおとずれがだれに伝えられたかに関わっています。たとえば、イエスはどこに生まれ、だれを救うかというときに、天使の言葉の中にこれを見いだしたようであります。

> 御使は言った、「恐れるな。見よ、すべての民に与えられる大きな喜びを、あなたがたに与える。きょうダビデの町に、あなたがたのために救主がお生まれになった。このかたこそ主なるキリストである」。(ルカによる福音書二章一〇―一一節、傍点は筆者による)

この救い主はやがてエルサレムに上り、そこで十字架につけられ、よみがえり、天にお帰りになり、聖霊を注いでくださった。そのイエスのご生涯は、特にエルサレムにおいてそのことがなされたと、ルカは言っています。

大切な点だけを記すと、

①さて、イエスが天に上げられる日が近づいたので、エルサレムへ行こうと決意して、その方へ顔をむけられ、（九章五一節）

②イエスはエルサレムへ行かれるとき、サマリヤとガリラヤとの間を通られた。（一七章一一節）

③イエスはこれらのことを言ったのち、先頭に立ち、エルサレムへ上って行かれた。（一九章二八節）

エルサレムに到着したイエスは、民に教え、十字架につけられ、三日目に死人のうちよりよみがえり、ご自分をお示しになり、「父から約束された聖霊の力を授けられるまでは都にとどまっていなさい」と語り、それから天にお帰りになりました。そして、この約束に立って、弟子たちは十日間ひたすら祈りをし、「五旬節の日が来て、みんなの者が一緒に集まっていると、突然、激しい風が吹いてきたような音が天から起ってきて、一同がすわっていた家いっぱいに響きわたった。また、舌のようなものが、炎のように分れて現れ、ひとりびとりの上にとどまった。すると、一同は聖霊に満たされ、御霊が語らせるままに、いろいろの他国の言葉で語り出した」（使徒行伝二章一—四節）のです。

使徒行伝は、

①原始教会の成立、発展をペテロを中心として（一—一二章）

②異邦人宣教をパウロを中心として（一二—二八章）

記されています。

特に、晩年のパウロはルカと生活を共にした（テモテへの第二の手紙四章一一節）ことを、実感を込めて記述しています。
福音は、当時の世界の中心とされていたローマに到達したことを記しています。ルカはこの大きな世界史観的骨格（スケルトン）をもった救済史観の上に立ち、責任をもって受け取った諸伝承を整理し、ルカによる福音書と使徒行伝を書き上げたのです。

> わたしたちの間に成就された出来事を、最初から親しく見た人々であって、御言《みことば》に仕えた人々が伝えたとおり物語に書き連ねようと、多くの人が手を着けましたが、テオピロ閣下よ、わたしもすべての事を初めから詳しく調べていますので、ここに、それを順序正しく書きつづって、閣下に献じることにしました。すでにお聞きになっている事が確実であることを、これによって十分に知っていただきたいためであります。（ルカによる福音書一章一―四節）

福音はガリラヤから始まり、エルサレムにおいてその基礎を得、聖霊によってローマにまで届きました。ルカの目には、さらにその先の救済の歴史が見えていたであろうと想像すると、胸が躍ります。御名をあがめつつ、ハレルヤ！

東村山にて　小林和夫

目次

＊聖書本文は口語訳聖書（日本聖書協会発行）を使用しています。

〈ルカの救済史におけるエルサレムの重要性〉

福音のはじまり（二章七―一四節）

イエスの公生涯に向かって

1 バプテスマのヨハネの誕生とその生涯
2 イエスの誕生と幼少時代
　a 生後八日目を過ぎて両親とエルサレムへ（二章二二節）
　b 十二歳のイエス、エルサレムに「父の家」意識（二章四九節）
3 三十歳のイエスの受洗と公生涯出発へ（三章二一―二三節）

ガリラヤ宣教（四章一四節―九章五〇節）

エルサレムに向かって

1 「神の国」の福音を宣教する（四章四三節）
2 小さき群れよ恐るるな！
　「神の国の福音」

言（ことば）	教説
みわざ	奇跡

3 エルサレム行きの決意（九章五一―五二節）

エルサレムにおけるイエス

エルサレムにおいて

1 終末の教説（二一章）
2 最後の晩餐（二二章一三―三七節）
3 受難（二二章三九―七一節）
4 十字架の死（二三章二六―五六節）

5 復活と顕現（二四章六―三三節）
6 **エルサレム**での十二弟子への約束（二四章三三―四九節）
7 昇天（二四章五〇―五三節）

福音と教会の進展（使徒行伝一章三節―二八章三一節）

ローマに向かって

1 一二〇名の待望の祈り（使徒行伝一章一二―一五節）
2 聖霊の降臨（二章一―四七節）
3 サウロの回心（九章一―三一節）
4 聖霊はペテロとパウロを中心として宣教の器とされた

ペテロ	一―一二章の中心人物
パウロ	一三―二八章の中心人物

5 アンテオケ教会の成立（一一章一九―三〇節）
6 **エルサレム**での教会会議（一五章一―二九節）
7 パウロにより、ついにローマに福音が伝わる（二八章一四―三一節）

地の果てを目指して

（使徒行伝一章八節）

1　ザカリヤへの受胎告知〈一章一―四節〉

きょうから、ルカによる福音書に入っていきたいと思っています。

ルカという人は、ルカによる福音書と使徒行伝という二つの大きな書物を書きました。「ルカ文書」は、新約聖書の中の五分の一を占める大きな分量があります。ルカによる福音書においては、イエス・キリストがどういうお方であったかということが、その初めから天にお帰りになるまでずっと記されています。そして、使徒行伝には、イエス様が天にお帰りになったあとを受け継いで世界に福音を伝えていった最初の教会の姿が記されています。ルカの書いたものを見ますと、イエス様から原始教会の姿が一貫して、筋を通して見られます。ここで記されていることは、今日の私たちの教会の姿の原理、原則であり、私たちクリスチャン一人一人の信仰の礎になるということを、みなさんと一緒に考えてみたいと思っています。

ルカによる福音書がどういう性格を持っていて、ルカがどういう気持ちでこれを書いたのかということを初めに申し上げ、それからザカリヤへの受胎告知の物語を取り上げてみたいと考えています。

まず、一章一節から四節まで読んでみましょう。

わたしたちの間に成就された出来事を、最初から親しく見た人々であって、御言《みことば》に仕えた人々が伝えたとおり物語に書き連ねようと、多くの人が手を着けましたが、テオピロ閣下よ、わたしもすべての事を初めから詳しく調べていますので、ここに、それを順序正しく書きつづって、閣下に献じることにしました。すでにお聞きになっている事が確実であることを、これによって十分に知っていただきたいためであります。（一―四節、傍点筆者）

この一節から四節までは、いわばルカによる福音書の序文と呼ぶことができるだろうと思います。まことに優れたギリシャ語が用いられていて、当時のギリシャの世界の文学の叙述形式、あるいは歴史の叙述形式に沿ったものになっています。ですから、ここは、ルカという人が一流の教養人であったということを偲ばせるに十分な場所であると学者たちによって言われています。

ルカは、使徒パウロとともに伝道をし、パウロを助けた人でした。パウロがローマの牢獄に入ったときにも、その健康を気遣って、ルカはパウロを訪ねて仕えました。また、ルカは医者であったと言われています。非常に学問を積んだ教養のある人で、新約聖書の中で、このルカの文章が一番麗しいギリシャ語で書かれているとも言われます。紀元六四、六五年から七〇年の間に書かれたであろうと推定されています。

一節を見ますと、「わたしたちの間に成就された出来事」を伝えるとあります。この「出来事」というのは、イエス・キリストの出来事です。世界が、救い主がおいでになるようにと待ち望んでいましたときに、イエス・キリストは旧約聖書の預言の成就としてこの世にお生まれになり、現れ、生涯を送り、救いを全うしてくださいました。そして、十字架にかかり、復活して、天にお帰りになりました。そのイエス・キリストの事実が、ここで言う、「わたしたちの間に成就された出来事」です。

ルカは、このイエス・キリストの出来事が、単なる二千年前の歴史の一角ではなく、全世界の人々がこの出来事の意味に接続されると同じように、神様の恵みの救いにあずかることができるということを非常に強く自覚していました。ですから、ルカよりも前にイエス様の伝記を書いて残そうとした人がたくさんいたようですけれども、ルカは少し違った視点でこれを書いたのです。マタイは、旧約聖書はイエス様によって成就したということを強調して書きました。また、マルコは、ローマにいる迫害されているクリスチャンに対して、「このイエス様こそ救い主である。イエス様も十字架を忍んだのだから、あなたがたも迫害を忍びなさい」という考えから、マルコによる福音書を書いています。そういう福音書がすでに出ているけれども、ルカはもっと客観的に、歴史的に、きちんとイエス様の誕生からご生涯、教会の発生から地の果てに至る伝道のことを書きたいと思ってペンを執ったわけであります。

一節には、「最初から親しく見た人々」とあります。これは、目撃者たちの証言、あるいは目撃した人々の書いたノートのようなものを集めて書いたということです。そして、三節で彼は、「テオピロ閣下よ、わたしもすべての事を初めから詳しく調べていますので」と言っています。この「詳しく調べる」というギリシャ語は、科学的なインベスティゲーション、査察ということを表す言葉です。物事の出所、原因は何かということを表すときに使われるギリシャ語なのです。ルカは、目撃者たちの証言や書いたものを見たときに、それがどこから来たものか、本当にイエス様のお弟子が書いたものか、よく調べたということです。ですから学者たちは、この「詳しく調べる」という言葉の中に、ルカがこれから書いていく物語に大切な資料として受け入れるべきものと、これは駄目だと捨ててしまったものとがあったことを読み取るわけです。ルカは、まことの目撃者から伝わってこないような捏造した話は、詳しく調べて全部捨てたということです。これは尊いことだと思います。

そして、「それを順序正しく書きつづって」と言っています。これは、歴史的な順序に沿ってということです。マルコによる福音書もほぼ歴史的な順序に従っているとされていますが、マルコは、イエス様が三十歳になってからの公生涯しか書いていません。ところが、ルカは誕生からずっと順序正しく書いています。

この序文は、叙述形式から言いましても、内容から見ましても、ユダヤの歴史家ヨセフスの書いた『ユダヤ戦記』と同じような書き方をしていると言われています。あるいは、ギリシャの歴史家にタキトゥスという人がいますが、その歴史を書く筆法と並行するものを持っているとも言われます。この「順序正しく」という書き方は、文学的にも非常に優れた筆致をもって書かれているということなのです。

たとえばザカリヤの物語も、そのような書き方がされています。ザカリヤという人がいて、天使が現れて受胎告知がなされて、バプテスマのヨハネが生まれて、その結果どうなったかということが言われているわけですが、イエス様のご誕生についても同じように書かれているのです。マリヤに天使が現れて受胎告知がなされ、マリヤがそれを受け取って結果がどうなったかというように、わずか一章の中で、二つの物語が全く並行して書かれています。ルカという人は、歴史的に非常に正確に記そうと思ってこれを書いていて、また、文学的な素養をもって書いているということです。

歴史は、時間と場所と人によってできています。時間を問題にしなかったら、歴史というものはないわけです。ですからルカは、イエス様の歴史について、マリヤが身ごもったのはいつごろで、イエス様のご誕生はローマのどういう皇帝のときのいつの出来事かというように、きちんと世の中で起こった出来事と符合させるようにして書いています。使徒行伝を見ましても、「だれが総督であったとき」か、きちんと時を問題にして書いているのです。

そして、その「時」というのは、世の中の歴史だけではなくて、「神様がご覧になった時」ということもあわせて見ています。すなわち、「クラウディオ帝の何年にイエス様が生まれた」と言うけれども、そういう地上の暦だけではなくて、神様の時、ギリシャ語では「カイロス」という言葉が使われますが、旧約聖書の時が満ちてイエス様が生まれたのだということを言っています。地上の出来事は歴史的偶発ではなく、神様の深い摂理の下にあるという歴史の書き方をしているわけです。これは、普通のプロファンゲシヒテと言われる世俗史ではなくて、サルベーション・ヒストリー＝救いの歴史を書いているということなのです。

それから、「場所」ということです。歴史を書くには、「どこで」ということも問題です。フィルソンという学者は、ルカの書いたものを見ると、ジオグラフィカル・モティーフという、地理的なものの見方をきちんと持っていたと言っています。イエス様の福音はガリラヤから始まり、エルサレムが中心になっているのです。奇跡や物語も全部が、エルサレムに向かって行く途上に起こった事々として出てくるのです。これはとてもおもしろいことです。そして、使徒行伝では、エルサレムで聖霊が降《くだ》って、サマリヤ、ユダヤ全土、および地の果て、ローマにまで福音が至ったとあります。こういう地理的な全貌を持っているのです。

このルカの持っていた世界観は実に優れたものがあります。イエス・キリストの出来事というのはまさに世界大の出来事であり、歴史的な事実として、神様がご自分のご計画の中でなさったのだという書き方をしているのです。

ルカによる福音書の特色の一つは、「普遍主義」だと言われています。神様は全人類のだれをも愛しておられるということです。マタイは、「ユダヤ人は駄目だから、異邦人が救われるようになった」という言い方をします。ユダヤ人は災いだ、律法学者は駄目だと言う。ところが、ルカはそういうことは言わないのです。異邦人も救われるけれども、肝心のユダヤ人だって救われるということです。ユダヤ人もギリシャ人も決して区別をしない、神様はどんな人でもお救いになるというのが普遍主義なのです。

特色の二つ目は、女性の物語が非常に多いということです。男系世界において男尊女卑になりがちな中で、神様という方は、弱いと思われる女性たちがどんなに力を持って人間の世界を構成しているかということに目を留められたのです。たとえば、ルカは、神様がやもめの祈りを聞いてくださったという話を取り上げています。やもめが献金をしようと思ったけれどもお金がなくて、持っていたレプタ二つをチャリンと献金箱に入れたところ、イエス様はそのことこそ大きな行為であるとおっしゃった。こういう女性に対する思いやり、慰めの福音ということが、ルカによる福音書の特色の一つであると言うことができます。

三つ目は、聖霊の働きとお祈りの関係が、他の書より詳しく書いてあるということです。ルカにおいては、いろんな出来事が起こってくるときに、聖霊が働いておいでになると書かれています。イエス様がなさったことも御霊の働きだというように、聖霊のことがたくさん出てくるのです。その聖霊という方は、三位一体の神様で、向こうにいて勝手に働いてくるのではなくて、ありがたいことに、私たちのささげるお祈りに答えてくださると書いてあります。「求むる者に聖霊を賜はざらんや」(文語訳)とありますよね。一生懸命にお祈りしたら、神様は聖霊に満たしてくださるということも、ルカに出てくるのです。

そして、このルカによる福音書は、はっきりとした目的をもって書かれました。三節を見ると、こう書いてあります。

テオピロ閣下よ、わたしもすべての事を初めから詳しく調べていますので、ここに、それを順序正しく書きつづって、閣下に献じることにしました。

「テオピロ閣下」という人に向かって書かれていますね。このテオピロというのは、実在する人間の固有名詞ではなかったようです。ギリシャ語で「テオピロ」というのは、「セオフィロス」という言葉です。「セオス」は「神」、「フィレオー」は「愛する」ということですから、「神を愛する者」あるいは、「神に愛されている者」という意味なのです。そして、「閣下」という言葉が使われていますが、これは「偉い人」ということです。ですから、単なる「神を愛する者」ということではなくて、「この人にこれを献じたら何か事が起きるのではないか」ということをルカは予想したと言われるのです。

それでは、ザカリヤへの受胎告知について学びます。五節から二三節までのところです。ザカリヤはユダヤの国の祭司でした。この人に、ガブリエルという御使いが現れて、「あなたから子どもが生まれますよ」ということが告げられました。

ザカリヤは、エルサレムの神殿において大祭司が至聖所に入っていくときに、聖所の中で香を焚いて手渡す働きをしていました。当時エルサレムには何千という祭司がいましたから、一生かかってもこういう仕事をすることのできない人もあったと言われるのですが、たまたまそれがくじで当たったと書いてあります。香を焚くということは非常に栄誉なことであったわけです。

そのザカリヤが聖所で香を焚いて幕屋から出てきたら、口がきけなくなっていたというのがここのストーリーです。それがどういうことであったのかについて、一つ二つの教訓を見てみたいと思います。第一に、ザカリヤに神様の使いが現れて、何を教えてくださったかといいますと、神様は「祈りに聞いてくださる方」だということです。そして二つ目は、「ザカリヤの試練」ということです。

1　祈りを聞いてくださる神

まず、「祈りを聞いてくださる神」ということを見ていきたいと思います。一一節から読みましょう。

すると主の御使が現れて、香壇の右に立った。ザカリヤはこれを見て、おじ惑い、恐怖の念に襲われた。そこで御使が彼に言った、「恐れるな、ザカリヤよ、あなたの祈が聞き入れられたのだ。あなたの妻エリサベツは男の子を産むであろう。その子をヨハネと名づけなさい。……」。（一一―一三節）

イエス様の先駆者であったバプテスマのヨハネが生まれるということが告げられました。このときに言われたのが、「あなたの祈りが聞き入れられましたよ」ということです。すばらしい福音書ですね。ルカによる福音書の特色は、聖霊が働くということと、お祈りが強調されていると言いましたが、開巻一ページから、「あなたの祈りが聞かれたのだ」とあるのです。

ある人はこう言っています。神様が祈りに答えてくださるというのは、ある日突然のように思うけれど、そうではない。日ごとに、忠実に神に仕えている仕事の中で、神は祈りに答えてくださるのです。自分のなすべきことも放ったらかしておいて、寝転んで「神よ、祈りに答えよ」というような祈りは問題にされません。しかし、どんなに祈ってみても聞いていただけないように感じても、忠実に神様に仕えている日ごと日ごとがあるときに、神様は祈りを聞いてくださるのです。ザカリヤに対しても、その忠実な日ごとの奉仕の中で、神様は現れて答えてくださったということです。

このときイスラエルの人々、特に信仰のある人々は、救い主が来るのを待っていたのです。二章を見ますと、シメオンという人が御民イスラエルの慰められるのを待っていたと書いてあります。そういうふうに、信仰のある人々は神様の救いをいただく時が必ず来る、という祈りをもって救い主を待望していました。

そういう祈りをザカリヤもしていたわけですが、もうこの人たちは年をとっていました。ですから、子どもなんか生めるような状況ではなかったでしょうけれども、若いときには一生懸命に祈ったのだろうと思うのです。ところが、年をとってしまって、子どももなんかもう生まれないだろうと思っていたのでしょう。けれども、一生懸命になって信仰をもって祈ったその祈りを、神様はお忘れになっていなかったのです。日常茶飯事の信仰の生涯が淡々と生きられている中に、かつて祈った祈りであっても、真剣に祈った祈りを神様は覚えていて答えてくださる。だから学者たちは、ザカリヤはこのときに子どもが与えられるようにと祈ったのではないだろうと言います。これは、かつての祈りが答えられたのだろうということですね。

そこに、御使いのガブリエルが現れたのです。このガブリエルは、神様の言葉、メッセージを伝える天使でありました。いろんな天使がいて、たとえばミカエルという天使は悪霊と戦ってくれる天使だと言われていますが、このガブリエルという天使は、神様の言葉を伝えるメッセンジャーなのです。

ガブリエルという天使は、さかのぼること五百年前、ダニエル書の中にも出てきます。ダニエルは、国が罪に陥って、もう神様の救いを与えられないだろうと苦しんだときに、「どうぞ、私たちのこの国を救い出してください」と祈りました。ダニエルが断食してその祈りを始めたときに、神様のみもとから御使いガブリエルが遣わされまして、「ダニエルよ、おまえの祈った祈りは聞かれたぞ」と告げられたのです。

あれ以来、このガブリエルという御使いは歴史には現れてきませんでした。その五百年来の沈黙を破って、最初にザカリヤに現れ、マリヤにも現れたのです。まさに神様の言葉が伝えられた。神の言《ことば》であるイエス様がお生まれになる以前に、「あなたの祈りは答えられた」という言葉が御使いによって伝えられたのです。

しかも、その内容は、「あなたがたが祈っているメシヤが来るぞ。そのメシヤの先に、バプテスマのヨハネと言われる、メシヤの道を備える露払いのような人が来るぞ。それがザカリヤ、おまえから生まれる子だぞ。その名をヨハネと名づけなさい」ということでありました。シメオンをはじめとする、レムナントという本当に信仰のある人々の祈りに神様はお答えになって、メシヤがおいでになるというお約束を実現させてくださったわけです。

ですから、このヨハネという人について、一三節の終わりからこう書いてあります。

「その子をヨハネと名づけなさい。彼はあなたに喜びと楽しみとをもたらし、多くの人々もその誕生を喜ぶであろう。彼は主のみまえに大いなる者となり、ぶどう酒や強い酒をいっさい飲まず、母の胎内にいる時からすでに聖霊に満たされており、そして、イスラエルの多くの子らを、主なる彼らの神に立ち帰らせるであろう。彼はエリヤの霊と力とをもって、みまえに先立って行き、父の心を子に向けさせ、逆らう者に義人の思いを持たせて、整えられた民を主に備えるであろう」。（一三―一七節）

「彼は主のみまえに大いなる者となる」、普通の人間ではないぞということですね。イエス様も、「女の産みたる者のうちにて、バプテスマのヨハネよりも大いなる者は起こらざりき」とおっしゃいました。それほどバプテスマのヨハネという人は偉大な人であって、イエス様の露払いの働きをするわけですが、このバプテスマのヨハネの特徴は、聖霊に満たされていたということでありました。

ヨハネは人々に対して、「世界の救い主が来る。だが、おまえたちは救い主を迎えるにはあまりにも心が汚れている。だから悔い改めなさい」と罪を指摘して、人々を神に立ち帰らせるという働きをしました。このバプテスマのヨハネが荒野に行って宣教しますと、エルサレムの神殿が寂しくなってしまうほど、多くの人がその周りに集まってきました。「先生、私に洗礼を授けてください」と言って、我も我もと洗礼を受けたのです。

ところがその中に、悔い改めもしないで洗礼だけ受けて、神様の恵みにあずかろうとした者がいました。

ヨハネはその人に、「まむしの末よ」と言った。「だれが神の怒りからおまえたちを救うことができると伝えたか。悔い改めにふさわしい実を持っていない者は帰れ」と、洗礼を授けることを拒んだのです。ヨハネの洗礼を受けることが救い主にお会いする備えですから、我も我もと集まってきた。祭司たちでさえも荒野に行って洗礼を受けたといいますから、いかに力強い働きをしたかということを思いますね。

ですから、「ザカリヤ、おまえと妻のエリサベツから生まれる子どもはこういう大きな器になるよ」というのは、これはすごい約束ですね。「祈りは聞かれた」というのは、こういう内容なのです。ちょこちょっと、「聞かれたか聞かれないかわからないけど、考えてみたら聞かれたかな」なんていうようなことではありません。聞かれたも聞かれた、神様は度肝を抜かれるような答え方をしてくださる方なのです。

ところが、このザカリヤという人は、御使いガブリエルに対してどう答えたかといいますと、一八節にこう書いてあります。

するとザカリヤは御使に言った、「どうしてそんな事が、わたしにわかるでしょうか。わたしは老人ですし、妻も年をとっています」。

どうしてそんなことがありますか。ありっこないですよ。でも、神様の答えは、人間には大きすぎるのです。人間の祈った祈りに神様は答えてくださる。このザカリヤとエリサベツの夫婦は、子どもがもう与えられないのではないかと思うようなときにも一生懸命に祈ったのでしょう。泣きながら祈ったのでしょうね。それでも、コトリとも答えられないように見えた。ところが、その祈りが答えられる時が来たら、もう自分も奥さんも年をとっていて、「冗談じゃない、子どもなんか生まれませんよ」と言ったのです。これは、アブラハムの物語と同じです。

みなさん、神の言葉というのは、こういう態度で受け取ってはならないということです。ザカリヤは、人間の常識で神の言葉を拒んだのです。利口な人だから。ザカリヤは、「私も年だ。昔は祈ったよ。でも、今はそんなことは忘れた。こんな年になって、どうして神様、そんなことが起きますか」と思ったのでしょう。

祈りに答える神だと言いますけれども、私たちの願いどおりにするかどうかは別です。私たちの願いどおりにされることもあるでしょう。だが、私たちの願いを遥かに超えて答えてくださるのが神様ですよ、みなさん。だから私たちは、現状に振り回されてはいけない。私も弱い人間ですよ。ちょっと何かを聞くと、やっぱり振り回される。大丈夫かなと思ってしまう。現実に人間は動かされやすい。本当にそうです。

でもね、神様の祈りへの答え方というのは、神様の方法で、神様の時があって、私たちの思いを遥かに超えた内容で答えてくださるのです。ですからペテロは、「私たちの思いを、願いを、このお方に向かっていつでも託していきなさい。神様は私たちの思いを遥かに超えて、神の栄光を拝させてくださるだろう」と言いました。私たちが信仰を持たなければ駄目なのです。

2　ザカリヤの試練

第二のことにいきましょう。「ザカリヤの試練」です。これは、不信仰ということです。常識が先に行って、利口だから、なまじ算盤をはじくことを知っているから、頑なになってしまう。「聖書にはそう書いてあったって、牧師先生はそう言ったたって、あの人はそう言ったたって、私のほうが利口だから……」。そういうところには神様の恵みは入っていかないのです。「砕かれる」と言いますが、頑固な心というのは常識にがんじがらめにされていて、そこから少しも外へ出られない。だから、進歩なんかありません。冒険もありません。予想を超えた神のみわざを拝することなんかできない。ザカリヤはまさにそうだったと思いますね。人間の常識が先立ってしまった。だから信仰というのは、時には大胆でなければなりません。常識を否定しなければいけない。

　そう言うと、「熱狂的だ」とか「非常識だ」と思われるかもしれません。もちろん、非常識になれとは言わないですよ。白を黒と言えなんて、そうは言わない。けれども、「一たす一は二」だという世界がどこかで破られて、一たす一は千にもなり、一万にもなるようなことが、神様の世界から私たちに突入してくるということがあり得ることを、生ける神を信じているクリスチャンは知っていなければならない。そうすれば、クリスチャン生活は楽しくて、すばらしいことで、堪《こた》えられないことですよ。その経験をしなかったら、いくら何かを学んでもどうにもなるものではないと思います。ですから、私は非常識とは言いたくない、超常識です。常識を超えて、神のお言葉こそ間違いがないと信ずる。そこに神様のみわざがなされていくということです。

　このザカリヤが常識に縛られて、不信仰になって、どうなったかと言うと、神様がザカリヤの口をきけなくしてしまったのです。こう書いてあります。

　御使が答えて言った、「わたしは神のみまえに立つガブリエルであって、この喜ばしい知らせをあなたに語り伝えるために、つかわされたものである。時が来れば成就するわたしの言葉を信じなかったから、あなたは口がきけなくなり、この事の起る日まで、ものが言えなくなる」。民衆はザカリヤを待っていたので、彼が聖所内で暇どっているのを不思議に思っていた。ついに彼は出てきたが、物が言えなかったので、人々は彼が聖所内でまぼろしを見たのだと悟った。彼は彼らに合図をするだけ

　で、引きつづき、口がきけないままでいた。（一九―二二節）

みことばを信じないで、不信仰で、常識でやっていく人というのは、無駄口はよくきけるのです。でも、肝心のことを語るときにはしゃべれなくなってしまう。常識に負けてみことばを信ずることから後退すると、私たちはそうなる。

どうか、みことばを本気になって捕らえて、立ち上がっていただきたいと思います。無駄口はいっぱいきくけれども、霊的に口がきけなくなる。そういう口から出てくる言葉は、「もう駄目だ」、「ああ、いやになっちゃうな」、「どうしてこうなんだろう」、「大変だ」、「つらいよ」ということです。今朝ここにいらっしゃるまでに、朝起きてから何時間経ちましたか。今朝この中で、一回も「いやになっちゃうな」とか、「つらい」なんて言わなかった人がいるでしょうか。

神様をほめたたえる、お祈りをすることにおいて口がきけて、神様との交わりができて、そこから神が答えてくださるという確信に立っていくような人生を送りたいものですね。それでも、「大丈夫じゃないんです」なんて確信を持って言うクリスチャンがいます。私もそういう弱さがあるのでわかりますが、ルカは、そういう人を神様は一番近くに置いて憐れんでくださっている、そういう人も四捨五入されていないということを言っているのです。どんな人であっても、みことばを信ずるように、祈りが聞かれるようにされるということを、このルカによる福音書の初めにおいて、ザカリヤの物語を通して私たちに語ったわけであります。

2　マリヤへの受胎告知〈一章二六―三八節〉

今朝は、ルカによる福音書の一章二六節から三八節までをお読みいたします。

六か月目に、御使ガブリエルが、神からつかわされて、ナザレというガリラヤの町の一処女のもとにきた。この処女はダビデ家の出であるヨセフという人のいいなづけになっていて、名をマリヤといった。御使がマリヤのところにきて言った、「恵まれた女よ、おめでとう、主があなたと共におられます」。この言葉にマリヤはひどく胸騒ぎがして、このあいさつはなんの事であろうかと、思いめぐらしていた。すると御使が言った、「恐れるな、マリヤよ、あなたは神から恵みをいただいているのです。見よ、あなたはみごもって男の子を産むでしょう。その子をイエスと名づけなさい。彼は大いなる者となり、いと高き者の子と、となえられるでしょう。そして、主なる神は彼に父ダビデの王座をお与えになり、彼はとこしえにヤコブの家を支配し、その支配は限りなく続くでしょう」。そこでマリヤは御使に言った、「どうして、そんな事があり得ましょうか。わたしにはまだ夫がありませんのに」。御使が答えて言った、「聖霊があなたに臨み、いと高き者の力があなたをおおうでしょう。それゆえに、生れ出る子は聖なるものであり、神の子と、となえられるでしょう。あなたの親族エリサベツも老年ながら子を宿しています。不妊の女といわれていたのに、はや六か月になっています。神には、なんでもできないことはありません」。そこでマリヤが言った、「わたしは主のはしためです。お言葉どおりこの身に成りますように」。そして御使は彼女から離れて行った。（二六—三八節、傍点筆者）

この部分は、クリスマスのときによく読まれる箇所です。イエス様のお母さんになったマリヤに対して、天の使いであるガブリエルが、「あなたは身ごもりますよ」と告げたところです。馴染みの深いところですが、「マリヤへの受胎告知」という題でお話をしたいと思います。

前回、ルカによる福音書がどういうものであるかについて、重要なことをいくつか申し上げました。その中で、ルカがイエス様の事実を親しく見た人たち、目撃した人々の証言を手がかりにして詳しく調べ、順序正しくこれを書いたということを言いました。御使いがマリヤに現れて受胎告知をなさったというストーリーは、ザカリヤの話と全く並行して書かれています。

文章の構造から言いますと、ザカリヤの物語は、まず天使ガブリエルが現れ、ザカリヤにあいさつをし、「こういうことがなされるよ」と告知をしました。そして、ザカリヤがその神様の告知に対してどう答えたかということ、その答えによってどういう結果が得られたかということが書かれています。天使の出現と告知と応答と結果という四つのことが要素になって、ザカリヤへの告知の物語は書かれていました。

これは、マリヤに対する告知でも同じです。天の使いが現れ、マリヤに対して告知がなされて、マリヤがその天の使いに対してどう答え、その結果がどうなったか、全く同じ構造で述べられています。ここに、ルカの正確無比な、文学的な筆の運びを見ることができると思うのであります。

四つのポイントを考えてみたいと思います。御使いによる告知の内容とマリヤの応答ということで、一番目は、生まれてくる幼子に名前がつけられた、「救い主の命名」ということ。二つ目は、「旧約聖書の預言の成就」。三つ目は、この誕生は「聖霊による誕生」であったということ。そして、四つ目は、「マリヤの応答」ということです。

1　救い主の命名

まず、「救い主の命名」ということ。三〇節をご覧ください、こう書いてあります。

> すると御使が言った、「恐れるな、マリヤよ、あなたは神から恵みをいただいているのです。見よ、あなたはみごもって男の子を産むでしょう。その子をイエスと名づけなさい。（三〇―三一節）

私たちは世界の救い主イエスのことを、簡単に「イエス・キリスト」、「イエス様」と呼ぶわけですけれども、この「イエス」という名前は、イエス様のお父さんになったヨセフとお母さんであるマリヤが勝手につけた名前ではない。神様からの指示によって、啓示によってつけた名前であるということであります。

「イエス」というのは、ヘブル語で「イェホーシュア」という言葉です。旧約聖書には、エシュアという祭司がいたとか、ホセアという預言者がいたとか、ヨシュアという将軍がいたと書いてありますが、これはみんな同じ名前です。「イェホーシュア」は、「主は救いである」という意味です。「ヤハ」というのが「主」ということで、それと「イェシューアー」という、「救い」という言葉とが結びついたのが「イェホーシュア」です。そして、ヘブル語がギリシャ語になりますと、「イエースース」という言葉になるのです。

「イエス」という名前が聖書の中に最初に登場するのは旧約聖書で、モーセの後継者であるヨシュアという人です。モーセは神の民をエジプトの奴隷の生活から救い出し、自由へと解放して救いのわざを拝したわけですが、そのモーセによって救い出された民は、不信仰のゆえに荒野を四十年さまよいました。そのときに神様が、モーセの後継者としてヨシュアという将軍をお立てになって、このヨシュアによって神の民は、天国の予表と言われる乳と蜜の流れる地カナンに入ったわけです。ヨシュアがいなかったら、モーセによって救い出された人々の救いも中途半端で終わってしまっていたのです。ヨシュアが民を引き受けて、神の約束の地に入れたというのが旧約聖書のストーリーであります。

今このお話をしながらも、私の目の前には、かつてみなさんと行ったエリコのことが浮かんでいます。草一本生えない荒野から、グリーンのベルトのようにエリコの街が見えてきます。神の民は、荒野からヨルダン川を渡ってエリコの街に入っていったわけですが、エリコの街からカナン、神様の約束の地に入るということが、イスラエルの人々の救いの完成でした。荒野では食べる物もろくに食べられず、マナを食べて、岩からの水を飲んで彼らは養われてきたわけですが、ヨシュアという人によって、ついに救いの国に入れられたのであります。

ですから、天の使いはマリヤに、「マリヤ、おまえから生まれる子どもをヨシュアと名づけなさい。あのモーセによって救い出された民がヨシュアによって神の国に入れられたように、おまえの子どもとして生まれる新しいヨシュアは、人類を罪という、パロ王よりももっとひどい王の支配から解き放って、神の国に導いてくださることのできるお方だぞ」と言ったわけです。

マリヤはこれを深く心に留めたと思いますが、マタイによる福音書を見ますと、天の使いは夫になるヨセフに対しても同じことを言ったと書いてあります。「おまえの妻が子を産むであろう。そうしたら、その名をイエスと名づけなさい」と。しかもマタイは丁寧な人ですから、「イエス」という言葉に注釈をつけまして、「汝その名をイエスと名づくべし。己が民をその罪より救ひ給ふ故なり」（文語訳）と書きました。マタイは、イエスが私たち人類を罪の奴隷から救い出すことのできるお方であると言ったわけです。ここから「イエス・キリスト」が始まったのです。

　このイエス様のことを、三二節にはこう書いてあります。

　　彼は大いなる者となり、いと高き者の子と、となえられるでしょう。

　この「大いなる者」とか、「いと高き者」というのは、旧約聖書における神様のご存在を表す言葉であります。詩篇の一五〇篇を見ますと、詩篇の結論のようにして、神様のみ名をほめたたえるということが言われていますけれども、そのときに詩篇の記者は、「その大能のはたらきのゆえに主をほめたたえよ。そのすぐれて大いなることのゆえに主をほめたたえよ」と言っています。私たちを超えた、比べることのできない偉大さのゆえに主をほめたたえよ、ということです。

　イエス・キリストは、二十歳や三十歳の完成した人間として、天から降りてきたわけではありませんでした。私たちと同じような、抵抗することができない、ただ受けることによってしか成長できないような、弱い赤子としてお生まれになったのであります。ところが、この天の使いは、イエス様は人間として弱さの中に誕生なさる方ではあるけれども、旧約聖書の「すぐれて大いなる者」と言われるようなお方である、と言ったわけであります。

2　旧約聖書の預言の成就

第二のことは、「旧約聖書の預言の成就」です。旧約聖書の歴史が、このイエス・キリストという小さな幼子の上に、全部ひっくるめて実現成就するのであるというのが聖書の考え方です。イエス様ご自身も、十字架を完成し、復活し、天にお帰りになるときに、「聖書はことごとくわたしにおいて実現成就した」とおっしゃいました。御使いがそのことをマリヤに語ったのが、三二節の後半のところです。

そして、主なる神は彼に父ダビデの王座をお与えになり、彼はとこしえにヤコブの家を支配し、その支配は限りなく続くでしょう。（三二—三三節）

「主なる神は彼に父ダビデの王座をお与えになる」とありますが、救い主がダビデの末であるヨセフを父としてお生まれになったということが、歴史であります。

ダビデは、イエス様がお生まれになるより千年も前の人でした。このダビデはイスラエルの国を建てあげたわけですが、そのときに自分が先に王宮を建てて住んだことについて、神様に対して申し訳ないという思いを持ちました。そして、預言者ナタンという人のところに行きまして、「ナタン、神様に祈ってくれ。私は一介の羊飼いの息子として生まれたけれども、神様の恵みによって今、この大きな神の国を支配することができるような、祝福ある者とされた。そして、私は自分の家を造って住んでいるけれども、まだ神様がおいでになる家、神殿ができていない。そこで、なんとかして神様の宮を建築したい」と申し出たのです。そのときに神様がお喜びになりまして、実に驚くべき恵みと祝福をこのダビデにくださったということが、サムエル記下の七章に出てきます。「ダビデの契約」と言われる記事です。そこで神様がおっしゃったことは、「ダビデ、おまえがわたしに従ったことのゆえに、おまえのこの王国はずっと末永く続くぞ」ということでした。もちろん、歴史の上ではダビデ王朝は滅ぼされたわけですけれども、しかし、神様は「滅びない」とおっしゃった。そして、「やがて世界を救う救い主、本当の王がおまえの家から生まれてくるぞ」とダビデに約束してくださったのであります。

イスラエルの人々は、このサムエル記下の七章以下のところをよく知っていたものですから、この御使いは現れるやいなや、「あなたから生まれる子をイエスと名づけなさい。ダビデの末からやがて世界の救い主がお生まれになるという預言が、この子どもによって実現成就するのだ」と語ったのです。それが、「主なる神は彼に父ダビデの王座をお与えになる」ということです。

しかも、そのあとを見ますと、「彼はとこしえにヤコブの家を支配し、その支配は限りなく続くでしょう」（三三節）とあります。この「ヤコブの家」とは、神様に約束された者の家柄ということです。神様は、ダビデよりもっと前、イエス様から約二千年前に、アブラハムに「やがて世界の救い主がお生まれになるぞ。その救い主は、アブラハム、おまえの子孫から生まれるぞ」とおっしゃいました。この約束は、アブラハムの息子であるイサクに継承され、さらにイサクからアブラハムの孫であるヤコブに継承されるわけですが、そのときにヤコブは「イスラエル」と名乗るようになります。ヤコブには十二人の子どもが生まれましたが、臨終のとき十二人の子どもたちに祝福を与えてこの世を去っていきました。この十二人の息子の中にユダという人がいまして、その子孫から世界のメシヤが生まれたのであります。

ですから、ベツレヘムで生まれた子どもが偶然に救い主だったということではなくて、その二千年前からアブラハム、イサク、ヤコブに約束されていたのです。そのヤコブの家が今日のイスラエル共和国ですが、イエス様が「とこしえにヤコブの家を支配し、その支配は限りなく続く」ということが告げられたのです。イスラエル民族が絶対に滅びないものとされて、それを支え続けていくのが救い主イエス・キリストであると言ったわけです。

ですから、マリヤへの受胎告知は、神様がみこころを傾けるようにして、「マリヤよ。おまえに預けるこの幼子は、イエスだぞ。救い主だぞ。旧約聖書二千年の歴史が全部このお方に吸収されて、世界の救いがここに実現するというお方だぞ」と言ったのです。しかも、「彼はとこしえにヤコブの家を支配し、その支配は限りなく続くでしょう」。救い主であることが永遠に続くということです。これはすごいことですね。

このことは、実はダニエル書の七章一四節以下の預言の成就です。ダニエルという人が幻を見たときに、神様が玉座においでになって、神様に仕える者たちがその周囲にいました。そこで、「人の子」のごとき者が神様の前に進み、祝福を受けるわけですが、その言葉の中に、「その王たる位、支配の位は限りなく永遠に続くであろう」ということが出てくるのです。これはイエス様ご誕生の約五百年前のことです。

このように、イエス様のご誕生は、旧約聖書が初めから終わりまで一貫して述べてきたことが成就したということなのです。イエスを信ずるということは、どんなにすばらしいことでしょう。

3　聖霊による誕生

三番目は、この幼子の誕生が、聖霊によるものであったということであります。決して、ヨセフとマリヤの、人間の男女の営みの結果として子どもが生まれてきたのではありませんでした。三五節を見てください。こう書いてあります。

> 御使が答えて言った、「聖霊があなたに臨み、いと高き者の力があなたをおおうでしょう。それゆえに、生れ出る子は聖なるものであり、神の子と、となえられるでしょう。

マリヤは、そのことを聞いたときに、「私はまだ結婚していませんよ。未婚の女性がどうして子どもを産むことができますか」と思ったことでしょうね。ところが、御使いが言ったことは、「いや、マリヤ。この救い主は、おまえがヨセフと結婚して普通の人間の男女の営みをすることによって生まれるのではない。聖霊によって生まれるのだ」ということでありました。

このことも、実は旧約聖書から切り離して考えることはできません。イエス様というお方は、新約聖書のパウロなどの言い方を見ますと、「第二のアダム」と考えられています。神様が宇宙の創造の冠として最初にお造りになった人間は、アダムという存在でした。神様が土の塵をこねて人を形造り、その泥の人型に息を吹き込んだとき、アダムは生ける者になったのでした。この「息」という言葉は、ヘブル語では「ルァーハ」と言いますが、これは「霊」とも訳すことができる言葉です。霊を吹き込まれて、人間は誕生したのです。そして、第二のアダムであるイエス様が誕生なさるときには、お母さんとなるマリヤの胎に直接に聖霊が関与して受胎が起こりました。神の息が泥の人型に吹き込まれたときに第一のアダムができたように、処女《おとめ》マリヤの胎に聖霊が干渉して受胎なさったのが、イエス・キリストであるということです。

これが、キリスト教会が信仰として告白してきました「処女降誕」という出来事であります。ルカはそれをあまり強くは言っていませんが、マタイは非常に強く言いました。マタイは、「おとめが身ごもって子を生むであろう。その名をインマヌエルと名づくべし」と書きました。まだ結婚していないマリヤの胎に直接に聖霊が触れて、第二のアダムを造られたというのが、ここの意味です。これは聖霊による奇跡であります。ですから、人間の罪の性質がイエス・キリストにはなかったということです。神様の知恵の結集のようにして、奇跡のわざとして救い主の誕生がなされたのです。

私は今でも、こういう話をするときにいつも思い出すのですが、坂戸教会の牧師をしている村上宣道という先生がいます。私の親友です。その村上先生が聖書学院の修養生時代に、こういうことを言いました。「この村上宣道は本当に罪人のかしらで、牧師の子どもだなんて言われたって、偽善者で、人の物は取るし、嘘はつくし、ろくなことは思っていないような人間だった。でも、この私がイエス様を信ずることによって罪赦されて、イエス様が私のうちに住んでくださるという事実さえも経験した。このイエス様が奇跡をなさる方であり、人を造り変えて、どんな人をも救うことができる方だということを信ずるときに、マリヤのうちにイエス様がお宿りになったなんてあたりまえだと思う」。それを聞きまして私は、「ああ、良い信仰を持っているなあ」と思って、神様のみ名をあがめたことであります。イエス様の誕生は、聖霊による誕生であるということですね。

4　マリヤの応答

四番目は、「マリヤの応答」ということです。このようにマリヤは、旧約聖書の時代の偉大な歴史を負いながら、その使命に立ったわけですけれども、これは大変なことだったと思います。マリヤの生涯を見てみますと、もちろん最後には従うわけですけれども、いろいろなことを覚悟しなければならなかっただろうと思うのです。マリヤだって人間の常識を持っています。神様がおっしゃる信仰の世界と常識との葛藤が、マリヤの内にもどんなに起こっただろうかと思います。

祭司ザカリヤが天の使いの声を聞いたときに、「そんなことあるものか。私も年をとっているし、妻も年をとっているのに、私たちから子どもが生まれるなんて」と、神様の言葉を常識で退けてしまい、口がきけなくなったということを学びました。不信仰というのは、常識だけで動いていく生涯なのです。

これに対して、私たちは、マリヤという人は立派な人だから、素直な人だから、「はい、私は主のはしためです。あなたに従います」とすぐに言った、ザカリヤよりもマリヤがまさっていたと思いやすいものです。けれども、聖書はそんなことは言っていません。マリヤもザカリヤと同じように悩んだのです。それはそうでしょう。まだ結婚もしていないというのに、しかも旧約聖書に言われている救い主が自分から生まれるなんて、マリヤだって見当はつかなかった。マリヤの常識だって鎌首を持ち上げてきて、神様のおっしゃる信仰の世界との葛藤が始まったと思いますよ。その証拠にこう書いてあります。

　御使がマリヤのところにきて言った、「恵まれた女よ、おめでとう、主があなたと共におられます」。この言葉にマリヤはひどく胸騒ぎがして、このあいさつはなんの事であろうかと、思いめぐらしていた。（二八―二九節）

「思いめぐらしていた」と言っても、なまやさしいことではないですよ。ギリシャ語ではディアローグという言葉の動詞形です。ディアロゲイ・ドギゾーマイという言葉、これは「対話する」ということです。「会話を交える」、「討論する」ということです。マリヤは、このことが突きつけられたときに、「はあ、そうですか」と聞いたのではありません。ディアローグが起こった。葛藤が起こった。神様との論争のような中にマリヤが置かれていたということを見ることができます。マリヤという人は、神様のみこころが自分に臨むときに、いつでもすぐに、「それは駄目だ」とか、「それは良い」とか言わなかった。まず、「神様、それはどういうことですか」と、神様とお話をし、交わっていたと考えることができます。

　同じようなことが二章にも出てきます。羊飼いたちが天の使いの讃歌を聞き、イエス様を訪ねて行って礼拝したときに、彼らは「今、荒野で天の使いが現れて、このお方は世界の救い主だと告げました」と言ったわけです。それを聞いたときにマリヤは、それを「心に留めて、思いめぐらしていた」と書いてあります。そこでも、同じディアローグという言葉が使われています。

このディアローグ、葛藤ということは、私たちクリスチャンにもあることです。神様はこうおっしゃるように聞こえるけれども、私はどうしようかということ、その葛藤をどう乗り越えるかということですね。当時、独身の女性が私生児を産むなんていったら、社会からは断絶されますよ。しかも、モーセの律法によれば、姦淫罪は石をもって打ち殺されるということですから、石が飛んできて自分が殺されることさえも計算にいれなければならなかったわけです。

ところが、マリヤが神様から選ばれ、祝福された原因は、そういう自分と神様のみこころとの葛藤があるけれども、神の言葉を勝たしめたことにあります。マリヤは葛藤の中で、神様のお言葉が自分を覆って、そこに自らをゆだねるということをしたのです。

一章三七節を見てください。御使いはマリヤに対してこう言いました。

神には、なんでもできないことはありません。

神のお言葉はそのとおりになるということでしょう。そのときに初めてマリヤは、神のみことばに自らをゆだねて、「私は主のはしためです。お言葉どおりにこの身になりますように」と、いつもクリスマスで私たちが読むような、「マリヤの服従」をしたのであります。

これは、マリヤの意思的な決断もありますけれども、神の言葉がマリヤに打ち勝ったということです。クリスマスというのは、神の言葉が人間に打ち勝ってくださったということなのです。クリスチャンの生涯というのは、神様の言葉が時として私たちの理性に打ち勝っていくことができる生涯です。そして、そこに開かれてくる奇跡的な希望を持つことができる生涯なのだと思います。

マリヤは、このさいわいを射止めました。それからの一年間は大変だったと思います。でも、マリヤはそういう中で、神様のお言葉に従うことがどんなに祝福であるかを知りました。このあとのところでマリヤは、神様の言葉に従った者がどんなにさいわいであるかということをうたっています。

それだけではありません。マリヤは自分の生涯を一貫して、人生における最大の幸福は神の言葉に聴き、それに自らをかけることだと思っていました。

あるとき、イエス様のもとにたくさんの群衆が集まって、すばらしい奇跡とお話に見とれ聴きほれていました。その群衆の中に大ぜいの女性がいまして、イエス様に向かって、「あなたを育てたお母さん、あなたにお乳を与えた乳房は幸せですね」と言ったことがありました。そのときにイエス様は、「そうではない。人生における最高の幸せは、神の言葉を聴いてそれを守ることだ。それを心に留めながら生きることだ。わたしの母のマリヤはわたしにミルクをくれ、わたしを育ててくれたけれども、だから幸せであるということではない。彼女の幸せは、神の言葉を聴いて、それに従い、それに人生をかけたことだ。だから、あなたがたも神の言葉に自らの人生をかけ、幸せな者になることができるよ」とおっしゃったのであります。

「わたしは主のはしためです、お言葉どおりこの身に成りますように」。お互いに、そのような態度で主の前に出たいと思いますね。

3　マリヤとエリサベツの会合〈一章三九―五六節〉

ルカによる福音書の一章三九節から読んでみます。

そのころ、マリヤは立って、大急ぎで山里へむかいユダの町に行き、ザカリヤの家にはいってエリサベツにあいさつした。エリサベツがマリヤのあいさつを聞いたとき、その子が胎内でおどった。エリサベツは聖霊に満たされ、声高く叫んで言った、「あなたは女の中で祝福されたかた、あなたの胎の実も祝福されています。主の母上がわたしのところにきてくださるとは、なんという光栄でしょう。ごらんなさい。あなたのあいさつの声がわたしの耳にはいったとき、子供が胎内で喜びおどりました。主のお語りになったことが必ず成就すると信じた女は、なんとさいわいなことでしょう」。するとマリヤは言った、

「わたしの魂は主をあがめ、
わたしの霊は救主なる神をたたえます。
この卑しい女をさえ、心にかけてくださいました。今からのち代々の人々は、わたしをさいわいな女と言うでしょう、
力あるかたが、わたしに大きな事をしてくださったからです。

そのみ名はきよく、
そのあわれみは、代々限りなく、
主をかしこみ恐れる者に及びます。
主はみ腕をもって力をふるい、
心の思いのおごり高ぶる者を追い散らし、
権力ある者を王座から引きおろし、
卑しい者を引き上げ、
飢えている者を良いもので飽かせ、
富んでいる者を空腹のまま帰らせなさいます。
主は、あわれみをお忘れにならず、
その僕イスラエルを助けてくださいました。
わたしたちの父祖アブラハムとその子孫とを
とこしえにあわれむと約束なさったとおりに」。

マリヤは、エリサベツのところに三か月ほど滞在してから、家に帰った。（三九―五六節、傍点筆者）

この一区切りを通じまして、「マリヤとエリサベツの会合」ということをお話ししたいと思います。イエス様の母に選ばれたマリヤと、イエス様の露払いになったバプテスマのヨハネのお母さんのエリサベツが会ったということですが、神を信ずる者同士が出会うこと、交わりをもつことは、どういうことを意味するのか、何が神様の祝福として現れるのか、ということを学んでみたいと思っています。

一章の最初では、イエス様の道備えをするバプテスマのヨハネが生まれる受胎告知が、祭司ザカリヤとエリサベツになされました。その記事のあとに、世界の救い主であるイエス様がお生まれになることが、マリヤに告知されました。このバプテスマのヨハネの受胎告知とイエスの受胎告知という二つのストーリーが、このところにおいて一つにされるのであります。バプテスマのヨハネも、イエス様も、神様の摂理のもとに深く結び合わされた人々であったということを知ることができると思います。

ここに、エリサベツという人がどういう信仰を持っていたかを見ることができます。そして、イエス様のお母さんに選ばれたマリヤがどういう信仰者であったかを見て、私たちクリスチャンの信仰のお手本にすることができるでしょう。

このストーリーは、マリヤが受胎告知を受けたすぐあとのことです。マリヤは、自分の遠い親戚である祭司ザカリヤの家を訪ねて行きました。これはエインカレムというところであっただろうと言われています。そこは、エルサレムから見ますと、かなり田舎です。ナザレに住んでいたマリヤが山を越えてエインカレムまで行くのは、かなりの道のりがあったはずですが、年老いたザカリヤとエリサベツに子どもが与えられたことを聞いたマリヤは、驚きながら喜びをもって出かけて行ったと思います。

マリヤがエリサベツを訪問した記事から、二つのポイントに分けてお話をしてみたいと思います。第一に、「聖霊に満たされたエリサベツ」。第二に「マリヤの讃歌」です。

1　聖霊に満たされたエリサベツ

マリヤがエリサベツを訪ねたときに、たいへんおもしろいことですが、こういうふうに書いてあります。

エリサベツがマリヤのあいさつを聞いたとき、その子が胎内でおどった。エリサベツは聖霊に満たされ、（四一節）

それから、その後の四四節にも、こう書いてあります。

ごらんなさい。あなたのあいさつの声がわたしの耳にはいったとき、子供が胎内で喜びおどりました。

マリヤがやってきまして、エリサベツに、「おめでとう、良かったですね」というようなあいさつをしたんだと思いますが、そうすると、そのエリサベツの内に宿っていた幼子、バプテスマのヨハネになる人が腹の中でおどったというのです。それが二回続けて出てくるわけであります。「もう出産の時が近づいていたのだから、マリヤが来ても来なくても動いただろう」と言う人がいるかもしれませんが、ここでエリサベツは「ああ、これは普通のことではないな」と思いまして、神様に対する感謝をささげたのです。

「胎教」というものがありますね。生まれてから一生懸命教育することも大切だけれども、お腹の中にいるうちから教育をすることが言われます。ブラームスをかけたり、モーツァルトをかけたり、良いものを聞かなければならないと。お母さんという存在が持っているもの、見ているもの、吸収しているものが、子どもに与えられていくということですね。

私は、特に信仰者の交わりが、すばらしいと思います。趣味の集まりも、運動の集まりも、同じ意見の者が交わるということもあると思いますけれども、そこでは利害関係があったりします。けれども、私たち神を信ずる神の子、息子・娘とせられた者たちの交わりは、神様があがめられて、訪問してくださる人を通じて、神様の恵みが私たちに手渡されるということです。そしてまた、私たちの持っているものが訪ねてきてくださった方々に手渡されるというのが信仰者の交わりです。

聖書の中に、「安否を問いなさい」という言葉がよく出てきます。これは、ただ単に「よろしく」とか、「いかがですか」ということではなくて、そういう交わりを意味しているのです。「今私の心に満ちているものが、あなたの心に伝わりますように」ということが、安否を問うことです。神様にあって、お互いがそういう交わりをするわけです。

たとえば、うなだれて、「自分はいったいどうしようか」と思っているときに、友だちが訪ねてきて聖書のことを話してくれる、あるいは、自分の経験したことを話してくれたなどということによって、どんなに力強くされて、喜んで立っていけるであろうかと思います。ですから、お友だちが沈んでいるときには、電話でもいい、手紙でも、あるいは訪ねてもいいでしょう。クリスチャン同士がお互いに安否を尋ね合って、共に祈りを合わせることは、大切なことです。そういうことがない信仰の生涯は、何か精彩を欠きます。いきいきとした信仰でないように思いますね。「いや、私は聖書を読んでいるから」とか、「自分でイエス様に祈っているから」というのもいいのですけれども、同信の友が神様の前に一つ心で祈ることが祝福だと思います。そこに聖霊がおいでになる。

エリサベツは、マリヤが自分を訪ねてくれたときに、自分の胎内の子どもがおどって、「あれ、このマリヤが言ったことが、こんなに私の子どもにも大きな影響を与えたのかな」と思ったでしょうが、「聖霊が働いてくださった」と書いてあります。目に見えない聖霊なる神が、クリスチャンのお互いの交わりの中に働いてくださるというのが聖書の約束です。ですから、私たちが集うときに、そこには聖霊がおいでになって、私たち人間の言葉や人間の世界を超えて、神の恩寵がお互い同士の魂の中に注ぎ込まれてくるということがよくありますよね。恵みに富まされたエリサベツは、どんなに喜んでこの御霊の交わりを感謝したであろうかと思うわけであります。

私がここを見て驚いたことは、四二節にこう書いてありますね。

声高く叫んで言った、「あなたは女の中で祝福されたかた、あなたの胎の実も祝福されています。主の母上がわたしのところにきてくださるとは、なんという光栄でしょう。（四二―四三節）

エリサベツは、もう七十歳近い人だったでしょう。あるいはもっと年を取っていたかもしれません。マリヤは妙齢の女性ですから、おばあちゃんと若い娘が出会ったということです。人生では大先輩であるエリサベツが若いマリヤに向かって、「私はなんとさいわいだろう。救い主のお母さんに会うことができたとは」と言ったのです。

マリヤは、「おまえが産む子はやがて世界の救い主であるぞ」というお告げを受けたわけですから、自分が主の母となることは知っていました。ところが、エリサベツは別にそれを知らなかったわけです。マリヤが身ごもったということを聞き、マリヤがあいさつに来て、二人が交わっているうちに、いろいろと説明しなくても聖霊がお教えくださった。「マリヤさん、あなたのお腹の中に宿っているのは世界の救い主になる方ですね」とわかったのです。

みなさん、イエス様が救い主であるということは、信仰的な直感や、あるいは何か一生懸命勉強した思想の結果わかる、ということではありません。だれでも聖霊によらなければ、神様の霊によらなければ、イエス様が救い主であることはわからないのです。コリント人への第一の手紙の一二章三節には、「聖霊に感ぜざれば、誰も『イエスは主なり』と言ふに能《あた》はず」（文語訳）と書いてあります。ナザレの大工の息子が自分の救い主だとは、どんなに頑張ってみても、どんなに勉強してみても言えることではない。神様の御霊によってだけ、「イエス様は私の救い主です」と信じることができ、告白することができる。もちろん、「イエスは主なり」なんて、口では幼稚園生だって言えるでしょう。でも、本当に「イエス様は私の救い主だ」と、このお方に自らをゆだねていくことができるのは、人間の力ではないのです。

ですから、イエス様は、弟子のペテロがイエス様のことを「あなたは救い主です」と言ったときに、「ペテロ、おまえが偉いからこのことがわかったのではないぞ。おまえの宗教的な熱心がそうしたのではない。天にいましたもう父が、御霊によって、おまえにこれを示したのだ」とおっしゃったのです。

新約の夜明けと言いましょうか、黎明の時期にマリヤに会ったエリサベツは、まだ世界の救い主を見てはいませんでしたが、聖霊によって「マリヤの胎に宿っている御子は世界の救い主だ」と知らせていただき、告白をしました。これは、えらいことです、みなさん。お互いに私たちがクリスチャン同士の交わりをしていきますときに、そこに聖霊は働いておられます。そこで聖霊は、本当にイエス様こそ私のより頼むべき方だということを、自覚的に私たちの魂に示してくださるでしょう。クリスチャンの交わりとは、なんとさいわいなことかと思いますね。

そして、エリサベツの信仰の特色は、みことばへの信仰であったと言うことができます。マリヤもそうですね。マリヤは、「わたしは主のはしためです。お言葉どおりこの身に成りますように」と言って、お言葉を信じた。エリサベツもまた、神様の言葉に自らをかける人でありました。

「主のお語りになったことが必ず成就すると信じた女は、なんとさいわいなことでしょう」。（四五節）

「神様のみことばは必ず実現成就すると信じることのできる人は幸せだ」と言いました。マリヤのことを言ったのでありますが、自分のことをも彼女は言ったと思いますね。

キリスト教信仰の原点は、お言葉に対する信仰です。聖書が神の言葉であると信じて、その言葉が御霊によって私たちの魂に、今、自分に神様がかけてくださった言葉として把握されていく。それが生ける神に出会うということであり、生ける信仰を持つということであると思います。私たちの信仰は、みことばを手がかりに神を信ずる信仰なのです。キリスト教には、お札があったり、大きな偶像があったりしません。この教会に来てみますと、みなさんがそこから見てぱっと気がつくのは、壁に大きく「HOLINESS UNTO THE LORD（主にきよし）」と書いてあることぐらいでしょう。何にもありません。どこに向かって祈るのか。何に向いて信じるのか。私たちの信仰は、みことばを手がかりに見えない神を信じるのです。

その信仰に立ったときにマリヤはあの栄誉を受けることができましたし、エリサベツも同じ信仰に立っていたわけですね。

私は、この火曜日から金曜日まで軽井沢の恵みシャレーに行きまして、日本聖書刊行会のバイブルセミナーで、バイブルリーディングをしてきました。私はその中で、本当に神様に感謝する一つの出来事に出合いました。二日目の朝、私の部屋のドアをノックする人がいまして、出てみますと一人の外国人の女性が立っていたのです。宣教師の方です。私は関西で何回かその方にお会いしたことがあったものですから、「ああ、こんにちは」と会話を交えたのです。その宣教師の方は、ちょうど三年前に神戸のクリスマス会で私が御用をしたときのことを話してくれました。

あのときは神戸の公会堂を借り切りまして、五、六百人の人々が集まっていました。そこでクリスマスのメッセージをしたわけです。その宣教師の方がおっしゃるには、「先生、あの神戸のクリスマスの集会に、がんの宣告を受けて、もう一か月しかもたないという方が来ていました」ということでした。その方はお医者さんの息子さんで、その方も奥さんもクリスチャンだったのですが、自分は余命一か月しかないと聞いて病院とけんかをして、大変な中にあったということです。そのご夫妻は、いったいどうしたらよいだろうかということで、教会の先生に祈っていただいたりもしてきたのですが、なかなかはっきりしなかった。そのご夫妻が、いやいやながらでしたけれども、クリスマス会に来られたのです。

そのクリスマス会で、私はインマヌエルのお話をしました。神様が私たちと一緒にいてくださる、「世の終《をはり》まで常に汝らと共に在るなり」（文語訳）という、あのマタイの二八章二〇節のお話をしたのです。そのときに、私の母が召されていくときの証しをしました。私は母を愛していましたから、母とどこまでも一緒に行ってあげたいと思った。できたら、身代わりになりたいと思ったほどでした。私も親不孝をしましたから苦しんだのですけれども、まだ温かいその母を自分の腕に抱きかかえたときに、「視《み》よ、我は世の終まで常に汝らと共に在るなり」という言葉が私の心に響いてきたのです。「ああ、そうだ。世の終わりまで。息子でさえも一緒に行ってあげることのできない、孤独な世界に母は行った。けれども、イエス様は死の世界にも一緒に行ってくださる。死の川波をも一緒に越えてくださる。いや、墓の向こう側にも共においでになって、ご再臨のあした、私たちを死なざる永遠の栄光のからだに化してくださるのだ」という確信に立ちまして、母を神様の手にゆだねて「神様、感謝いたします」と立ち上がったというお話をしたのです。

そのことが、病のうちにあったその人の中に入りまして、集会が終わったあと、その宣教師の先生にお祈りをしていただいて、「死ぬのは恐い恐いと思ったけれども、イエス様は贖い主で、どんなことでもしてくださる方であって、愛する妻も愛する友だちもだれも行けないところにも一緒に行ってくださる」ということを受け取って立ち上がったそうです。

それから奇跡的なことが続きまして、半年ぐらいずっと彼は元気で過ごして、その間に福音を伝えて歩き、彼によって何名もの人が洗礼を受けて、小さな家庭集会がいくつかできたということです。そして、半年が過ぎて天に召されていきましたが、そのときも本当に勝利を持って、「天国が見えます」と確信して世を去っていったという話を聞いたのです。

私はそれを聞きましたときに、「ああ、よかったな」と思いました。私の知らないところでそういうことが起こっていたのです。私は軽井沢でそれを聞いた夜、本当にみ名をあがめました。お言葉を信じるということ、みことばが一人の人の魂にぶち込まれるということは、その人の人生を変えてしまって、神の恵みと恩寵とに満たして、その生涯を進み行かせることを、私は確信させられたのです。

エリサベツが言いましたことは、「主のお語りになったことは必ず成就すると信じた女はさいわいな人だ」ということでした。この世においてもっともさいわいなことは、この聖書のみことばを読んで、みことばから神様のお言葉を信じて、本当に神様がそうしてくださると立てることだと、聖書は言うわけです。

2　マリヤの讃歌

第二のことにいきましょう。「マリヤの讃歌」ですが、四六節から五五節のところです。

ラテン語の聖書では「マグニフィカート＝主をあがめる」という言葉が最初に出てくるのですが、それがそのまま採られて、このマリヤの讃歌は「マグニフィカート」と言われています。これは有名な歌ですし、その意味はよくわかると思いますが、私はレングストルフというドイツの聖書学者が書いた注解書を読んで、本当にそうだなと思ったことがありました。それは、このマリヤの讃歌は、三八節の言葉を広げていったものだということです。

　そこでマリヤが言った、「わたしは主のはしためです。お言葉どおりこの身に成りますように」。

　実際にだれかの歌を聞いてきて、それを言ったというのではなくて、マリヤ自身が、「神様、あなたのお言葉に従います。わたしはあなたのしもべです」とお従いしたという、この言葉の説明、演繹、解釈がマリヤの讃歌でありますが、まさにそうであろうと思うのです。これは、マリヤが詩を作る文学的な素養があったからこの歌を詠んだというのではなくて、実は、旧約聖書のサムエル記上の二章に出てくるハンナの祈りを要約したような形で歌われているわけであります。

　このハンナという女性は、子どもが生まれなくて苦しんだ人ですが、神様が子どもをくださった。その子どもがサムエルですが、そのときにハンナが神様をほめたたえたのです。この女性は、ユダヤ人たちの間においては尊敬されていました。若い乙女たちもハンナを慕い、ハンナの歌を口にしていたのだろうと思いますが、まさにマリヤもそれを暗記するようにして歌っていたのでしょう。ですから、そういうことが自分の身にも起きたらいいなと思ったのでしょう。

　ところが、イエス様の受胎告知を聞きましたときに、マリヤは、「そうなったらいいな」ではない、ハンナが言ったことよりももっとすばらしいことを経験したのです。「ハンナはあのときに感謝をささげたが、それは私からこの言葉が出てくることの予告をしたにすぎない」というような、深いところにマリヤという人は連れて行かれたのです。その意味において、マリヤはイスラエルの女性たちの持っていた信仰を継承した人であったと言うことができると思います。

この歌は、詩篇などに出てくる「たたえの歌」というスタイルを採っています。詩篇は、私たち人間の神への語りであると思うのです。ところが、罪人の人間は、聖なる神様に対する言葉なんか持っていません。人間は神に語るなんてできない。けれども、人生の中で限界状況に追い込まれるようなことがあったら、人は必ず神様に向かって叫びます。無神論者でも、「神様、助けてください」と叫ぶくらいですから、人は限界状況において神に対する嘆きをぶちまけるのですね。それが詩篇の「嘆きの歌」になった。その嘆きの歌の中には、「もしも神様がこのお祈りに答えてくださったら、あなたを賛美しますよ」という、「賛美の誓い」がありまして、イスラエルの人々は、祈りが答えられたら本当に神様をたたえました。そこで出てきたのが「たたえの歌」です。ドイツのクラウス・ヴェスターマンという人は、「人間が存在する存在の根源様式は神への語りである。そして、人間の根源的な用語は、神に対する嘆きとたたえである」と言っています。マリヤの讃歌は、その「たたえ」です。

「嘆きの歌」も、「たたえの歌」も、必ず決まったスタイルで歌われます。詩篇は、完成するまでに千年ぐらいの時が経っています。いろいろな人が出てきます。王様もいるし、学者もいるし、農夫もいるし、勤労者もいるし、いろんな人が詩篇の記者でした。時代が違い、著者も違うのですから、相談することなどできないはずですが、嘆きを祈るときには、どの時代のだれであろうが同じスタイルで祈っているのです。神様を賛美するときにも、やっぱり同じスタイルで神様をたたえています。

どうしてそんなことができたのかと思うくらいですが、それはやはり、そのように嘆きを祈らせ、神様をたたえさせたお方が背後にいたことを思います。聖書は、「霊感された神の言葉」だと言われますが、私は著者がペンを持って、紙に触れるが早いかそこに聖霊が働いた、というようなことだけを霊感とは思いません。詩人たちが長い間、いろんなものを見たり、聞いたり、考えたり、練ったりする中にも、神の御霊の助けがあったと思います。その聖霊が、「嘆きは、こういうふうに祈ったらいいよ。たたえは、こう賛美したらいいよ」と、歴代の聖徒たちに教えてきたのです。マリヤの讃歌も、聖霊がそういうふうに祈らせたであろうという、たたえのスタイルをとって歌われています。

そのたたえの歌は、どういう要素でできているかといいますと、まず「たたえの宣言」がなされます。「さあ、神様をほめたたえようではないか」といった言葉で始まります。このマリヤの歌においては、四六節と四七節がそのたたえの宣言であります。

するとマリヤは言った、
「わたしの魂は主をあがめ、
わたしの霊は救主なる神をたたえます……」。

「わたしの魂は主をあがめ」というのは、「拡大する」という意味の言葉です。メガリュノーという言葉ですが、拡大鏡で見ると、小さな字が拡大されて見えるように、マリヤさんの心はイエス様を拡大して多くの人々に見せるような動きをしたということです。

同じ言葉が、使徒パウロによってピリピ人への手紙の一章二〇節に使われています。パウロは、「わたしが生きるにも死ぬにも、この身によってキリストがあがめられますように」と言いました。パウロは、まるでイエス様のレンズになるように、多くの人々にイエス様が拡大されていくようにと言った。これがパウロの生存価値のいっさいでありました。

マリヤは、自分が死刑になることをも覚悟しながら、救い主の母たることを受けたわけですけれども、その決断をしたときに、自分の魂で神様を多くの人々に拡大してお示しすることができるというところに立ったのであります。

そして、たたえの歌の第二の要素は、「緒言的要約」です。これは、あとから言おうとすることを短く縮めて表現するということです。四八節がそれです。

この卑しい女をさえ、心にかけてくださいました。今からのち、代々の人々は、わたしをさいわいな女と言うでしょう、

ここに、讃歌で言わんとすることの全部が言われています。「心にかける」というのは、「じっと愛情の目を注ぐ」という言葉です。神様の慈愛の目が、じっとマリヤの上に注がれているということです。本当に、マリヤはどんなにこのことを喜んだだろうかと思いますね。

三番目の要素は、「報告」ということです。「あなたは祈りに答えてくださいました。私を救ってくださいました」というのがおもな言い方ですけれども、ここでは四九節です。マリヤは神様が自分にしてくださったことを報告しました。

力あるかたが、わたしに大きな事をしてくださったからです。

賛美の理由ですね。マリヤは、「こんな卑しい、取るに足りない私に、神様は大きなことをしてくださいました」と感じ、そのことを神様に報告しました。もちろん、そんなことを神様は知っているわけです。で

も神様は、心から喜んで神様のみわざを報告してくることをお待ちになっている。証しとはそういうことなのです。恵みをどんなにいただいても人に出さないということでは、与えられた恵みもなくなっていってしまうでしょうね。神様はマリヤの報告を百も承知、千も合点していなさるわけですけれども、「ああ、そうか。マリヤ、よかったな」という、神様とマリヤとのやりとりを見ることができるように思います。

マリヤがここで「大きな事をしてくださった」と言っているのは、メガリュノーという言葉です。これは、先ほどのメガリュノーという言葉の形容詞なのです。「神様が私なんていう貧しい小さい者を超えるわざをしてくださったから、その私が今度はレンズになって、この私のうちに大きな事をしてくださったお方を、人々に大きく示します」というのが、このマリヤのマグニフィカートであったと言えます。

そして、五番目に、「賛美の誓い」が更新されます。その言葉が四九節の終わりから五〇節までです。

　そのみ名はきよく、
　そのあわれみは、代々限りなく、
　主をかしこみ恐れる者に及びます。

賛美の誓いを更新するようにして、さらに賛美の高嶺へと上っていきます。

六番目に出てきますのが、賛美そのものの内容です。五一節から五五節に出てきますが、ここには神様のあわれみが特別に言われています。五〇節に、「そのあわれみは」とありますね。それから五四節に、「主は、あわれみをお忘れにならず」と書いてある。この「あわれみ」は、強者が弱者に勝ち誇るように、「そうか、おまえを助けてやろう。あわれんでやろう」というような意味ではありません。もともと「ヘセド」というヘブル語で、神様と契約を結んだ契約の民を特別に神様は顧みてくださるという言葉なのです。契約の恩寵ということ。恵みにあずかる資格なんて自分にはないけれども、神様と約束を結んだゆえに恵んでいただけるということです。

だから、神様はへりくだる者に恵みを与えてくださると書いてあります。

主はみ腕をもって力をふるい、
心の思いのおごり高ぶる者を追い散らし、
権力ある者を王座から引きおろし、
卑しい者を引き上げ、（五一―五二節）

神様のあわれみ、恵みは、「自分は卑しい者、貧しい者だ」とへりくだって、本当の自己の真相を知っている者に与えられるというのです。

そして、五三節を見てみますと、こう書いてあります。

飢えている者を良いもので飽かせ、
富んでいる者を空腹のまま帰らせなさいます。

イエス様は、「義に飢えかわく者はさいわいである。その人は、満ちたれることを得るであろう」とおっしゃいました。「自分は神様によってでなければ本当には満たされないのだ」という飢えを持っている人はしあわせだということですね。マリヤは、神様に対してかわく人に、神様は恵みを施してくださるお方だと歌ったのであります。

　神様のあわれみは、傲慢な者には与えられないのです。ちょっと調子がいいと、「私がやった」、「俺がやったのだ」と言いたくなる。神様は、そういうおごり高ぶる者を追い散らしなさる。けれども、神様は、自分の貧しさを知っている者を引き上げてお用いになるとおっしゃいます。マリヤは、求めてかわく者に対して、神様はどんなに恵みをもって良いもので飽かせてくださるであろうかと歌いました。イエス様を宿したクリスチャンは、この歌を歌うことができるようにされている存在だと思うのです。みことばの信仰に立って、聖霊に満たされて、神様の契約の恵みであるあわれみを、豊かに注いでいただける者でありたいと、そう思います。

4　ザカリヤの讃歌〈一章五七―八〇節〉

ルカによる福音書の一章の五七節から八〇節までを読んでみたいと思います。

さてエリサベツは月が満ちて、男の子を産んだ。近所の人々や親族は、主が大きなあわれみを彼女におかけになったことを聞いて、共どもに喜んだ。八日目になったので、幼な子に割礼をするために人々がきて、父の名にちなんでザカリヤという名にしようとした。ところが、母親は、「いいえ、ヨハネという名にしなくてはいけません」と言った。人々は、「あなたの親族の中には、そういう名のついた者は、ひとりもいません」と彼女に言った。そして父親に、どんな名にしたいのですかと、合図で尋ねた。ザカリヤは書板を持ってこさせて、それに「その名はヨハネ」と書いたので、みんなの者は不思議に思った。すると、立ちどころにザカリヤの口が開けて舌がゆるみ、語り出して神をほめたたえた。近所の人々はみな恐れをいだき、またユダヤの山里の至るところに、これらの事がことごとく語り伝えられたので、聞く者たちは皆それを心に留めて、「この子は、いったい、どんな者になるだろう」と語り合った。主のみ手が彼と共にあった。

父ザカリヤは聖霊に満たされ、預言して言った、

「主なるイスラエルの神は、ほむべきかな。

神はその民を顧みてこれをあがない、
わたしたちのために救の角を
僕《しもべ》ダビデの家にお立てになった。
古くから、聖なる預言者たちの口によってお語りになったように、
わたしたちを敵から、またすべてわたしたちを憎む者の手から、救い出すためである。
こうして、神はわたしたちの父祖たちにあわれみをかけ、その聖なる契約、
すなわち、父祖アブラハムにお立てになった誓いをおぼえて、
わたしたちを敵の手から救い出し、
生きている限り、きよく正しく、
みまえに恐れなく仕えさせてくださるのである。
幼な子よ、あなたは、いと高き者の預言者と呼ばれるであろう。
主のみまえに先立って行き、その道を備え、
罪のゆるしによる救を、
その民に知らせるのであるから。
これはわたしたちの神のあわれみ深いみこころによる。
また、そのあわれみによって、日の光が上からわたしたちに臨み、
暗黒と死の陰とに住む者を照し、
わたしたちの足を平和の道へ導くであろう」。
幼な子は成長し、その霊も強くなり、そしてイスラエルに現れる日まで、荒野にいた。（傍点筆者）

この一区切りを通じて、「ザカリヤの讃歌」という題でお話をしたいと考えています。ザカリヤは、イエス様の道備えをするために来るヨハネのお父さんであるとすでに学びましたが、ここにはたいへんおもしろいことが書かれてあります。

こういうところを読みますと、聖書の信仰とはどういうことなのかと改めて反省させられたり、考えさせられたりします。私たち日本人は、「信仰」というと、信心深く何かを一生懸命にやるということを考えたり、行為的な修練をしなければ信仰ではないと思ったりしやすいものです。ところが、このザカリヤの生涯、あるいはマリヤの生涯を通じて学ぶことは、信仰とは、神様のみことばを手がかりに神様を信じることだ、ということであります。

このみことばは新約聖書に書かれていますが、このときは新約聖書はまだなかったわけですから、マリヤにもザカリヤにも、御使いを通じて神様のみことばがかけられました。そのみことばに従うときにどうなのか、従わなかったときにどうなのかということが、ルカの一章には出てきます。マリヤは、「わたしはあなたのはしためです。お言葉どおりこの身に成りますように」と答えて、神様はマリヤの生涯に、救い主の誕生という驚くべきことをなしてくださいました。ところが、ザカリヤは、自分に子どもが生まれると告げられたときに、神様の言葉を信じることができなかった。彼は、お言葉をないがしろにして神様に従わなかったために、口がきけなくなってしまいました。

さて、今読んだところでは、その奥さんのエリサベツが身ごもって男の子を産んだことが出てきます。エリサベツは信仰のある人でしたので、近所の人々や親戚の者が「どういう名前にするのか」と聞いたときに、「名前を私たちが勝手につけるのではなくて、神様がそうせよとおっしゃったから、ヨハネという名前にしよう」と言ったのであります。ザカリヤにそのことが告げられたことが、一章の一三節に書いてあります。

そこで御使が彼に言った、「恐れるな、ザカリヤよ、あなたの祈が聞きいれられたのだ。あなたの妻エリサベツは男の子を産むであろう。その子をヨハネと名づけなさい。……」。

このことを、ザカリヤは身振り手振りで、あるいは字に書いて、エリサベツに言っておいたのだろうと思います。ですから、周りの人々が「こういう名前をつけよう」と言ったときにも、エリサベツは、「ヨハネとつけましょう」と言いました。ユダヤの国では、お父さんの名前を子どもがそのまま継ぐという習慣がありましたので、ザカリヤ二世、ザカリヤ・ジュニアとしたほうがよいと言われたわけです。ところが、エリサベツは、「神様がヨハネとつけるように言ったから、ヨハネと名づけましょう」と言ったのです。親戚の人々は、「いや、お母さん。あなたの言うことはわかるけれども、ご主人はどう言うかわからないだろう」と言って、夫のザカリヤに尋ねました。するとザカリヤは、口がきけないわけですから、書くものを持ってこさせて、筆談で「その名をヨハネと名づけなさい」と書きました。そして、書くが早いか、彼の口が開けて、舌が解けて、ものが語れるようになったというのです。

みことばを信じないで、自分の思うところを第一にしていたザカリヤは、言葉を失い、不自由な中に閉じ込められていました。私たちも同じことがあるでしょう。神様を第二、第三に押し込んでおいて、自分の好きなようにうまくやったと思っても、時には自由にいかなくなることがどんなに多くあるか。詩篇の記者は、「心をかたくなにするなかれ」、「うさぎ馬のごとくなるなかれ、かれらはくつわたづなのごとき具をもてひきとめずば、近づきたることなし」（文語訳）と書きました。心を頑なにするということは、神様に対する不信仰に陥っていくことです。

ザカリヤはこのときに、「神様のおっしゃったことに従おう。ヨハネとつけなさい」と言ったら、口が開いた。彼は自由になって、何が第一に出てきたかといいますと、神様をほめたたえる歌が出てきました。たたえの歌が出てきたのです。

このザカリヤの讃歌は、大きく二つに分けなければならないと思います。本当の意味での讃歌というのは、六七節から七五節でひとまず終わっています。そして、七六節から七九節までは、讃歌というよりもむしろ預言の言葉です。この子どもがどういう人になるかということが言われています。そこで、お話を二つにまとめてみたいと思います。第一のことは、「主をたたえるたたえの歌」。第二のことは、「ヨハネの生涯の預言」です。

1　主をたたえるたたえの歌

第一に、「主をたたえるたたえの歌」ですが、六七節から七五節までは、一章の四八節から五五節に出てきたマリヤの讃歌に、類型がよく似ています。前回、「このたたえの歌は、イスラエル民族の中に、神様に導かれて一つのスタイルが自然に出てきた」と言いました。ルカはそういう筆法を正確にとらえて、ザカリヤの讃歌も記しているわけです。

マリヤの讃歌のことを「マグニフィカート」と言う、とお話ししました。それは、「我が心、主をあがめ、主を拡大する」という、マリヤの讃歌の最初の言葉から採られたのでした。このザカリヤの讃歌は、多くの教会の歴史家たちによって、「ベネディクトゥス」と言われています。これもザカリヤの讃歌の最初の言葉を採ったもので、こちらは「神を祝福する」という意味です。

ザカリヤの讃歌も、マリヤの讃歌と同じように、「たたえの歌」の形式を採っていますから、まず「主なるイスラエルの神は、ほむべきかな。神はその民を顧みてこれをあがない」（六八節）という、「たたえの宣言」がなされています。

続いて六九節には、「緒言的要約」と言われる、全体の内容の要約がなされています。

わたしたちのために救いの角を
僕ダビデの家にお立てになった。

三番目には、「過去における助け」が、七〇節に言われています。

古くから、聖なる預言者たちの口によってお語りになったように、

過去においてずっとそう言われてきた、ということです。

そして、四番目の要素として「報告」がなされます。

わたしたちを敵から、またすべてわたしたちを憎む者の手から、救い出すためである。（七一節）

それから、五番目、七二節から七五節に「賛美」がなされています。

こうして、神は私たちの父祖たちにあわれみをかけ、その聖なる契約、
すなわち、父祖アブラハムにお立てになった誓いをおぼえて、
私たちを敵の手から救い出し、
生きている限り、きよく正しく、みまえに恐れなく仕えさせてくださるのである。

七五節には、「賛美の誓い」が出てきます。生きている限り、どこでも神様を賛美する、神様に仕えていく、という誓いが記されています。

こういう本当に不思議な御霊の導きによって、ザカリヤは、イスラエルの人々が祈ったたたえの歌を用いて、神様を賛美したということであります。

さて、このザカリヤのたたえの歌は、実は、イスラエルの民の二千年来の歴史のことを言いながら神様をほめたたえています。「神様は、イスラエルの民の歴史の中に不思議な導きをもって働いてくださった」ということが歌われているのです。

まず、アブラハムが出てきます。紀元前二〇〇〇年代の人ですが、神様はそのアブラハムに、「おまえの民たちを祝福してあげるよ」と約束をしてくださいました。七三節にそのことが歌われています。

すなわち、父祖アブラハムにお立てになった誓いをおぼえて、

今から約四千年前、イエス様がお生まれになる二千年前に、神様はアブラハムを立てて、「あなたとあなたの子孫を必ず恵み、祝福するよ」とおっしゃった。そして神様は、その二千年来の約束をお忘れにならな

かったのであります。民のほうから見ると、「神様は約束を忘れたのではないか。だから、私たちはこんなに苦しいのではないか」ということがときどきあったと思いますが、神様はお忘れになってはいなかった。みなさん、一年だって長いでしょう。「一年待て」と言われても、なかなか待てないことがありますね。二千年です。神様は真実に変わらず、そのお約束を守っておられたのです。

その次に、出エジプトが出てきます。イスラエルの人々が奴隷になっていた中から、モーセによって救い出されたという出来事ですね。これがだいたい紀元前一四〇〇年代であると言われていますから、アブラハムから五百年後ぐらいでしょう。そのことが六八節に出てきます。

「主なるイスラエルの神は、ほむべきかな。
神はその民を顧みてこれをあがない、……」。

この「顧みる」というのは、聖書を学んだり、写したりするユダヤ人の学者たちにとっては、テクニカル・タームとして使われていた言葉です。この言葉は、ヘブル語では「訪問する」という意味があります。出エジプト記の一六章を見ますと、ヨセフが死ぬときに、「神は必ずあなたがたを顧みてくださる」と約束をしているところがあります。そして、民が四百年の間、奴隷で苦しんでいたときに、民の苦悩の叫びが神に上って、神様が神の民を「訪ねて」くださった。それから、モーセを立て、エジプトから救い出してくださったわけであります。ですから、イスラエルでは「顧みる」という言葉を、出エジプトのような救いの出来事を表すのに用いてきたのです。

そして、出エジプトは、単にイスラエルの人々がエジプトで奴隷になっているところから救われたというだけではなくて、全人類が罪と恐れ、希望のない生活から救い出されて、メシヤによって本当のいのちを得られるようにされるということを、予型のように示した出来事でありました。ここで言う「民を顧みた」というのは、歴史的には出エジプトのことですが、イエス・キリストにおいて神様が私たちをお訪ねくださったという、キリストの出来事を同時に指さしていたと受け取ることができるのです。ですから、ザカリヤは、自分の息子がやがてメシヤの道備えをするというときに、あの出エジプトのときに民を顧みてくださった方が、もう一度私たちを顧みてくださるという信仰をもって歌った、と言うことができます。

　また、たいへんおもしろいことに、ルカはそういう旧約聖書の述語を離れて、お医者さんが使う言葉をここに使っています。「顧みる」と言うときに、お医者さんが往診するという意味の言葉を使ったのです。ギリシャ語のエピスケプトマイという言葉ですが、患者が動けないで待っているところに医者が行って、どういう具合か尋ねて、様子を知って処置をしてあげるということです。

　ルカは、神様が私たちをお救いくださったということを、そのように考えたわけです。罪と重荷で永遠の苦悩を背負っているような私たちを、神様が往診してくださるようにして来てくださった。神様は聴診器を当て、身体を診てくれたでしょう。触診してくれたでしょう。そのように、神の民たちを顧みてくださるということを、ここで言ったわけです。

　そして、その出エジプトから約五百年後、イエス様がおいでになる千年前に、ダビデという王様が生まれました。神様は、このダビデの末から世界の救い主がお生まれになることを、お約束くださったわけです。それが六九節に出てきます。

　　わたしたちのために救いの角を

僕ダビデの家にお立てになった。

「角」というのは、動物の力の宿る場所です。これは「力」とか「救い」を表していまして、メシヤ、救い主のことを言っているのです。神様が歴史の中にずっとご真実を保ちなさって、「ダビデの末から救い主が現れる」という約束を守ってくださり、イエス・キリストがお生まれになったのだということです。

ここには、アブラハムから出エジプト、ダビデを通ってイエス様に至る、二千年来のイスラエルの歴史のコンテキストの中で、神様がどんなに神の民を顧みてくださったかということが歌われているわけです。救われるということ、信仰を持つということは、この世の中のローマの歴史や、日本の歴史や、どこかの歴史にだけ属するのでなくて、連綿と続いている神様の「救いの歴史」を継承して生きるということです。それがクリスチャンになるということなのです。この歌を歌ったザカリヤは、本当に優れた歴史観を持っていた人だなと思うのです。彼は、ただある時代のローマの属国のユダヤの祭司であったというだけではなくて、神様が働いておいでになるサルベーション・ヒストリー、救いの歴史をも生きていたということです。

今日の私たちもそうです。日本が紀元何年であるとか、西暦何年であるとか、そういう歴史を生きるのではない。私は一九三三年に生まれて、高校二年生のときに教会に行って、イエス・キリストを信じました。この小林和夫という人間は、一九三三年の二月十九日に生まれて、七十年、八十年の歴史を生きたというだけではありません。イエス様によって、あの高校二年生のときから、私のもう一つの歴史が始まったのです。それは、目で見ることのできない、神様が支配していなさる恩寵の世界の歴史です。そして、必要とあらば、この世界に、目に見えない世界の歴史を引き降ろして来てくださる。いや、むしろ神様は突入して来てくださる。目に見える歴史の、苦悩と涙の中で過ごさなければならない人生の課題の中で、私に神の救いを経験させ、アブラハムやモーセやダビデたちが経験してきたその救いが、イエス・キリストによって私のパーソナル・ヒストリーにも起こっているのです。私だけではない、みなさん一人一人の歴史がそうなのです。クリスチャンは天に国籍を持つ者です。ですから、クリスチャンはこの地上の歴史と同時に、アブラハムの子、ダビデの子、イエス・キリストの救いの歴史につながれた存在なのです。これは驚くべき恵みにあずっていると言うことができると思いますね。

そして、その救いの歴史につなげていただいた理由は、七五節です。七四節から読みましょう。

わたしたちを敵の手から救い出し、
生きている限り、きよく正しく、
みまえに恐れなく仕えさせてくださるのである。

救いの歴史の指導者である神様は、私たちを敵の手から、罪から、死から、永遠の滅亡からお救いくださる。生きている限り、きよく正しく、みまえに恐れなく仕えさせてくださる。すばらしいことですね。「なんだそうか、救われても神様に仕えるのか。損だなあ」なんて言う人は、神様によって救われたということのわからない人でしょう。みなさん、このお方に仕えることができる生涯を生きているということは、すばらしいことだと思いますよ。若いクリスチャンの愛する兄弟姉妹、あなたがどんな学校に入るより、何者になるよりも、あなたがクリスチャンになったということはすばらしいことです。あるいは私と同じような年代の者たちのことを考えても、どんなに成功し、財をなしたことよりも、もっとすばらしいことは、生ける限り、私を創造し、私をお救いくださったこのお方に、恐れることなく、何の良心の呵責を感じることもなく、きよく正しくお仕えすることができるということです。そんなことが世の中にあるでしょうか。

みなさんは、だれかのために仕えているでしょう。夫のために、妻のために、子どものために、社会のために、いろいろあるでしょう。けれども、何に仕えているとしても、どこかで「これで良いのか」という欠乏を感ずるような仕え方でしか人生は終わらないでしょう。「私の人生はこれで間違っていない」と自ら納得し、確信しながら生きることのできる人生とは、神様によって救い出されて、恐れなく、きよく正しく神様に仕えるということですよ。お勤めでも、趣味でも、家庭生活でも、いろんなことがあるでしょう。しかし、天地の造り主でおいでになり、命を捨てても私たちを愛してくださるこの神様に仕えることができるという以上の充足感、満足感はありません。そこから退いてしまったら、何をやっても心の中に隙間風が吹き込んできます。

ですから、神様に仕えるのは損ではないのです。神様に力いっぱいお仕えしたときには、みなさん満足感があったでしょう。その満足感は、あなたの人生を動かしていく力になるでしょう。そういう力を持っているクリスチャンは幸せですね。神様に本当に仕えているという確信のないクリスチャンからは、そういう力は逆さに振っても出てきません。「あの人はどこが違うのだろう」と思う人がいるとしたら、それは信仰の心構えが違うのです。神に仕えているかどうか、ということだと思います。

若い方々の中には、「私は今、一生懸命勉強しているときで、教会に行ってイエス様を信じるのはいい、お話を聞くのはいいけれど、忙しくてとても奉仕どころではない」と思う方もいるかもしれません。いいでしょう、礼拝に来ることも一つの大きな奉仕です。けれども、「もうちょっと大人になって、社会人になったら神様にお仕えしますから」なんて言っても、そういう人は仕えられないでしょう。

中年の方々はどうでしょうか。「子育てが大変で、それどころではない。家のことが大変で、昔は俺だって純粋だったけれど、世の中を知ったらそうはいかない」。本当にそうでしょうか。「今のことが落ち着いたら、またそのうち奉仕をさせてもらいますよ。そのうち献金もしますよ」。そうでしょうか。そう言ってできた人は、一人もいないでしょう。子育てや経済のことで大変かもしれないけれども、その中で本当にささげるということです。

私は、「何か大きなことをしろ」とか、「あなたは餓死してもささげろ」と言っているわけではありません。レプタ二つであっても、真心をもってささげるということです。「仕事が終わってリタイヤでもしたら、ひとつ神様に仕えますよ」なんていうことでは、奉仕なんか一生できやしない。どうぞみなさん、どこか「痛み」と言ったらいいでしょうか、「自分はお仕えしているのだ。おささげしているのだ」という自覚があるような生き方をしてみたいものです。それは祝福になりますよ。このザカリヤの賛美のすばらしさは、詩に書いてうまいこと歌ったということではないのです。生きざまをそのまま告白したということがザカリヤの信仰だと、私は思います。

だから、愛する兄弟姉妹、どこかで何かのためにささげよう、奉仕をしてみようと、私も自分に言い聞かせています。「私はあの人のようにはできないけれど、これはできる」ということがあるでしょう。「今はできないけれど、でも、やってみるぞ」と思うことも大切でしょうね。そのように祈ることも大切です。私たちが、特にそういう課題を与えられたときには、「よし、それでは祈り込んで備えさせていただこう」というようなことを、やってみたらどうでしょうか。

ダビデは、自分が家に住んでいて、神の家は荒れ果てた天幕のような状況であってはならないと言って、神の前に神殿を奉献するという信仰に立ちました。神様がどんなにダビデを喜んでくださったことか。ダビデだって大変だったろうと思います。けれども、そのダビデの申し出に対して、神様は「ダビデ、おまえの王位は永遠だぞ。おまえの子孫から救い主が生まれるぞ」という、驚くべき約束を与えてくださったことを、私たちは見ることができます。

私たちは、お互いにこの救いの歴史の中を生かされました。それは、生涯、正しく、きよく、恐れなく、この神様に仕えるためであったということを、新しく自覚したいと思います。

2 ヨハネの生涯の予告

第二のことにいきましょう。「ヨハネの生涯の予告」、七六節から七九節までのところです。七六節にこう書いてあります。

> 幼な子よ、あなたは、いと高き者の預言者と呼ばれるであろう。
> 主のみまえに先立って行き、その道を備え、

バプテスマのヨハネは、世界のメシヤがおいでになったときに、みんなの心の準備ができていなかったらいけないということで、民たちの前に出て行って、「さあ、心を備えてこの救い主を迎えなさい」と道備えをしました。そして、人々がメシヤを信じ、メシヤによって本当の救い、本当の平安を得ることができるようになるだろうと予告しました。七九節を見てください、こう書いてあります。

「暗黒と死の陰とに住む者を照らし、わたしたちの足を平和の道へ導くであろう」。

人々をメシヤに出会わせ、その人々が暗黒と死の陰とから救い出されて光の中を歩むことができるようにするのが、バプテスマのヨハネの務めだということです。

ここに、「平和の道」と書いてあります。この「平和」というのは、「シャローム」という言葉です。これはイスラエルの人々が求めていた最高のものです。「平和」とも訳せますし、「平安」とも訳すことができる。あるいは、「勝利」とか「救い」と訳す人もいます。ユダヤ人たちは、神様から与えられる賜物の最高のものが、この「シャローム」だと思っていたのです。バプテスマのヨハネは、そのシャロームをいつも歩むことができるような人生に人々を向けていくであろうということが、この預言の意味です。

さあ、それでは人々がシャロームを得るためにはどうしたらよいかといいますと、これがバプテスマのヨハネのメッセージになります。七七節を見てください。こう書いてあります。

主のみまえに先立って行き、その道を備え、
罪のゆるしによる救を
その民に知らせるのであるから。（七六―七七節）

「罪のゆるしによる救い」ということです。このバプテスマのヨハネは、荒野において叫んだといいます。「今のままであったら神様の怒りにあうぞ。やがてこの世は滅ぼされるぞ」と、彼は神の刑罰を宣告しました。そして、「だから悔い改めて、メシヤであるイエス様のために心の道を開いて、主のために道を直くして、さあ、救い主を迎える準備をしよう」と、人々に悔い改めを勧めました。

信仰の生涯には、悔い改めが必要だと思います。簡単に「私は毎日悔い改めていますよ」なんて言うのは、

本当の悔い改めではないでしょう。それはあなたが残念に思っているだけです。悔い改めというのは、神様の前に自らを嘆くことであり、神様の前に祈ることです。

私たちは、救われて洗礼を受けるときに、本当に罪の悔い改めをしましたね。ある人は、細かい罪の悔い改めをしたでしょう。ある人は、まとめて罪の悔い改めをしたでしょう。けれども私たちは、いろいろなことに苛まれてくるときに、やっぱり罪を犯す可能性をいつも持っています。それをそのままにしておかないで、悔い改めることが大切なのです。神様が罪の赦しを与えるのですから、「またやったな」とは言わない。この世の中の教えや哲学者たちは、「またやったな」と言います。ところが神様は、「いつも罪の赦しのために悔い改めなさい」と言うのです。悔い改めというのは、単なる心の問題ではなくて、「方向を変える」という意味です。自分を的にして、自己中心で歩んでいた者が、神様を的にして、神様に向かって歩み出すことです。

バプテスマのヨハネのメッセージは、悔い改めということでした。そして、神様の前に真実に悔い改めた者に、彼は赦しを宣告し、洗礼を授けていったことを見るわけであります。

私は、この讃歌を通じまして、私たちがみことばを信じ、みことばによって救い主でありたもう方に仕えていくことから、私たちのいのちの力が溢れてくることを見ることができると思います。お互いに、いきいきとした信仰を持ちたいものですね。私たちが、「この生ける神のために、私はこれをさせていただいているのだ」という自覚を持つことが、神様に仕えることになるだろうと思います。この教会が、そういう意味において神様に仕える私たちで満ちて、神様が栄光をとってくださるように願ってやみません。

5　天使と伝えられた福音〈二章一―二〇節〉

ルカによる福音書の第二章をお開きください。

そのころ、全世界の人口調査をせよとの勅令が、皇帝アウグストから出た。これは、クレニオがシリヤの総督であった時に行われた最初の人口調査であった。人々はみな登録をするために、それぞれ自分の町へ帰って行った。ヨセフもダビデの家系であり、またその血統であったので、ガリラヤの町ナザレを出て、ユダヤのベツレヘムというダビデの町へ上って行った。それは、すでに身重になっていたいいなづけの妻マリヤと共に、登録をするためであった。ところが、彼らがベツレヘムに滞在している間に、マリヤは月が満ちて、初子を産み、布にくるんで、飼葉おけの中に寝かせた。客間には彼らのいる余地がなかったからである。

さて、この地方で羊飼たちが夜、野宿しながら羊の群れの番をしていた。すると主の御使が現れ、主の栄光が彼らをめぐり照したので、彼らは非常に恐れた。御使は言った、「恐れるな。見よ、すべての民に与えられる大きな喜びを、あなたがたに伝える。きょうダビデの町に、あなたがたのために救主がお生れになった。このかたこそ主なるキリストである。あなたがたは、幼な子が布にくるまって飼葉おけの中に寝かしてあるのを見るであろう。それが、あなたがたに与えられるしるしである」。

するとたちまち、おびただしい天の軍勢が現れ、御使と一緒になって神をさんびして言った、
「いと高きところでは、神に栄光があるように、
地の上では、み心にかなう人々に平和があるように」。
御使たちが彼らを離れて天に帰ったとき、羊飼たちは「さあ、ベツレヘムへ行って、主がお知らせ下さったその出来事を見てこようではないか」と、互に語り合った。そして急いで行って、マリヤとヨセフ、また飼葉おけに寝かしてある幼な子を捜しあてた。彼らに会った上で、この子について自分たちに告げ知らされた事を、人々に伝えた。人々はみな、羊飼たちが話してくれたことを聞いて、不思議に思った。しかし、マリヤはこれらの事をことごとく心に留めて、思いめぐらしていた。羊飼たちは、見聞きしたことが何もかも自分たちに語られたとおりであったので、神をあがめ、またさんびしながら帰って行った。(一—二〇節、傍点筆者)

きょうはこの一区切りを通じまして、「天使と伝えられた福音」という題でお話をしたいと思っています。天の使いが現れて、人類に神様の良きおとずれを告げたということです。最初のクリスマスのとき、イエス様のご誕生に際して、天の使いたちが神様を賛美し、イエス様がお生まれになったことにどういう意味があるかということを告げた部分です。ここを読みますときに、神様から私たちへの、慰めや励ましのメッセージをたくさん読み取ることができると思います。

最初に出てくるのは、マリヤが月が満ちて子を産もうとしたときに、皇帝アウグストの命令によって人口調査が行われたということです。この人口調査がいつであったかについてはいろいろな説があるのですが、テルトゥリアヌスという教父や、タキトゥスというギリシャの歴史家、あるいはヨセフスというユダヤ人の

歴史家によりますと、おそらく紀元前七年のことであろうと言われています。マタイによる福音書の二章における星の運行から天文学者のケプラーが計算した結果を見ても、紀元前七年から四年くらいの間であろうと考えられています。イエス様がお生まれになった年が紀元元年、ＡＤ一年と定められているわけですけれども、実際の歴史から言うとイエス様はそれよりも少し前にお生まれになっていたのだろうと思います。

この人口調査というのは、皇帝が税金を取るために、あるいは若い男子を兵役に服させるために、国勢調査のようなことをしたということです。シリヤあるいはユダヤには、ローマの国権が及んでいまして、こういう人口調査がされるときには、人々はそれぞれ本籍地に帰らなければなりませんでした。イエス様の育てのお父さんになるヨセフも、お母さんのマリヤも、ユダのベツレヘムの人でしたから、当時住んでいたところはナザレだったのですが、戸籍調査のためにベツレヘムに帰っていきました。そのときにちょうどマリヤさんが臨月を迎えて赤ちゃんを産んだというのが、ここのストーリーです。

このところから、三つの点を拾ってみたいと思っています。第一に、「最初に福音を聞いた人々」。第二は、「最初に福音を信じた人々」。第三は、「最初の福音の宣教者たち」ということです。神様が福音、喜びのおとずれをこの地上にもたらしてくださったときに、最初にそれを聞いたのはだれか、それを信じたのはだれか、それを伝えたのはだれか、ということです。

1　最初に福音を聞いた人々

私どもは休む前に家族で聖書を読んでお祈りをしているのですが、昨晩それが終わりましたときに、娘のめぐみに、「めぐちゃん、めぐちゃん。ちょっとクイズをするから当ててみて」と言って、「聖書の中で最初にイエス様の福音を聞いた人はだれだと思う」と聞いてみました。娘は「だれかなあ」としばらく考えてから、「羊飼いでしょう」と正解を答えました。「ああ、日曜学校に行っていると違うな」と思いました。日曜学校の先生たちは子どもを侮らないで、いつも話していることだからわかっていると考えないで、きちんと教えてゆくことが大切だなと思いましたが、最初にこの喜びのおとずれ、神様の福音を聞いたのは羊飼いたちでした。

羊飼いたちが夜を徹して自分たちの仕事に忠実に励んでいたときに、天の使いが現れて、イエス様がご誕生になったことを教えてくれました。羊飼いというのは、ユダヤにおいて社会的に身分の低い人々と言われていました。非常に忙しくて、彼らの聖日は土曜日ですが、その土曜日にも神殿に行ってお祈りをするといった、一般の人がするようなことができなかったのです。そういうことから、羊飼いたちはラビに破門されていました。神殿に近づくことができなくて、神様に礼拝をささげられなかった人々なのです。最初の福音が、そういう宗教的な権威者から追放されるような人々に伝えられたことは、たいへんおもしろいと思いますね。

当時の羊飼いの仕事は、みなさんがご存じのような、羊の毛を刈ってその肉を供給することだけではないようです。ダビデの町ベツレヘムは、そう広いところではありません。なだらかな丘陵のようになっている、わずかなところで羊を飼うわけですが、そこでは、実はエルサレムの神殿でいけにえにささげられる犠牲用の羊が飼われていたと言われているのです。その羊飼いは、祭司の手伝いをして羊のいのちを絶つことも命じられた人々で、社会的には低い層に属する人たちでありました。

ところが、この人々は心の痛みのわかる人たちでした。彼らが一生懸命飼育していた羊たちは、一歳になると完全に大きくなるということですが、その献納用の羊も一年ぐらい飼うと飼い主によくなついただろうと思います。詩篇に「主はわたしの牧者であって、わたしには乏しいことがない」という言葉があるように、あるいはイエス様が、「わたしは良い羊飼いだ。羊は羊飼いの声をよく知っている。また、羊飼いも羊の名を呼んでこれを導いていく」というたとえを話されたように、羊と一年間も一緒に過ごしていますと、それはもう自分の家族のようになるわけです。そういう羊が、それこそ何十頭、何百頭と、イスラエルの人々が犯した罪のために神殿に送られて殺されていく。そういうことは、どんなにこの羊飼いたちの心を痛めていたであろうかと言われます。

彼らは、人間の罪が本当に赦され、羊が犠牲用にささげられなくてもすむときが来るようにと考えていたようです。旧約聖書においては、羊の血を流すことによって、身代わりとして人間の罪が赦されるということがあったわけでありますが、やがて世界にメシヤがおいでになり、その世界の救い主は全人類の罪を負って十字架の上に罪の塊となって死んでくださるということが言われていました。その神の小羊がお生まれになることを、どんなに羊飼いたちは待っていたであろうかと思うのです。

羊飼いたちは、そのような心の痛みを持っている者であり、社会的に、宗教的に、つまはじきにされているような人たちでありました。区別され、差別を受けている人たちでありました。

それでは、一般の人たちはどうであったか。「自分たちは文化人だ。お金がある。こういう人口調査のときでも、自分たちはちゃんと宿屋を取ることができる」と思っているような人たちでありました。「自分たちは神殿に行ってお祈りもしているし、神様がなせということはしている」と思っている人々でした。ところがそういう人々は、イエス様がお生まれになるというときに、イエス様のお母さんであるマリヤ、お父さんのヨセフ、そしてイエス様ご自身をお迎えする場所を持っていなかったと書いてあります。七節です。

初子を産み、布にくるんで、飼葉おけの中に寝かせた。客間には彼らのいる余地がなかったからである。

文化を誇り、「俺たちはあんな羊飼いみたいな者とは違うぞ」という生活を送っていた人々、きらびやかな衣を着て宗教行事を守る人々が、神殿にはたくさんいたことでしょう。けれども、神様の良きおとずれは、そういう人々に伝えられたのではなかったということです。痛みを知り、「いつか救い主がおいでになって、この痛みをなんとかしてくださる」という神への期待を持っていた人々、職業が卑しめられ、たいへんな差別の中に置かれていても、神様を当てにして、与えられた仕事を忠実に果たしていた羊飼いたちに、この神様のおとずれが伝えられたということです。

神様のおとずれを聞くのに、何が大切な心備えであるかということを思わされる気がします。一般の人々はお祭り騒ぎをして、自分たちの思うとおりのことをしていました。けれども、宿屋には救い主が入る余地がなかったのです。宿屋の主人も、一般の人々も、救い主が生まれるということを聞いてはいたけれど、「そんなことは今必要ない。神様なんか当てにしなくてもやっていける」と、神様を住まわすような客室を心に持っていなかったのでした。神はそういうところにはお宿りになりませんでした。本当に心の痛みを感じて、「神様だったらこの痛みをなんとかすることができる」という期待をもって謙虚に神の前に出ていた羊飼いに対して、神様はまずこのおとずれを告げてくださったということであります。

イエス様は、お生まれになって布に包まれ、飼葉おけに寝かされました。「飼葉おけ」というと、あの日本のまぐさ桶を想像しますよね。ところが、ユダヤの飼葉おけは木でできた桶ではなくて、石を掘って穴を開け、そこに藁を敷いておくようなものでした。ですから、飼葉おけといっても、イエス様は石の冷たい、臭い、本当に最低のところにお生まれになったのです。神様が自らを謙虚にしてそうなさった。その心は、謙虚に神を求める人にでなければ通じないことだと思います。九節には、こう書いてあります。

するとと主の御使が現れ、主の栄光が彼らをめぐり照したので、彼らは非常に恐れた。御使は言った、「恐れるな、見よ、すべての民に与えられる大きな喜びを、あなたがたに伝える。きょうダビデの町に、あなたがたのために救主がお生れになった。このかたこそ主なるキリストである。あなたがたは、幼な子が布にくるまって飼葉おけの中に寝かしてあるのを見るであろう。それが、あなたがたに与えられるしるしである」。（九—一二節）

天の使いは、「すべての民に与えられる大きな喜び」と言いました。その中には、神殿においていかにも謙虚に神様にお仕えしている祭司たちも含まれているでしょう。あるいは、律法を守り、富んでいる人々も神の恵みにあずかるでしょう。けれども、それだけではなくて、社会からつまはじきにされてきたような羊飼いたちも、そこには含まれているのであります。「見よ、すべての民に与えられる大きな喜び」。神様がお与えくださる大きな喜びは、身分が高かろうが、低かろうが、すべての人に及ぶのです。

ここには「カラン・メガレーン」という言葉が使われています。「メガ」というのは、大きな単位を表す言葉です。「メガトン」と言うでしょう。これは、とてつもない宇宙大の喜び、救いを表しているということです。神様によらなければ、人間がどんなにやっても作り出すことができないような喜び。

羊飼いたちは、「自分たちのような貧しい、人に相手にされない羊飼いにも大きな喜びが与えられたのだ」と天使に告げられたのであります。そして、その大きな喜びの根拠は、きょう、ダビデの町に生まれた救い主にあるということを聞いたのであります。

旧約聖書においては、ミカという人によって「やがて世界の救い主はダビデの子孫から生まれるであろう。ベツレヘムで生まれるであろう」ということが預言されていました。ですから、羊飼いたちはベツレヘムに行きました。神様は、その預言の言葉を少しも違わず、約束を果たしてくださったわけであります。

そして、羊飼いたちが行ってみると、そこには金ぴかに輝いた翼のある王様みたいな方が立っていたかというと、そうではなかった。世界の救い主は、羊飼いたちと同じ姿になって、貧しい姿になって、ベツレヘムの家畜小屋の飼葉おけの中に布に包まっていたのであります。彼らは、「ぼろ布に包まれて寝かされている、あれが救い主だぞ。あれがあなたがたに大きな喜びを与えるしるしだぞ」と言われたのです。

2　最初に福音を信じた人々

第二のことにいきましょう。「最初に福音を信じた人々」です。これも羊飼いのことです。一五節を見ていただきますと、こう書いてあります。

> 御使たちが彼らを離れて天に帰ったとき、羊飼たちは「さあ、ベツレヘムへ行って、主がお知らせ下さったその出来事を見てこようではないか」と、互に語り合った。そして急いで行って、マリヤとヨセフ、また飼葉おけに寝かしてある幼な子を捜しあてた。（一五―一六節）

この羊飼いたちは、御使いに言われたとおりにベツレヘムに行きました。その言葉を信じた。福音を信じたのです。世界の救い主は、大きな武力をもって自分たちをローマの国から解放するような人だというのが当時の常識だったかもしれませんけれども、天使が言ったのは、救い主はぼろ布に包まれて飼葉おけにいるということでした。彼らはそれを信じたのであります。神様というお方は天においでになって、天でいっさいのことをなさっているのに、歴史の中にご介入になった。その出来事を信じて実際に見に行ったのです。みなさん、これは信仰がなければできないことです。ぱっと行ったって、どこに生まれるかわかりませんよね。どこの宿屋かなんて、わかったものではない。けれども、不思議な神様の導きがあったのでしょう。周りの人々にいろいろ聞いたのかもしれませんが、救い主を捜し当てたのです。信仰というのは、中途半端で終わるものではないのです。最初に福音を聞いた人々は、捜し当てるまでそれを信じ、天の使いの言葉に従って行動をしたのであります。

彼らはついに、その幼子に会いました。その幼子を見ました。それは普通の赤ちゃんと同じ赤ちゃんですよ。鼻をちょっとつまんだら息が絶えてしまうような弱い赤ちゃん。「これが救い主ですよ」と言われても、どこのだれが信じるかと言いたいくらいですね。ところが、羊飼いたちは、「この赤ちゃんがあなたがたの大きな喜びのしるしだぞ」という天の使いの言葉を信じて喜んだのです。

彼らが今しもその飼葉おけを訪ねて行こうとしたときに、天の使いたちは賛美して躍るようにして神様のみ名をたたえていました。そんなことはなかったことです。この地上に一人の人間として、あの無限の神様がお生まれになるなんていうことは驚天動地のことですから、天の使いたちの賛美も、だれにでもわかるようなかたちで現れたのだろうと思います。これは奇跡です。

羊飼いたちは、天の使いたちが神様を賛美しているその声を聞いたのでありました。「いと高きところでは、神に栄光があるように、地の上では、み心にかなう人々に平和があるように」という賛美を歌っていた。「この人類を救うために自ら卑しい人間になってくださった神様こそ、愛の神様だ。この神様にこそ栄光があるように」と賛美していたというのです。

救い主はベツレヘムに弱い人間の姿をとって生まれました。無限の神様が、全知全能の神様が、人類の苦しみを知り、人の心の痛みがわかるために、人間となって、人間の苦悩を自らの身に負うてくださった。天の使いたちはそれを見て、「神は愛なる神だ。この神にこそ栄光があるように」とほめたたえたのであります。

そして、「地には、イエス様を受け入れた人々、神のみこころにかなう人々に平和があるように」と賛美しました。この「平和」というのは、ユダヤ人たちが求めていた救いの内容、シャロームです。ユダヤ人たちはこのことのためには財も命も投げ出したと言われるくらいですが、天の使いたちは羊飼いたちに、「おまえたちのように謙虚にみことばを信じて、このお方に会おうという者たちに、大学者や宗教的な指導者たちが求めていたような、あのシャロームが与えられるであろう」と歌っていたということです。

しかも、最初に福音を信じた羊飼いたちの信仰は報いられました。二〇節を見てください。

> 羊飼いたちは、見聞きしたことが何もかも自分たちに語られたとおりであったので、神をあがめ、またさんびしながら帰って行った。

御使いたちが賛美していた。御使いたちから聞いたとおりに、布に包まれた幼子が飼葉おけで寝ていた。それを見たときに、羊飼いたちの胸は躍ったのです。「ああ、神様を信じた者のうちに喜びが来るというけれども、本当に喜びが来た」と、天の使いたちの賛美に合わせて地上でイエス様に賛美を歌った。これはえらいことですね。羊飼いたちは、イエス様に最初の賛美を歌った人たちでもあったということです。

3　最初の福音の宣教者たち

第三のことにいきましょう。それは、「最初の福音の宣教者たち」ということです。実は、これも羊飼いのことです。すばらしいことですね。喜びのおとずれを聞いて、それを信じて行ってみたらそのとおりだった。「ああ、よかった」と天の使いとともに賛美をした。その大きな喜びが、心砕かれて神様の前に謙虚に出ようとするならば、どんな人であってもあずかることのできる、すべての人に与えられたものだということが、彼らには本当にわかったのです。

ですから、一七節を見てください。こう書いてあります。

　彼らに会った上で、この子について自分たちに告げ知らされた事を、人々に伝えた。

最初の宣教者となったのです。彼らは、自分たちに告げられたとおりに、喜びをもって伝えられた福音を人々に語った。これはえらいことです。マリヤさんでさえその出来事を心に留めておいたといいますから、羊飼いたちは、マリヤやヨセフの心をも振動させるようなことをしたということであります。

イエス・キリストの十字架が私たちの罪の身代わりであり、復活は永遠のいのちの保証だということ、これ以上の福音はありません。どんな保険に入っても、どんなに財をなしても、この地上はおさらばしなければならない。そういう中で、私たちに永遠のいのちを与えて、やがては死をも打ち破って復活することができるという、神の恩寵にあずかることができる。これ以外の福音は世界には存在しません。

この福音を信じて、その喜びにあずかった人だけが、この福音を伝えることができるのです。羊飼いたちは、この福音を信じ、人々に伝えました。伝えたといっても、「大きな喜びが来るよ」なんて言ったのではないと思います。本当に彼らが喜びに満ち溢れて、「私たちは、あそこで天の使いの声を聞いて、信じて来てみたらそのとおりだった。この私たちが変えられたのだ。この喜びを見てごらんなさい」ということだったでしょう。羊飼いがこんなに喜んでいるなんて、どこのだれが想像しただろうかと思いますね。喜びに輝いて、「救い主がお生まれになった。これこそ救い主だ」と伝えた。この福音を体験した者として、生きざまを通してこれを伝えたことでしょう。

クリスチャンは、福音を伝える宣教者、宣伝者でなければなりません。けれども、福音というものは、逆さに振ったって、私たちの頭や能力から出てくるものではない。イエス様がどういう方であるかを体験したら、必ずあなたは、その福音を語ることができる者になると思います。福音は、福音を信じ、その喜びにあずかった人々によって、他の人々にも伝達されます。教理が伝えられるだけではない、福音のいのちそのものが伝えられて、喜びそのものが伝わっていくのです。

ああ、みなさん、不思議ではありませんか。この羊飼いから福音宣教が始まって、多くの時代を経て、聖徒たちによって今日まで福音が伝えられてきました。東村山市の廻田町一丁目にあるこの教会にも、福音が伝わってきました。みなさんはいろんなところに住んでいると思いますが、そこにも福音が伝わってきたのです。どうか、福音の流れが、私たちによってせき止められてしまうことがないようにしましょう。あなたを通じて、あなたの周囲に流れとなって、いのちとなって、伝えられていくようにしましょう。「教会に行っていると言っても、あの人のようではね」なんて言われないで、「あの人のようになれるのだったら教会に行こう」と言われるような喜びの福音を、私たちはいつも備えていたいと思います。

6　聖霊による待ち望みの生涯〈二章二二―三八節〉

ルカによる福音書の第二章の二二節から読みます。

それから、モーセの律法による彼らのきよめの期間が過ぎたとき、両親は幼な子を連れてエルサレムへ上った。それは主の律法に「母の胎を初めて開く男の子はみな、主に聖別された者と、となえられねばならない」と書いてあるとおり、幼な子を主にささげるためであり、また同じ主の律法に、「山ばと一つがい、または、家ばとのひな二羽」と定めてあるのに従って、犠牲をささげるためであった。その時、エルサレムにシメオンという名の人がいた。この人は正しい信仰深い人で、イスラエルの慰められるのを待ち望んでいた。また聖霊が彼に宿っていた。そして主のつかわす救主に会うまでは死ぬことはないと、聖霊の示しを受けていた。この人が御霊に感じて宮にはいった。すると律法に定めてあることを行うため、両親もその子イエスを連れてはいってきたので、シメオンは幼な子を腕に抱き、神をほめたたえて言った、

「主よ、今こそ、あなたはみ言葉のとおりに
この僕を安らかに去らせてくださいます、
わたしの目が今あなたの救を見たのですから。

この救はあなたが万民のまえにお備えになったもので、
異邦人を照す啓示の光、
み民イスラエルの栄光であります」。
父と母とは幼な子についてこのように語られたことを、不思議に思った。するとシメオンは彼らを祝し、そして母マリヤに言った、「ごらんなさい、この幼な子は、イスラエルの多くの人を倒れさせたり立ち上がらせたりするために、また反対を受けるしるしとして、定められています。——そして、あなた自身もつるぎで胸を刺し貫かれるでしょう。——それは多くの人の心にある思いが、現れるようになるためです」。
また、アセル族のパヌエルの娘で、アンナという女預言者がいた。彼女は非常に年をとっていた。むすめ時代にとついで、七年間だけ夫と共に住み、その後やもめぐらしをし、八十四歳になっていた。そして宮を離れずに夜も昼も断食と祈とをもって神に仕えていた。この老女も、ちょうどそのとき近寄ってきて、神に感謝をささげ、そしてこの幼な子のことを、エルサレムの救を待ち望んでいるすべての人々に語りきかせた。（二二—三八節、傍点筆者）
ここは、最初のクリスマスから一週間が経ったときのことが書かれています。ヨセフとマリヤとが、イエス様に割礼を施すために、生まれて八日目にエルサレムの神殿に宮もうでに来たときの記事であります。
イエス様の両親が宮に来たのは、イエス様がユダヤ人として、神の契約にあずかっている者のしるしとして、割礼を受けるということもありましたけれども、お産を済ませた女性が供え物を持って神様の前に出ることできよめを受けることも兼ねていただろうと言われています。また、イエス様はマリヤとヨセフに最初に生まれた男の子でした。ユダヤの国においては、動物、人間を問わず、最初に生まれた男子は神様のものであるというおきてがありました。このことは出エジプト記の一三章に規定されていますが、初子を授かったときには、神様に代価を払ってその子どもを買い取る、贖うことになっていたのです。ですから、マリヤとヨセフがエルサレムの神殿に行ったのは、この三つのこと、割礼と、女性のきよめと、初子をささげることを兼ねていました。

イエス様がお生まれになったときに、宿屋がいっぱいで入る部屋がなかったということを学びました。それはちょうど、そのときにイエス様を迎えたユダヤの人々の心の表れのようなことでした。人々の心がほかのもので満ちていて、神様をお宿しする場所がなかったのです。ですから、ヨハネは、ヨハネによる福音書の一章一一節に、「彼は自分のところにきたのに、自分の民は彼を受けいれなかった」と記しています。イエス様は、国民的な拒絶に遭ったわけです。

ところが、全体としてはイエス様を退けている中に、選ばれた一握りの人々がいました。これを「残りの者」「レムナント」と言いますが、みんなが灰色の不信仰に塗りつぶされているような中で、神様は、本当に神様を恐れる一握りの人々を選んで、残しておかれたのです。神の民の歴史というのは、ある時代には不信仰になったとしても、そういうわずかな選ばれた人々が神様の前に信仰を全うしてきた歴史でした。

その人々によって、どんなに多くの人々が祝福を受けただろうかと思うのです。私は、日本のクリスチャンもそのような存在であるように思います。確かに今、日本の国は、見えない神様の大きな祝福にあずかっています。この祝福を神様からのものとして受けなかったら、いけないと思いますね。感謝を知らないで、自分の力が優れているとか、日本民族は優秀だからなんて言ったら、とんでもないことです。今の日本は、一億何千万という民のほとんどが未信者で、神様に対する信仰なんか持っていないような状況です。総人口のうち、クリスチャンはわずか一パーセント。非常に少ない。百人の中に一人です。でも、神様はあらゆる時代、あらゆる国において、選んで残しておいたわずかな人々によって、ご自分の計画を実現してきたのです。世界の歴史がそれを証明しています。

そのような、イエス様のお生まれになったときに残されていた人々には、非常に大きな意味があったと思います。たとえば、バプテスマのヨハネのお父さんになったザカリヤ。その奥さんのエリサベツ。イエス様のお母さんとして選ばれたマリヤ。お父さんのヨセフ。そして、シメオンが出てきました。アンナという女預言者がいました。こういう一団の人々は、ユダヤの国が全部神様に背反しているように見える中で、瓦礫の中の宝石のように、本当に輝く信仰を持っていたということであります。

だから、少ないことを心細く思ってはいけません。希少価値という言葉があります。私たちもある意味においてレムナントですから、この選ばれた人々がどういうふうにイエス様をお迎えし、イエス様と対面したかは、今日の日本のクリスチャンがどうなければならないかを、よく教えていると思うのです。

特に、その中でシメオンを中心に学んでみたいと考えています。二二節以下から、シメオンが盛んに出てきます。このシメオンは、エルサレムのラビの総元締めをして崇高な教えをしていたヒレルという指導者の子どもであっただろうと言われます。また、大ラビと言われるガマリエルの父親であったと考えられています。そのガマリエルの下で、使徒パウロが聖書の勉強をしたと伝えられています。これは、A・B・ブルースという英国の学者が言った説ですが、シメオンはその時代においては非常に目立つ人であったと言うことができると思います。

そのシメオンの態度から、三つのことをみなさんと一緒に考えてみたいと思っています。第一のことは、「聖霊によるキリスト信仰」。イエス様を信じることは、聖霊によるのだということ。二番目に、「シメオンの讃歌」。三番目に、「メシヤの受難の予告」について学んでみたいと思います。

1　聖霊によるキリスト信仰

まず、二五節のところを読んでください。こう書いてあります。

その時、エルサレムにシメオンという名の人がいた。この人は正しい信仰深い人で、イスラエルの慰められるのを待ち望んでいた。また聖霊が彼に宿っていた。そして主のつかわす救主に会うまでは死ぬことはないと、聖霊の示しを受けていた。この人が御霊に感じて宮にはいった。（二五―二七節）

シメオンは、非常に敬虔な「信仰深い人」で、神の民がローマの属国のようになってはずかしめの生活をさせられていたときに、やがて世界に救い主がおいでになって、イスラエルが慰められることを待ち望んでいたと書いてあります。ここには、「聖霊」「御霊」と三回も繰り返して出てきますが、シメオンは神様の御霊によって救い主がおいでになることを知り、待ち望んでいたのです。

ここで言われる「慰め」は、「救い」という言葉と置き換えてよいと思います。イエス様に出会ったシメオンは、「わたしの目が今あなたの救を見た」（三〇節）と言っていますから、「イスラエルの慰められるのを待ち望んでいた」というのは、「イスラエルが救われるのを待っていた」ということだと理解できます。

これは預言者イザヤから伝えられてきた考え方でした。イザヤは、神様によって救われるということは、本当の慰めを受けることだと体得しました。だれかが悲しんでいるときに慰めてくれたというようなことではなくて、どんなものが奪い去られても、どういう状況に置かれても、最後に神様の慰めが残っていることが本当の救いです。救いの底の底には、神様による慰めがある。それなしに救いということは言えないと思うのです。シメオンは、そのような慰めがやがてメシヤによってこの国に与えられることを、聖霊によって待っていたのであります。

それから、シメオンは聖霊の示しを受けて、「あなたは救い主にお会いするまでは死なない」と言われていました。こういうことはあると思いますね。聖霊がその人に、「こういうことが起こる」と示してくださる。聖霊の交わりを持っている人にはわかることがあります。それは、「一たす一は二」になるという計算の世界とか、何か勘でわかるとか、そういうことではありません。私たちが神の御霊に満たされて歩んでいるときに、聖霊は確かに私たちの知恵を超えて、私たちの良心にささやいてくださる。私もそういう経験が何回かありますが、シメオンは、「ああ、私は救い主にお会いするまで死なないのだな」とわかったのです。

しかも、この人は神殿で神様に仕えていて、人々と祈りを共にしていたわけですが、イエス様がお母さんに抱かれて入ってきたときに、「あっ、これだ。この方がイエス様だ。救い主だ」ということが、聖霊によってわかったと書いてあります。これは今日の私たちでも同じです。イエス様が救い主であるということは、聖霊に示されなければわからない。聖霊に教えてもらわなかったら、絶対にわからないのです。「誘ってくれた友だちに悪いから教会に行かなきゃ」なんて言っているようでは、キリストはわからないのです。長く教会に来ていればだんだんわかってくるかといえば、それだけではわかってこない。私たちが本当に神様を信じるときに、神の御霊が、「世界のだれでもない、イエスこそあなたの救い主である」と教えてくださるのです。

ペンテコステのときに聖霊が降《くだ》りました。教会の人々はそのときから、イエス様がどういう方であるかということを聖霊に満たされて知るようになった。ヨハネによる福音書の一五章には、イエス様が、「やがて世界に来る聖霊がわたしのことを多くの人々に証しするよ」とおっしゃいました。だから、聖霊がなかったら、イエス様を知ることはできない。イエス様は、十字架と復活を見た弟子たちにも、「聖霊を受けるまでは待っていなさい。飛び出すな」とおっしゃいました。そして、「聖霊が来たらあなたがたは本当にわたしの証人になれる」と言われたのであります。

それでは、ペンテコステ以前の旧約の時代の人々はどうだったのでしょうか。ペテロの第一の手紙の一章一〇節、一一節を見ますと、旧約時代の人々も、その中にいたキリストの霊によって、イエス様がいつおいでになって、どういうかたちで救いを実現してくださるかを知っていたと書いてあります。

このシメオンという人も、聖霊によってメシヤがおいでになることを知り、聖霊によって「メシヤに会うまでは死なない」と教えられて、聖霊によって「この赤ちゃんがイエス様だ」とわかったのです。おそらくこの日には、何人もの赤ちゃんが割礼を施されるために神殿に来ていたと思います。間違ったら大変ですね。他の人を「これはメシヤだ」なんて言ったら大変でしょう。ところが、シメオンは他の子どもが入って来ても、うんともすんとも言わないけれども、マリヤに抱かれてイエス様が入ってきたときに、御霊に導かれて、鉄片が磁石に吸い寄せられるようにして近づいて、「あっ、これがメシヤだ」とわかったのです。

私たちも、聖霊に満たされること、聖霊によって導かれることを祈っていかなければならないし、御霊の導きを経験していく必要があると思います。ブラザー・ローレンスという人は、プラクティス・オブ・プレゼンス、神様がおいでになることを感性を超えて実践していくことが必要だと言いました。このローレンスは修道士でした。皿洗いをしながら、他人からいやなことを言われたときにも彼は、「台所にもイエス様がおいでになるのだ」ということを訓練していったといいます。

私たちも、聖霊に自分が満たされていき、「この御霊が私を導いていてくださる」ということに対する信頼を持っていたいと思います。そうでないと、本当の慰め、救いはわからないのですよ。イエス様は、「聖霊がおいでになったら、あなたがたは本当に慰められるぞ」とおっしゃいました。イエス様は聖霊のことを、パラクレートス、「慰め主」とおっしゃった。慰め主である御霊は、目には見えないけれども、信じる者の心のうちに宿って、論より証拠、どんな困難の中にあっても、神様を信じていく者に本当の慰めを与えてくださいます。しかも、この慰め主は、自分の慰めを与えるのではなくて、イエス・キリストの慰めをもって私たちを慰めてくださるお方であるということです。

ですから、私どもは、どうかこの慰め主である聖霊にもっともっと信頼したいと思います。神様といっても、「悪いことをしたら罰が当たるぞ」なんて思ってしまうようなことだったら、それは異教的なキリスト教です。聖書の宗教は、慰め主が無限に働いておいでになる。全世界のどんなところにも、どんな家庭の状況の中にあっても、どういう人々の中にも、慰め主としての御霊が働いておいでになる。今朝、みなさんの心のうちにも、この慰め主であるパラクレートスが働いておいでになります。この聖霊によって、イエス・キリストの慰めを私たちのものにしたいと思います。

2　シメオンの讃歌

第二のことにいきましょう。「シメオンの讃歌」です。二八節から三二節までのところです。

シメオンは幼な子を腕に抱き、神をほめたたえて言った、
「主よ、今こそ、あなたはみことばのとおりに、
この僕《しもべ》を安らかに去らせてくださいます、

わたしの目が今あなたの救いを見たのですから。
この救はあなたが万民のまえにお備えになったもので、
異邦人を照す啓示の光、
み民イスラエルの栄光であります」。

ここで、神様が万民のために救いを与えてくださったことをほめたたえています。これはえらいことですね。異邦人は、ユダヤ人からは「犬」と言われて、のけ者にされていたわけです。ところが、そのように差別されていた異邦人たちが、もう希望も夢もないような人々が、救われるときが来る。啓示の光が与えられて、目が開けられて、異邦人であっても神様を見ることができるときが来る。事実、このことは今日の世界に実現しています。私たち日本人は、異邦人の最たるものでしょう。ユダヤから見たら地球の裏側ですから。でも、その私たちにさえも、この救いの光が照り輝いて、今日救いの恵みにあずかることができる。これは驚くべきことです。

さて、シメオンは赤ちゃんをお母さんのマリヤから借りて抱き、やおらたたえの歌を歌いだしました。これは、書き方においてはザカリヤの讃歌やマリヤの讃歌と同じです。神様をたたえ、最後にはやっぱりザカリヤやマリヤのように預言をしています。シメオンという人も、同じ筆法で神様をほめたたえたのです。

シメオンは、その赤ちゃんを抱いたときに、「わたしの目は救いを見た」と言いました。「救い主を見た」と言ったのではありません。祖国イスラエルが慰められることを待ち望んでいたシメオンは、救い主を抱いてみて、それこそ落としたら死んでしまうような弱い人間の赤ちゃんのかたちとなって神様がお生まれになったことを見て、「救いを見た」と言ったのであります。世界の始まりから終わりまで、これから何千年、何万年過ぎるかもしれませんけれども、その始まって以来のいっさいの歴史がそこに含まれて、完成することが救いであります。それを、鼻をつまんだら息が絶えてしまうような幼子の中に見た。これはえらいことだと思いますね。聖霊は、こういう世界がわかるようにしてくださる方なのです。

みなさん、太陽にきらめく朝露を見たことがありますか。草の露です。私は田舎に育ちましたから、夏の朝に外に出ますと、草に露が結んでいるのをよく見ました。芋がらの葉っぱには、丸い露が玉のようになって転がっていました。A・B・シンプソンは、幼子の中に救いを見るということは、地球の何倍も何万倍もあるようなあの大きな太陽が小さな水滴の中に入っているようなことだと言いました。シメオンは、さながら露の中に太陽を見るごとくに、小さく弱い幼子の中に救いを見たのです。

これは、聖霊が教えてくださることです。私たちの生涯にも、「これは私がやったのではない」と思うような事々があるでしょう。「あの人がやったなんて、不思議だな」と思うことが、クリスチャンだったらお互い日常生活の中にあるでしょう。聖霊に導かれるということはすばらしいことですね。

この世界がわからないといけないのです。日曜日に教会に行って礼拝説教を聞いて、「この前はおもしろかったけど、きょうはつまらなかった」なんてこともあるでしょう。でも、そんなことでは私たちの信仰はどうにもならない。信仰の目を開いてこの世界を見ることです。目に見える三次元の世界だけで見たり聞いたりして、「ああ言われた」「こんなことが起こってしまった」と嘆くのではない。日常茶飯事の中にも、信仰の目を開いて見たら、露の中に地球の何倍もの太陽が映っているように、偉大な無限の神様の恵みと祝福とが映っているでしょう。試練や苦難の中にさえも、神様の恩寵が映っているではありませんか。

ベンゲルという学者は、「試練は、形を変えた神の恩寵である」と言いました。私たちの目が神様に向けられて、その心が御霊に満たされていくときに、小さな出来事の中にも神様の恵みが満ちていることがわかるのです。人生に起こってくる喜びにつけ、悲しみにつけ、いろんなことの中に、自分の頭の中で考えたり、思いめぐらしたりする出来事の中に、聖霊によってよく見させていただくと、神様の恵みが満ちている。そういうものを見ることのできる者でありたいと思いますね。

そして、シメオンは「救いが万民におよぶ。異邦人もユダヤ人もみんな救われる」と確信したわけですけれども、そのときに、「これ以上のものはない。死んでもいい」と言いました。二九節を見てください。

「主よ、今こそ、あなたはみ言葉のとおりに
この僕を安らかに去らせてくださいます、
わたしの目が今あなたの救を見たのですから。……」（二九―三〇節）

ここに「安らかに去らせてくださいます」とありますが、この「去る」というのは、船が港でとも綱を解いて沖に出て行くとか、荒野に天幕を張って住んでいるベドウィンたちが綱を解いて天幕をたたんで次の旅路に移っていくという言葉です。パウロが、「今私が世を去るべき時は近づいた」と言ったときにも、これと同じ言葉が使われています。これは「もう死んでもいい」ということです。

いいですか、みなさん。クリスチャンというのは、「もうこの世には未練がない。死んでもいい」というものを見させられた者なのです。「じゃあ、みなさん、今朝みんなで死にましょう」なんて、そんなことを言っているわけではありませんよ。けれども、それほどのお方を与えられて、それほどのお方と結び合わされて、いのちの関係を持たされて、それほどのお方と共に生きる者にされたクリスチャンとは、なんとさいわいな存在でしょうか。

シメオンは、「もうこれ以上ない。救いを見た」と言って、神様に心からの賛美をささげました。私たちはどうでしょうか。あなたも、「もうこれ以上はない」というものを、本当はもう見ているのです。もう与えられている。「先生の話を聞いているとそうだなあと思うけれど、家に帰るとそうではなくなってくる」なんて、そんなことを言っては駄目ですよ。聖霊は、こういう世界に私たちを引き上げてくださる。こういう世界で生きることができるようにしてくださる。そうでなければ、この邪悪な時代に正義とかいのちなんてありません。

私たちが多くの人々に証しをしていく存在になるためにも、このお方を本当に見たいと思います。「もうこれ以上のものはいりません。しもべを安らかに去らせてください。この人生では生きた甲斐がありましたから」と言えるようなお方を見るということ。私どもは、そういうものを与えられています。みなさん、どうか霊の目を開けられて、日々の生活の中でこのお方を仰いでほしいと思います。そうすれば、「もう思い残すことはない」という確信が出てくるでしょう。そのことは人生にどんなに大きな力を与えていくでしょうか。「もう駄目だ」とあきらめるのとは全く違う方向が、そこからは出てくると思います。

3　メシヤの受難の予告

第三のことにいきましょう。「メシヤの受難の予告」、三四節から三六節までです。

するとシメオンは彼らを祝し、そして母マリヤに言った、「ごらんなさい、この幼な子は、イスラエルの多くの人を倒れさせたり立ちあがらせたりするために、また反対を受けるしるしとして、定められています。——そして、あなた自身もつるぎで胸を刺し貫かれるでしょう。——それは多くの人の心にある思いが、現れるようになるためです」。

シメオンは、イエス様を母さんにお返ししたときに、「この幼子は、救いがもたらされることのために、多くの人を立ち上がらせたり、倒したりしますよ」と言いました。要するに、「この幼子は、あなたが思っているような子とは違いますよ。この幼子を信じる人は永遠のいのちが与えられ、そうでない者は永遠の滅亡にいくという、重大な使命を負わされた神の救い主ですよ」ということを、お母さんに認識させるように言ったのであります。マリヤもこれを心に留めたと思います。

ところが、それではその幼子が偉い存在として王の位に就いて、物事をてきぱきするかというとそうではない。「また反対を受けるしるしとして、定められています」と書いてあります。救い主イエスを信じる者は救われるが、そうでない人は救われない。その救われない人々が反旗を翻して、メシヤであるイエス様のいのちをさえ狙ってくるだろうということです。世の権力や国家権力や人の欲望や、人間の罪のいっさいがイエス様を死に追い込むであろうということを、ここで言ったのです。

これは、十字架の預言です。逆に言いますと、イエス様という方は、世の権力や罪、神様の嫌いなさるもの、人類がそれをもっていたら滅亡するというもののいっさいをご自分が引き受けて、吸着して、その塊のようになって、神様の前に人々の身代わりとなって死ぬと言われているのです。

ですから、シメオンはお母さんのマリヤに対して、「マリヤさん、あなたはこの子どもが大きくなって、元気で事故にも遭わないで、病気にもならないで、すくすく育つようにと願っているだろう。けれども、あなたはこの息子によって肺腑をえぐられるような人生経験をします」と言いました。マリヤはイエス様に対して、母として、普通の子どもにするような対処の仕方がなかなかできなくなっていきます。

特に、イエス様が十字架におつきになったときのことを、みなさんはご存じでしょう。午前九時に十字架につけられて午後三時に息が絶えるまでの六時間、マリヤは、弟子のヨハネと一緒にイエス様の十字架の足元にたたずんで見ていました。マリヤの心はどんなに痛んだかと思います。マリヤは、自分の息子が多くの天使や人々から「この方は救い主だ」と言われて、神様よりお預かりしたものだと思ってきたけれども、やはり自分のお腹を痛めた自分の子ども、息子であるわけです。そのイエス様が十字架につけられていく姿を、お母さんはどんな気持ちで見たでしょう、

しかも、ユダヤでは子どもが成人したときに、お母さんは一生涯着られるような着物を一枚プレゼントします。四角い大きな布の真ん中に穴が開いていて、それを被って紐で縛ると着物になるわけですけれども、それは一枚の布ですから切ってしまったら価値がない。そのイエス様の衣を兵士たちがはいでしまって、サイコロを振って、だれのものにするか決めました。マリヤから見ますと、自分の息子が元服したときに、自分が蓄えてきたもので一生着られるような衣を作って与えた、その着物が今、目の前でくじ引きにされているわけです。どんなにお母さんの心は痛んだか。

それが、この三五節で言われている、「あなた自身もつるぎで胸を刺し貫かれるでしょう」ということです。イエス様は人類の罪のいっさいを引き受けて、「父よ、彼らを赦したまえ。彼らはそのなすところを知らないでいるからです」とお祈りをしました。シメオンはそのことを預言して、「こういうつらいときが来ますよ。マリヤさん、あなたは耐えられますか」とマリヤに問いかけるように語ったのです。

けれども、十字架につけられたイエス様は、お母さんのマリヤに対して、決して親不孝だけで終わってしまうようなお方ではありませんでした。「お母さん、私は確かにあなたの息子です。この三十年の間、あなたに育てていただきました。今、わたしはここで、全人類の罪の救いのために死にます。かつてシメオンが、

『あなたの胸が貫かれる』と言いましたが、わたしはここを去ります。けれども、わたしの弟子のヨハネがここにいます。このヨハネは、わたしの代わりにあなたの生涯をずっと見守ってくれるでしょう」という思いであったでしょう。そして、ヨハネがそれを引き受けた姿を私たちは見ることができます。

神の慰め、救いということは、メシヤがこのお母さんの痛みを負って、私たちの代わりに罰せられるという痛みを負って、私たちのものにされたのです。私たちもまた、信仰を持っていこうとすると、試練や迫害に遭います。「今は迫害なんかない」なんて嘘ですよ。職場に行っても、学校に行ってもあるではありませんか。けれども私たちは、イエス様がそうあってくださったように、負うべきものを負いますときに、人類の最後の敵である死の中に入っていったイエス様を復活させてくださった神様は、私たちをいつまでも試練や棘や痛みの中に置きたまわない。そこから、復活の力をもって救い出し、神の栄光を拝することができるようにしてくださるお方です。

私たちもどうか、聖霊に満たされて信仰を全うしたいと思います。聖霊に導かれて日々の生涯を送りたいと思います。そして聖霊によって、もう一度おいでになるイエス様を待ち望む私たちでありたいと、そう思います。

7　少年インマヌエル〈二章四一―五二節〉

ルカによる福音書の第二章の四一節から五二節までを読んで、お話をしたいと考えています。

さて、イエスの両親は、過越の祭には毎年エルサレムへ上っていた。イエスが十二歳になった時も、慣例に従って祭のために上京した。ところが、祭が終って帰るとき、少年イエスはエルサレムに居残っておられたが、両親はそれに気づかなかった。そして道連れの中にいることと思いこんで、一日路を行ってしまい、それから、親族や知人の中を捜しはじめたが、見つからないので、捜しまわりながらエルサレムへ引返した。そして三日の後に、イエスが宮の中で教師たちのまん中にすわって、彼らの話を聞いたり質問したりしておられるのを見つけた。聞く人々はみな、イエスの賢さやその答えに驚嘆していた。両親はこれを見て驚き、そして母が彼に言った、「どうしてこんな事をしてくれたのです。ごらんなさい、おとう様もわたしも心配して、あなたを捜していたのです」。するとイエスは言われた、「どうしてお捜しになったのですか。わたしが自分の父の家にいるはずのことを、ご存じなかったのですか」。しかし、両親はその語られた言葉を悟ることができなかった。それからイエスは両親と一緒にナザレに下って行き、彼らにお仕えになった。母はこれらの事をみな心に留めていた。
イエスはますます知恵が加わり、背たけも伸び、そして神と人から愛された。（傍点筆者）

ここから、「少年インマヌエル」という題でお話をしたいと思います。イエス様は、私たちと一緒におられる「インマヌエル」の神様としておいでくださったということでありますけれども、成人した三十何歳の姿で天から降りてきたのではなくて、おぎゃーと生まれて、そこから成長していくという、私たちと全く同じ人間になって同じ成長の過程をとられました。ですから、人となられた神ですけれども、人間としての制限をお受けになりまして、人間のように成長を遂げられました。十二歳のこのときには、自らが神から遣わされた神であり人間であると自覚しておられたことを、ここに見ることができます。

読みましたところは、イエス様が十二歳になられたときに、お父さんやお母さんと一週間、エルサレムの都で守られる過越の祭りに行った記事です。イエス様の両親として選ばれたヨセフとマリヤは信仰の深い人たちでありまして、過越の祭りのような国民的な祭儀を怠らず、神第一主義でした。それがどんなに、少年イエスへの良き家庭教育になったであろうか、と思います。

私たちは、イエス様が生まれて八日目に割礼を受けるために神殿に来たことを学びました（二章二一節参照）。それから十二年が経っているわけです。その間に何もなかったかというと、そうではありません。マタイによる福音書にありますが、東のほうから博士たちが来訪したり、ヘロデの手を逃れて家族でエジプトに逃げたりというようなことがこの間にあるわけです。そして、エジプトから帰って来てナザレに住んだことが、二章三九節に書いてあります。

　両親は主の律法どおりすべての事をすませたので、ガリラヤへむかい、自分の町ナザレに帰った。

博士たちが訪ねてくるとかエジプトへ逃げたことは、この間に起こったわけですが、このルカによる福音書には書いてありません。

福音書はイエス様の生涯を書いてありますから、その少年時代のことも出てきたらよいはずですが、マタイによる福音書やマルコによる福音書には少年イエスのことは出てきません。わずかにルカによる福音書にだけ、生まれて八日目にどうだったとか、十二歳のときにどうだったということが書いてあります。ルカは、イエス様のご生涯を、順序を正して正確に資料を入手して書こうと決断していましたので、だいぶ苦労をしてイエス様の幼少時代のことなどを、エルサレム行きの事としてまとめたのだろうと思います。

二章五一節の最後には、「母はこれらの事をみな心に留めていた」という言葉があります。マリヤは、起こった出来事をみな心に留めておいた。あるいは「思いめぐらした」という言葉が何回も出てきます。今まで読んだところでも、一章二九節、二章一九節、三三節、五一節に、マリヤが「心に留めた」「思いめぐらした」と書いてあります。これは、マリヤの心に深く忘れることのできない、イエス様の幼少時が焼きつけられたということを意味します。これを根拠にして、多くの学者たちは、ルカが入手したイエス様のご生涯の資料は、その幼児期については、お母さんのマリヤから受け取ったのだろうと言っているわけであります。マリヤが思いめぐらしたこと、心にたたんでいた資料が他の人々に口伝によって継承されたり、文章にされていたりしたかもしれませんけれども、それらをルカは受け取って、イエス様のご生涯をつづっていったのだろうということです。「マリヤはこれを心に留めた」というわずかな言葉から、学者たちがそういう推察をする、それは正しいことであろうと思います。

このようなイエス様の幼少時代の記事から、ルカは、この幼子が単なるユダヤ人の赤子として生まれたのではないことを力強く主張しようとしています。イエスにとってエルサレムは、非常に重要な「救いの歴史」の出発点でありました。それはまた、ディヴィニティ・オブ・ジーザス（イエスの神性）、イエス様は「神の子」であることを強調した、と見ることができるだろうと思います。

きょうの箇所は、イエス様が十二歳になられたときの出来事です。ユダヤでは十三歳が成人式、元服ですから、大人になりかかろうとしているイエス様が、両親と一緒に過越のお祭りに行ったときのことです。そこには大ぜいの人がいたわけですが、お祭りが終わって帰る途中で、両親はイエス様がいないことに気がついて、もう一回エルサレムに帰ってイエス様を捜しました。あちこち捜しても、なかなか見つからなかった。そして、エルサレムの神殿に行ったら、イエス様が学者たちの中に座って、学者たちといろんなやり取りをしていた。お母さんはびっくりして、「どうしてこんなことをしているのですか。お父さんも心配して一生懸命捜していたのに」と言うと、イエス様は「わたしは父の家にいるのだ」とおっしゃった。これをマリヤが心に留めたというのが、きょうのストーリーです。これは、イエス・キリストの生涯において非常に重要なことを私たちに伝えているのです。見逃すことのできないイエス様の成長の過程の一コマをエルサレムでの事としてとどめた記事である、と言うことができると思います。

そこで、ここから二つのポイントを拾ってみましょう。第一に、「イエスを見失った両親」。もう一つは、「イエスの意識の成長」ということ。十二歳というと、今では第二反抗期と言われるころですが、イエス様の意識が成長していったことを見たいと思います。

1　イエスを見失った両親

第一に、「イエスを見失った両親」ということです。四一節にもありますように、このときは過越の祭りでした。これは、イスラエルの民がエジプトでの奴隷の生活から救い出されたことを子々孫々まで記念し、守っていたお祭りです。一週間、仮庵と言われる、しゅろの葉で屋根を編んだ仮住まいのようなものを作って、そこで先祖の苦悩を偲びました。屋根といっても雨露をしのぐだけのようなものですが、そこで自分たちの先祖がエジプトから出たときに、荒野を旅して大変な中を通ったけれども神様によって救い出していただいた、ということを記念したわけです。それがユダヤ人の国民的な儀式でしたから、神第一に生きる人々は、みなそういうことをしていたのであります。

イエス様も十二歳になってそこに行かれたのですが、四四節を見ますとこう書いてあります。

そして道連れの中にいることと思いこんで、一日路を行ってしまい、それから、親族や知人の中を捜しはじめたが、

イエス様の両親は、道連れの中にイエス様がいると思いこんでいたとあります。この「思いこんで」というのは、「いつものように思って」というギリシャ語です。「習慣的にものを思う」ということ。「子どもだから親と一緒にいるのはあたりまえだ」というような思いですね。

そのとき、祭りが終わってたくさんの人々がそこに集まっていました。エレミアス博士によりますと、エルサレムの当時の人口は約五万人と言われます。ところが、過越の祭りなど、三大節と言われるお祭りのときには、それが十五万人に膨れ上がったといいます。宿屋でも何でもいっぱいになるような、たくさんの人々で混み合っていた。

また、イエス様たちはナザレから来たわけですけれども、そのときも、親戚だとか近所の人だとかがグル

ープになって来ていました。道中で強盗に襲われないように、隊伍を組んで来るわけです。そして、祭りが終わりますと、それぞれの地方にグループになって帰っていくのですが、ユダヤ人たちは、最初に奥さんたち、女性のグループが帰って、そのあとに男性のグループが帰るという習慣を持っていました。ところが、十二歳というのはまだ大人であるか子どもであるかわからないようなときですから、男性のグループの中にもいることができるし、女性のグループにもいることができたわけです。

だから、マリヤもヨセフも、イエス様が離れずにいると思いこんでいました。けれども、マリヤがふと女性たちのグループを見てみますと、子どもたちがいるのにイエスがそこにいないことに気がついた。そこで、引き返して男性のグループに行って聞いてみると、そこにもイエスがいないということで、さあ大変だとなったわけです。いるはずだと思っていたイエス様がいなくなってしまった。

この両親は、イエス様が生まれて十二年間も経っていましたから、天使のみ告げのことも、シメオンのことも、忘れはしませんでしょうけれども、影が薄くなるようなこともあったと思います。日常生活のことでごった返していただろうと思います。「エリサベツさん、あそこのものは安いそうですね」「こんな話があったらしいですよ」「あそこの親戚がこういうことをしたそうですね」「家でも買いましょうか」なんていうようなことに没頭してしまっているうちに、イエス様がいると思っていたらいなくなっていた。イエス様を見つめていませんと、日常茶飯事の中に没入してしまうと見失ってしまう。これは今日でも同じですが、イエス様の両親でさえも、いつも神様を見上げていなければいけないということ、なれなれしくイエス様に接してはいけないということを学ばなければならなかったのであります。

シメオンはイエス様を抱いたときに、マリヤに向かって、「この子は多くの人を立たせもし、倒れさせもする子になるだろう。そして、あなたの胸はつるぎで貫かれるだろう」と言いました。マリヤは、イエス様が自分の子ども以上のお方であることを、子どもから刃を突きつけられるようにして知らなければならなかった。慣れっこではいけないということでしょう。イエス様を神として見なければならなかった。

ですからこの出来事は、マリヤとヨセフがもう一度そこで聖別されたということであったと思うのです。彼らはイエスを見失ってしまっていたわけです、イエスを見失うとどうなるか。これを書いたルカはお医者さんですから、心の動きや身体の動きをよく書いています。四八節を見てください。

両親はこれを見て驚き、そして母が彼に言った、「どうしてこんな事をしてくれたのです。ごらんなさい、おとう様もわたしも心配して、あなたを捜していたのです」。

平たく言えば、「何してるのっ!」ということでしょう。「私もお父さんも本当に心配していたのよ」と、イエス様に言ったのです。おもしろいことに、ここでルカが使っている「心配」という言葉は、普通のギリシャの人々が書く文章で使う言葉ではありません。これは、「地獄の責め苦に遭う」という苦しみの言葉なのです。

ルカによる福音書の一六章に、ラザロと金持ちのたとえがあります。ラザロは神様の恵みによって、死んでからアブラハムの懐に迎えられました。ところが、この世で悪いことをし放題であった金持ちは、地獄の火責めに遭いました。そして、アブラハムに「水一滴でいいからくれ」と言いましたが、「こことおまえのいるところとには淵があって、だれもそこに行くことができない」と言われてしまった。火の中でその金持ちが「苦しみもだえていた」という言葉が、ここで使われている「心配」という言葉なのです。

イエス様がいなくなったときにマリヤとヨセフが「心配」したというのは、そういうことです。普通の親でも、子どもがいなくなったというのは本当に大変なことですよ。私にもそういう経験があります。息子の献が小さいときに、あるところに連れて行ったらいなくなってしまって、「あれ、どこに行ったのだろう」と思ったことがありますけれども、子どもが離れた親の心はどんなものか、みなさん考えてみてください。ですから、みなさんが神様から離れているときの神様のお心は、どんなにつらいものであるかということです。みんなは平気で、「いや、私は、私の道を行くわ」なんてやっていますが、神様は私たちをご覧になって、子どもが迷って苦しむように苦しまれる。

ここで、ルカはイエス様の両親の心の苦しみについて、「地獄の火責めに遭って苦しんでもだえている」という言葉をわざと使っています。イエス様を見失うと、人間の心の状態はどうなるかを言っているわけです。平安そうに見えても、決して平安ではない。住む家がある。食べる物もある。着る物もある。何の不足もないと思っていても、心の中は悩みで火の車のようになっている。私たちの造り主であるお方、救い主であるお方を離れ、このお方を私たちの人生の計算から除いたら、私たちの心に押し寄せてくるのは、やっぱり苦しみであり、もだえです。

みなさん、人生いろんな問題があるでしょう。私たちがだれかと接するとき、すぐトラブルが起きる。そういうことに振り回されて「あんなことを言われた」「こんなものを見た」と思っていると、その瞬間は神様なんかどこかに行ってしまっているわけです。神様を見失ってしまいますと何が残りますか。お祈りどころではなくなってしまう。その心の中にあるのは、苦しみ、もだえです。神様を計算に入れない生涯は、一時的にどんなに良いように見えても、必ず苦しみともだえで過ごさなければならない。

ですから、私たちはイエス様を見失わないようにしなければなりません。いるはずだと思いこんでいた、なんていうことではいけませんよ。しくじったなと思ったら、そこで反省してすぐイエス様のほうを向く。

その都度イエス様に心を向けるのです。「あれ、いないな」と思ってすぐに見ていたら、両親はこんなに驚かなかったでしょう。いるものと思いこんで、「いつもそうだから、きょうもそうだろう」というのは、信仰の大敵なのです。なぜ信仰が進歩しないかというと、「ああ、それはこうだ。いつもこうだから」と思いこんでいるからです。「一たす一は二」になると理性的に考えることは、神様を見いだす生涯には通用しないのです。「このまえ神様に恵まれたから、二、三日は大丈夫」なんて、そんなことはありません。私たちは、その都度その都度、イエス様を見いだしていくことを要求されます。

人間というのは、なんと孤独な存在でしょうか。イエス様のお父さんやお母さんにとって、イエス様がいつも一緒にいることはどんなに慰めであったでしょうか。そのイエス様がいなくなった。この二人は、親としての孤独を感じたから、もだえ苦しんだのです。マルティン・ハイデッガーは、「孤独という存在において、死の世界に投げ出されたのが人間である」と言いました。これが現代の優秀な哲学者の人間観です。それが人間です。その人間に対して救いの手が差し伸べられるというのは、神様ご自身が人間となって、私たちと一緒にいてくださるということです。インマヌエルになってくださったということが、救いなのです。

このインマヌエルは、幼子として生まれて十二年間成長してきて、ヨセフとマリヤと一緒においでになった。両親といえども、このインマヌエルを離れて平安ではなかった。私たちもイエスと一緒に歩もうではありませんか。このインマヌエルを除いて、私たちには平安は決してありません。マリヤとヨセフにはつらい経験でしたけれども、彼らはこのことによってどんなに大きな祝福を取り戻したであろうかと思います。

2　イエスの意識の成長

第二のことにいきましょう。「イエスの意識の成長」です。イエス様の人間としての成長が、ここに書いてあります。「神だけど人間になった」ということではなくて、「神でありながら本当の人間になった」ということです。その成長の仕方が四〇節に出てきます。

幼な子は、ますます成長して強くなり、知恵に満ち、そして神の恵みがその上にあった。

「成長して強くなり」というのは肉体のことですね。おもしろいことに、これはお医者さんが使う言葉です。筋肉がもりもりするというような言葉なのです。ですから、イエス様は身体的に健康な子どもとして育っておられたようです。そして、「知恵に満ちた」。これは意思とか心、マインドの問題です。心も成長したということです。しかも、そのあとに、「神の恵みがその上にあった」とあります。これは彼の霊性を表しています。スピリチュアリティです。

ですから、イエス様は身体と心と霊とが健やかに成長していったということです。そして十二歳を迎えたわけですが、五二節にはこう書いてあります。

イエスはますます知恵が加わり、背たけも伸び、そして神と人とから愛された。

ここでは、まず「知恵が加わった」とあります。それから、背たけも伸びた。そして、「神と人とから愛された」。これは人格の形成、霊性の成長ということでしょう。

特におもしろいのは、「知恵が加わり」ということです。イエス様はご聡明でした。小さい子どもが「天才だ。神童だ」「末は博士か大臣か」なんて言われることがありますが、そういうことではありません。この「加わる」というのは、「薮を切り開いていく」とか、「森林を切り開いて平らな道を造っていく」という言葉です。そのようにして、イエス様はぐんぐんと知識が増し加わっていった。これはまさに、医者の記述だろうなと思いますね。

五一節を見ますと、人間イエスは、ただ身体が成長し、心に知恵が満ち、神様を恐れるようになったというだけではなしに、こう書いてあります。

> それからイエスは両親と一緒にナザレに下って行き、彼らにお仕えになった。母はこれらの事をみな心に留めていた。

身も心も魂も成長して、来年は元服を迎えるというイエス様が、ナザレに帰って「彼らにお仕えになった」とあります。子どもとしてお仕えになった。「イエス様はそんなことをしなくてもいいのに」と言いたいくらいですね。普通でも、皇太子として生まれたとか、財閥に生まれたなんていったら、下に置かれないような幼少期を過ごします。けれども、イエス様は健全な成長をすると同時に、普通の人間として仕えることを学ばれた。イエス様は、「人の子が来たのは、仕えられるためではない。人に仕えて、人類の救いのためにいのちを差し出すために来たのだ」とおっしゃいました。しっかりした少年だと思います。十二歳のイエス様が一生懸命になってかんなを削り、ハンマーを振るい、お父さんの手助けをしていた姿が目に浮かぶような気がします。私はかつて、ナザレのイエス様の家があったと言われる記念会堂に行ったことがあります。ナザレの町を散歩して、町の石垣を見ていますときに、そこからイエス様がふっと顔を出してくるのではないかという思いに襲われました。ザ・マン・ジーザス、人としてのイエス様がここで時を過ごされたのだな、という思いに耽ったことがありますね。

そのように、イエス様は人間として成長をお遂げになり、両親にお仕えになったということですが、もう一つ大切なことがあります。イエス様は真の神にして真の人ですから、人間としての成長とともに、神としての意識を持っておられたということです。四九節を見てください。両親が驚いて、「捜していたのですよ」と言ったところです。

するとイエスは言われた、「どうしてお捜しになったのですか。わたしが自分の父の家にいるはずのことを、ご存じなかったのですか」。

お母さんのマリヤが咎めるようにして、「イエスよ、何をしていたの」と言ったところ、イエス様は、「お母さん、どうしてそんなに捜すのですか。わたしは父の家にいるのです」と言ったのです。この「父」とは、ヨセフのことではありません。天の父なる神様です。「父の家」とは神殿のことです。神殿においては、神様の言葉が語られ、人々がそれを聞いて信じる。父なる神様は、ご自分に会おうとする人々に会ってくださり、祈りを聞いてくださる。イエス様は、ご自分がそのような父の家にいるのは当然だとおっしゃったのです。

これは、マリヤにはわけのわからないことだったと思います。ヨセフも、「いったい何を言っているのかな」と思ったでしょう。ところが、そのときには解決のつかなかった言葉ですけれども、二人はこれを深く心に留めたということです。私たちの人生には、わからないことがありますね。特に、神様の恵みの深さは、そう簡単にわかるものではない。神様を知らない人は、「神様、神様と言ったって」なんて思うのですけれども、神様のみわざ、恩寵の深さは、人間の目ではだれも見ることができない。人間の知恵では考えることができないようなわざをなしてくださいます。マリヤとヨセフは、それを心に留めたのです。

さて、「わたしが自分の父の家にいるはずのことを、ご存じなかったのですか」とありますが、ギリシャ語の原文を読んでみますと、ここに「家」という言葉は出てきません。普通の指示代名詞が使われています。「それ」とか、「あれ」という言葉です。「わたしが自分の父の家にいる」というのは、直訳しますと、「父の事の中にいる」となります。父の仕事、ビジネスの中にいるというのが、元の言葉の意味なのです。そのときイエス様は、神殿に行って学者たちと聖書の言葉のやり取りをしていたわけです。そのことを、「天のお父様に関わる事の中に、わたしは自らを置いたのだ」とおっしゃったということです。これは、天の神様が自分のお父さんであるという自覚なしには決して出てこない言葉だろうと思います。

もちろん、口語訳のように、「父の家に」と訳すこともできるでしょう。慣用的に意訳として、そのように言うこともできる。けれども、ギリシャ語原文では、「わたしが父の事の中にいることを知らないのか」となるのです。明治の元訳の聖書がそう訳していますし、あるいは永井直治師の訳も、「父の事の中にいることを知らないか」と訳しています。このところには、「わたしは父なる神様の仕事、なすべき事の中にいるのだ」という、イエス様のメシヤ意識が表されているのです。

みなさん、不思議に思いませんか。イエス様という方は、世界の救い主、力強い方だと言いますが、お母さんが夢で火の輪を飲むのを見たら子どもが宿ったとか、そういうおとぎ話とは違うのです。竹の根元が光っていたから、切ってみたらそこから子どもが生まれたというようなこととは違う。ここには、何の不思議なことも書いていないのです。イエス様は、何の変哲もない、本当に普通の人として生まれて育ってきたということであります。

そして、身体も情操も、あるいは人格も形成されていく中で、「わたしは、このマリヤとヨセフにだけ仕えるのではない。天の父の事に挺身するために、わたしは地上に来たのだ」という自覚をお持ちになった。これはイエス様のご生涯にとって、実に重要なことでありました。

その後、イエス様は三十歳になり、洗礼を受けて公生涯に入るわけですが、私たちもまた神の子として、世の中のことや家族のことに没入するのではなくて、「私には自分を産んでくれたお母さんお父さんがいるけれども、私の本当の父は天の父だ」と自覚する者でありたいと思います。もちろん、私たちの自覚はイエス様と同じではありません。けれども、私たちもイエス様のようでありたいと思います。イエス様は真の神であり、真の人になられ、私たちと一緒においでになりました。ですから、イエス様と一緒に歩んでいこうではありませんか。このお方を見失ったりしないようにしていきたいと思います。いつでも私たちの心を父に向けていきたいと、そう思います。

8　バプテスマのヨハネの宣教〈三章一―二〇節〉

ルカによる福音書の三章の一節から読んでみます。

皇帝テベリオ在位の第十五年、ポンテオ・ピラトがユダヤの総督、ヘロデがガリラヤの領主、その兄弟ピリポがイツリヤ・テラコニテ地方の領主、ルサニヤがアビレネの領主、アンナスとカヤパとが大祭司であったとき、神の言《ことば》が荒野でザカリヤの子ヨハネに臨んだ。彼はヨルダンのほとりの全地方に行って、罪のゆるしを得させる悔改めのバプテスマを宣べ伝えた。それは、預言者イザヤの言葉の書に書いてある通りである。すなわち、

「荒野で呼ばわる者の声がする、
『主の道を備えよ、
その道筋をまっすぐにせよ』。
すべての谷は埋められ、
すべての山と丘とは、平らにされ、
曲がったところはまっすぐに、
わるい道はならされ、

人はみな神の救いを見るであろう」。

さて、ヨハネは、彼からバプテスマを受けようとして出てきた群衆にむかって言った、「まむしの子らよ、迫ってきている神の怒りから、のがれられると、おまえたちにだれが教えたのか。だから、悔改めにふさわしい実を結べ。自分たちの父にはアブラハムがあるなどと、心の中で思ってもみるな。おまえたちに言っておく。神はこれらの石ころからでも、アブラハムの子を起すことができるのだ。斧がすでに木の根もとに置かれている。だから、良い実を結ばない木はことごとく切られて、火の中に投げ込まれるのだ」。（一―九節、傍点筆者）

民衆は救主を待ち望んでいたので、みな心の中でヨハネのことを、もしかしたらこの人がそれではなかろうかと考えていた。そこでヨハネはみんなの者にむかって言った、「わたしは水でおまえたちにバプテスマを授けるが、わたしよりも力のあるかたが、おいでになる。わたしには、そのくつのひもを解く値打ちもない。このかたは、聖霊と火とによっておまえたちにバプテスマをお授けになるであろう。また、箕を手に持って、打ち場の麦をふるい分け、麦は倉に納め、からは消えない火で焼き捨てるであろう」。

こうして、ヨハネはほかにもなお、さまざまの勧めをして、民衆に教を説いた。ところが領主ヘロデは、兄弟の妻ヘロデヤのことで、また自分がしたあらゆる悪事について、ヨハネから非難されていたので、彼を獄に閉じ込めて、いろいろな悪事の上に、もう一つこの悪事を重ねた。（一五―二〇節）

この一区切りを通じて、「バプテスマのヨハネの宣教」について学んでみたいと思います。聖書の中にはヨハネという名前の人が何人も出てきます。ヨハネは一般的な名前であったと思われますが、この名前には、神様の賜物、あるいは恵みを表す意味があったようです。バプテスマのヨハネは、イエス様の先駆者として遣わされて来て、人々にイエス・キリストを信じる心の準備をさせた人でありました。

ここには、そのバプテスマのヨハネが宣教を開始したことが書かれています。二節を見てください。

アンナスとカヤパとが大祭司であったとき、神の言が荒野でザカリヤの子ヨハネに臨んだ。

神の言葉がヨハネに臨んで、「今の状況はこれではいけない」と押し出されて立ち上がった。これは、旧約聖書のエリヤが、神の言葉が臨んだことによって預言者として立ち上がったかのごとくであったと言えます。ユダヤの多くの人々は、メシヤがおいでになる前にエリヤがもう一度この地上に来ると考えていました。ですから、先駆者として来たバプテスマのヨハネの存在こそ、エリヤの再来であると考えたのだろうと言われています。ルカもこの民間伝承を知っていて、バプテスマのヨハネはメシヤの前に来臨するエリヤであるととらえていたので、ここに「荒野で神の言がヨハネに臨んだ」と書いたのであります。

さて、紀元一世紀ごろのユダヤの歴史家ヨセフスによると、バプテスマのヨハネはエッセネ派というグループに属していたと言われます。このエッセネ派は「一つの枝」という意味ですが、かつては考古学的な証拠が見つかっていなかったので、伝説的な集団であるとされていました。聖書を批判的に見る人々は、「エッセネ派など存在しなかった。バプテスマのヨハネという人がいたなどということも作り話だ」と言ってきたわけです。

ところが、二十世紀半ばに死海の沿岸で聖書関連の写本が見つかり、クムラン教団というものがそこにあったことがわかりました。エルサレムの都で行われていた宗教的な儀式が、形式だけ立派でも心と内容を失ってしまったときに、一部の人々は荒野に出て行って苦行しながらメシヤが来るのを待っていました。そのような人々が、死海の沿岸のクムランというところで生活をしていたのです。そのクムラン教団が発見されたときに、学者たちがそこの文書や人々の生活を調べたところ、ヨセフスが書いていたエッセネ派の考え方や生活の状況と一致したのです。そこで、エッセネ派は歴史的に実在していたことが証明されたわけです。バプテスマのヨハネは、クムランの人々と交わりを持って、荒野で神様の教えを伝えていた人であると言うことができます。

三章の初めには、ポンテオ・ピラト、ヘロデ、ピリポ、アンナスとカヤパの名前が出てきます。これは、ルカが、イエス・キリストの出来事を歴史的に証明するために福音書を書いたからだろうと思います。ルカは、だれがローマの皇帝で、だれがユダヤの監督で、だれがその地方を治めていたのか、しっかりと名前を記しました。そうすることによって、バプテスマのヨハネとイエス・キリストによって起こったことが架空の出来事ではなく、世界の歴史の中に位置づけられることだと、力を込めて言っているわけです。

バプテスマのヨハネは、イエス様より半年ほど前に生まれたわけですが、イエス・キリストの証し人、証人であると言われます。イエス・キリストが本当に救い主であった、神であったということを証言する者として選ばれた人だということです。今日の私たちクリスチャンも、神様が生きておいでになって、イエス・キリストを信ずる者に対してご自身の恵みを施してくださることを経験する存在ですから、ヨハネと同じようにキリストの証人と言うことができます。ですから私は、このバプテスマのヨハネの姿を、イエス・キリストの証人としてどう生きるべきかの道しるべとしたいと考えています。

そこで、二つのことを学んでみたいと思います。一つは、「バプテスマのヨハネの悔い改めのメッセージ」です。バプテスマのヨハネは宣教をしたのでありますが、そのメッセージは悔い改めということでした。そしてもう一つは、「キリストの証人としてのバプテスマのヨハネ」です。

1　バプテスマのヨハネの悔い改めのメッセージ

旧約聖書の民が神様から遠く離れ、自分勝手な生涯を歩んでいたときに、神様が預言者を通じて言ったことは、「立ち帰りなさい。悔い改めなさい」ということでした。義なる神様ですから、罪に落ち込んだ民をそのままで恵みと祝福にあずからせるわけにはいかなかったのです。預言者たちが伝えた「神のもとに帰りなさい」という言葉は、ヘブル語では「シューブ」と言います。この言葉は、「行った先から帰って来る」という意味もありますが、同時に「立ち帰る」という意味もあるのです。私たちの心が罪に汚れていたら、そのことを神様に話して赦していただくこと、悔い改めて神に立ち帰ることが、旧約聖書における神様の大きなメッセージでありました。

神様の救いにあずかるためには、罪のまま、泥だらけのままではいけませんでした。もちろん、神様は罪人を救ってくださる方ですけれども、罪人が心の中で罪を悲しんで、「もうこういう生活はしません」という決断をもって神様を信ずるときに神様が救いを与えてくださる、というのが聖書の教えであります。

ここで間違ってはいけないのは、「悔い改め」は「懺悔」とは違うということです。懺悔とは「悪かった」と思うことです。自分の犯した罪だとか、やってしまった悪いことについて心が痛むことが懺悔ですけれども、悔い改めはもっと先のことです。悔い改めとは、ただ犯した罪を、「こんなことをしました」と悲しむことではなくて、神様を相手にして、「神様、これからはそうしないように歩みたいと思いますから、この私の背きを赦してください」と言って、東を向いていた人が西を向いて生きるように、自分の生き方を変えることです。「悔い改め」は、ギリシャ語では「メタノイア」と言います。これは「心を変える」という意味の言葉ですが、それは「生活のあり方を変える」ということです。そのようにして神に向かうことが、救いにあずかるために大切なことである、と聖書は教えるわけです。

バプテスマのヨハネは、悔い改めについて神様がどのようにお考えになっているかということを、預言者イザヤの言葉を通して理解し、人々に語りました。イザヤはヨハネよりも七百五十年前、今から二千七百五十年前の人ですが、ヨハネはそのイザヤの言葉を引いて語っています。四節を見てみましょう。

　それは、預言者イザヤの言葉の書に書いてあるとおりである。すなわち
　「荒野で呼ばわる者の声がする、
　『主の道を備えよ、
　その道筋をまっすぐにせよ』。……」

これが悔い改めの聖書的説明です。神様が私たちに来てくださる道、また私たちが神様に行く道が、曲がりくねっていたり、間に谷があったり、大きな山があったりしてはいけないということです。道というのは、まっすぐ行くのが最短距離ですよね。曲がりくねった道は、長く歩いたとしても目的地までの距離はたいして進みません。また、深い谷があったり、大きな山があったりしたら、目的地までたどり着くことはできません。五節からその説明が書いてあります。

　「すべての谷は埋められ、

すべての山と丘とは、平らにされ、
曲がったところはまっすぐに、
わるい道はならされ、
人はみな神の救を見るであろう」。（五―六節）

すべての谷は埋められる。「谷」というのは低い所です。私たちと神様との間にある劣等感という谷が埋められないと、神様から私たちへの道、私たちから神様への道は通じません。ちょっと何かあると、「私なんか駄目だ」と思ってしまう。これは人間みんなにあるものです。どんなに優秀な人でも劣等感を持ちます。けれども、聖書から言いますと、劣等感は罪なのです。神様は、あなたがそんなに安く自分を値づもるようにはあなたを造っていない。あなたを尊い者、何かのお役に立つ者としてお造りになっているのです。それなのに、「ああ、私はもう駄目だ」と思っているようではいけません。

そういう人間に限って、何かものがうまくいくとすぐ天狗になって、「私がやった」「私が、私が」と言い出します。ですから、「すべての山と丘とは、平らにされる」と書いてあるのです。これは、霊的な状態で言うと傲慢と劣等感です。この二つのことは、同じ紙の両面です。傲慢な人間は劣等感に陥りやすいのです。劣等感に苛まれるのではなく、神様は私たちをご自身の栄光のために造ってくださったという、自分の正しい値づもりをしなければなりません。それと同時に、自分は自分で思っているほどたいしたものではないということも知らなければいけない。それが、劣等感が埋められて、高ぶりが削られるということです。

そして、「わるい道はならされる」とあります。でこぼこの道ではなく、平らに舗装された道になりなさいということです。私たちの心の状態が、神様を迎えるにふさわしいものになることが道筋を備えるということ、悔い改めということの聖書的な意味なのです。

ところが、この時代の人々は、宗教儀式は盛んにやって、エルサレムには金ぴかの神殿があって、たくさんのお賽銭やいけにえをささげていましたが、神様から離れてしまっていました。形だけ宗教を持っていながら、心は「これだけやっておけば神様の御利益にあずかれるだろう」というように自分中心で、神なんて手段にすぎない状況に陥ってしまっていた。ですから、彼らは確信を持つことができませんでした。

そうした中で、まじめに考える人々は、「こんな宗教儀式なんかしても神様が喜ぶことはない」ということで、荒野に行って修業をしながら救い主が来るのを待っていました。バプテスマのヨハネは、そのようなクムラン教団の人々と交わっていたわけですが、この人の説教には力がありましたから、多くの人が「やがて救い主が来るぞ。この救い主を信じるために心の備えをしなさい。劣等感が埋められ、傲慢が切り取られ、曲がった心をまっすぐにしなさい」という言葉を聞いて悔い改め、「こんなことではいけない。これからはこう歩みます」とバプテスマのヨハネに申し出て、ヨハネから洗礼を受けました。荒野にたくさんの人が集まってヨハネの話を聞いて心を入れ替えて、救い主に会うための備えをしたのであります。エルサレムの都の神殿に仕えている祭司たちの中にも、荒野にバプテスマのヨハネという人がいると聞いて、罪を悔い改めて洗礼を受けた人々が大ぜいいたといいます。

七節以下には、そのヨハネのメッセージが出てきます。

> さて、ヨハネは、彼からバプテスマを受けようとして出てきた群衆にむかって言った、「まむしの子らよ、迫ってきている神の怒りから、のがれられると、おまえたちにだれが教えたのか。だから、悔改めにふさわしい実を結べ。自分たちの父にはアブラハムがあるなどと、こころの中で思ってもみ

るな。おまえたちに言っておく。神はこれらの石ころからでも、アブラハムの子を起すことができるのだ。斧がすでに木の根もとに置かれている。だから、良い実を結ばない木はことごとく切られて、火の中に投げ込まれるのだ」。（七—九節）

斧が木の根に置かれていて、その木が切り倒される。これは恐るべきメッセージだと思います。「神様の審判が臨むぞ。このままにしておいたらこの国は滅びるぞ」ということです。ローマのティトゥス将軍がユダヤの国を陥落させたのが紀元七〇年で、このときは紀元二〇年から三〇年の間ですから、民族の滅亡が差し迫っていたわけです。人々も外国による征服をどんなに恐れていただろうかと思います。バプテスマのヨハネは、「それはおまえたちが神様に対して犯した罪のゆえであるから、悔い改めなさい」と言ったのです。しかも、悔い改めというのは心の経験ですけれども、そのことが実を結ぶようにしなければならないと言っています。それは、ただ心の中で「悪かった。私は改めます」と思うだけではなくて、実際の生活がそうならなければいけないということです。人々が「悔い改めの実というのは、具体的にはどういうことですか」と聞いたときに、ヨハネはこう答えたと書いてあります。

彼は答えて言った、「下着を二枚もっている者は、持たない者に分けてやりなさい。食物を持っている者も同様にしなさい」。取税人もバプテスマを受けにきて、彼に言った、「先生、わたしたちは何をすればよいのですか」。彼らに言った、「きまっているもの以上に取り立ててはいけない」。兵卒たちもたずねて言った、「では、わたしたちは何をすればよいのですか」。彼は言った、「人をおどかしたり、だまし取ったりしてはいけない。自分の給与で満足していなさい」。（一一—一四節）

これが「悔い改めの実」です。自分だけ富んで、自分だけ暖かいものを着ていて、着るものがない人のことに対して知らん顔しているようではいけません。下着を二枚持っている者は、一枚を持っていない者にあげる。食物があり余っている人は、食べられない人に分けてあげる。当時の税金取りは命じられた以上に税金を取って自分の懐に入れていたのですが、そんなことをしてはいけない。兵卒は人々を脅して山賊のような者になり果てていましたが、そういうことをしてはいけない。それが、実を結ぶということでありました。

悔い改めても、悔い改めても、罪を犯すのが人間です。けれども、その一つ一つのことについて、そうしない生き方を努力する必要があります。努力は私たちを救いませんけれども、悔い改めの実を結んでいくことは大切なことだと思うのです、本当の救いにあずかるためには、この悔い改めという難関を通るべきだと思います。救世軍のウィリアム・ブース大将が、「神様の前に自分の罪を悔い改めて、その罪から神様が救ってくださることを個人的に信じなければ、信仰はその人のものとして身についてこない」と言っていますが、私もまさにそうだと思います。

私たちクリスチャンは、悔い改めをもってイエス様を信じました。しかし、クリスチャンになってからでも罪を犯してしまうわけで、「あのときに悔い改めたからもう大丈夫」ということではないのです。心に責められる思いがありますと、私たちの祈りは神様にそのまま行きませんよね。「すねに傷を持っている人の言葉は弱い」と言いますが、何か悪いなあと思っていることが心にある状態で、「神様、助けてください」と祈っても、「自分はあんなことをしているから、この祈りなんか聞かれないだろうな」と思ってしまうでしょう。そういう祈りが聞かれるでしょうか。ですから、心にやましい点が出てきたら、クリスチャンであってもその都度神様の前にお詫びして、イエス・キリストの十字架がその罪を赦してくださっているということを新しく信じて立つことが大切なのです。悔い改めは、未信者にだけ必要なものではなくて、クリスチャンの私たちが生ける神様の前に出ようとするときにも、常に大切な態度であると思います。

私は、自分自身がどういう存在であるかをよく知っています。私は牧師ですが、なんと自分は罪深く、どんなに誘惑に負けてしまう存在であろうかということ。心の中にそういう罪を感ずるときには、やっぱりお祈りをして、神様に悔い改めて、赦しをいただいて新しく立つようにしてきました。中田重治先生がおっしゃったように、キリスト教というのは「すみません」といつでも泣きべそをかいているような宗教ではありませんけれども、私たちの心をかき乱すようなものがあるとき、光に従って悔い改めると全き救いの確信が出てきます。救いの確信は、そのようなやましいことから私たちが自由になっていることだと思うのです。そういう意味において、クリスチャンが日々悔い改めるのは大切なことであろうと思います。

2　キリストの証人としてのバプテスマのヨハネ

第二のことにいきましょう。「キリストの証人としてのバプテスマのヨハネ」であります。一五節を見ると、こう書いてあります。

> 民衆は救主を待ち望んでいたので、みな心の中でヨハネのことを、もしかしたらこの人がそれではなかろうかと考えていた。

ヨハネがあまりに力強い説教をして、それこそエルサレムの宗教の中心が荒野に移ってきてしまったのではないかと言われるような大きなわざをしたものですから、人々は「この人こそ救い主ではないか。メシヤではないか」と思ったということです。それくらいヨハネの宣教は力強かったのであります。

ところが、ヨハネは、「そうではない」と言いました。一六節を見てください。

そこで、ヨハネはみんなの者にむかって言った、「わたしは水でおまえたちにバプテスマを授けるが、わたしよりも力のあるかたが、おいでになる。わたしには、そのくつのひもを解く値うちもない。このかたは、聖霊と火とによっておまえたちにバプテスマをお授けになるであろう。また、箕を手に持って、打ち場の麦をふるい分け、麦は倉に納め、からは消えない火で焼き捨てるであろう」。（一六―一七節）

ヨハネは、「私が授けるのは水のバプテスマだ。悔い改めのバプテスマだ。けれども、私のあとに来るお方は世界のメシヤであって、私はその方のくつのひもを解くにも足りないような存在だ」と言ったのであります。偉大なヨハネ先生がそう言うのですから、人々は「メシヤとはいったいどういう方だろうか」と思ったことでしょう。

このように、バプテスマのヨハネは、キリストを証しした人であります。イエス様を証しするとは、「私もイエス様を信じています。イエス様が救い主ですよ」と言うことだけではなくて、悪に敢然と立ち向かうことで証しされるのです。ヨハネは「悔い改めにふさわしい実を結べ」と言いました。生き方において、悪に対して、これを許してはならないと決断することが必要なのです。

バプテスマのヨハネは、当時の国家権力であるヘロデ王に対して、そのような決断をもって立ち向かいました。ヘロデ王は、イエス様を幼子のときに殺そうとした人ですけれども、倫理的に非常に低い生活を送っていたのです。自分の兄弟であるピリポの妻を奪ってしまって、自分の愛人にしたような人でありました。ヨハネはそのことについて、「王よ、あなたのしていることは、神様の喜びたもうところではありません」と責めたのです。ヘロデ王はかんかんに怒りまして、「国の王である私に背くのか」と、ヨハネを捕らえて牢獄に入れてしまった。けれども、マルコによる福音書を見ますと、このバプテスマのヨハネの言うことが正しいので、ヘロデ王は殺してしまうことができないでいたと書いてあります。

ところが、ヘロデ王が自分の誕生日に宴会を催したときに、その愛人の娘の舞を喜んで「ほしいものはなんでもやるよ」と言いましたところ、その娘がお母さんからそそのかれて、「バプテスマのヨハネの首をちょうだい」と言ったのです。ヘロデ王は、「こんなことをしては悪いのではないか」と恐々としながらも、ヨハネの首をはねてその娘に与えてしまいました。

そういう意味で、ヨハネは本当に証しを立てたために殉教した人です。ギリシャ語では、「証し人」という意味の「マルテュリア」という言葉には、「殉教者」という意味もあるのです。証しをするということは、ただ見てきたから、ただ聞いてきたからできることではありません。特に、神様が生きておいでになる救い主であるという証しは、命をかけなければできないことです。一度も祈ったことがない人が「イエス様は生きている。祈りに答えてくださるよ」なんて言っても、人々には嘘っぽく聞こえます。本当にイエス様のすばらしさを経験していない人が、「イエス様ってすばらしいのよ」なんて歌ってみせても、人々には馬耳東風です。ところが、本当に祈って、祈りに答えられた人が、「イエス様は祈りに答えてくださる方だ」と言ったら人々の心は動くのです。「クリスチャンなんてクビにするぞ」と言われるようなときにも、そう語っていくということです。だから、証しというのは命がけなのです。

力強いキリスト教の宣教は、クリスチャンたちが命をかけたことによって今日まで伝わってきました。キリスト教は、国家によって保護されてぬくぬくと育ってきた宗教ではないのです。世界の歴史を見てください。二千年の間、キリスト教が世界の歴史を貫いてくることができたのは、命がけの証しがあったからです。証しというのは、生き方が本当に変わっていなければできないことです。しかも、自分が一生懸命決心したからではなくて、救い主であるイエス様が変えてくださったからできるのです。「イエス様は私をこのようにしてくださることのできる方ですよ」と証しするのが、私たちクリスチャンです。バプテスマのヨハネはそういう意味で、キリストの証人になった人なのです。

ですからイエス様は、このバプテスマのヨハネの存在を非常に高く評価しています。マタイによる福音書の一一章を見ますと、「女の産みたる者のうち、バプテスマのヨハネより大なる者は起らざりき」とおっしゃっています。この地上に「おぎゃあ」と生まれてきた人間の中で、最高の尊敬されるべき人物はバプテスマのヨハネであるということです。

そして、ほかのところでイエス様は、「バプテスマのヨハネは燃えて輝くともしびだ」と言いました。当時、ともしびは小さな皿に油と芯を入れて、それに火を点けていました。ですから、油がなくなっていく、自分がなくなっていくことによって光を発するものなのです。今日では、ろうそくにたとえたらよいでしょう。ちっとも減らないろうそくなんていうものはないでしょう。ろうそくが暗闇を照らしていくためには、消耗されてなくなっていく、命が捨てられることが必要です。バプテスマのヨハネの生涯は、ろうそくが自分の身を消費しながら光を与えていくように、イエス・キリストを証しすることのために費やされていったということを、イエス様はおっしゃったのであります。

ヨハネによる福音書の一章を見ますと、バプテスマのヨハネがイエス様のことを、「見よ、これぞ世の罪を除く神の小羊、救い主だ」と紹介したときに、ヨハネの弟子であったペテロもヨハネもヤコブもアンデレも、イエス様について行ったことが出てきます。それがイエス様の最初のお弟子になったのです。そのときに、バプテスマのヨハネは、自分の弟子たちが去っていく寂しさも経験したと思いますが、「彼は必ず盛《さかん》になり、我は衰ふべし」（ヨハネによる福音書三章三〇節、文語訳）と言いました。「私はなくなってもよいのだ。私が指さすお方が崇められて、このお方が盛んになればよい」というのが、バプテスマのヨハネの生き方であったということを、私たちは聖書の内に見ることができるのであります。弟子たちが離れていこうが、何をしようが、「見よ、これぞ世の罪を除く神の小羊」と紹介し続けたのが彼の生涯なのです。ですから、イエス様は「ヨハネは燃えて輝くともしびである」と言ったのです。

　世界的な神学者であった渡辺善太先生は、「証し人というのは、なくてはならないが、あってはならない者だ」ということを言いました。証し人がいなければ証しはできないけれども、「私が一生懸命祈ったから、私が一生懸命やったからだ」と言っていたら、イエス様が消えてしまいます。だから、証しをする人は消えていって、そこに証しされるイエス様だけが残るのが本当の証人であるということです。渡辺先生は、これを「否定的媒介」と言いました。そこには、自我に死んだ、本当に神様の恵みがわかった人でなければできない世界があると思います。

　バプテスマのヨハネは、まさにそのようなイエス様の証人でありました。私たちもどうか、自己中心の生涯ではなくて、キリストとともに十字架につけられて死ぬことによって、キリストが私の内に生きておいでになるということを知って、命をかけてイエス様を証ししていく存在でありたい、そう思うわけであります。

9　イエスの公生涯への出発〈三章二一―三八節〉

さて、民衆がみなバプテスマを受けたとき、イエスもバプテスマを受けて祈っておられると、天が開けて、聖霊がはとのような姿をとってイエスの上に下り、そして天から声がした、「あなたはわたしの愛する子、わたしの心にかなう者である」。

イエスが宣教をはじめられたのは、年およそ三十歳の時であって、人々の考えによれば、ヨセフの子であった。（二一―二三節、傍点筆者）

きょうは二一節から系図のところ、三八節までを取り上げて、「イエスの公生涯への出発」という題でお話をしたいと考えています。イエス様が三十歳になられて、洗礼を受けて、パブリック・ミニストリーがここから始まっていくところです。

人としてのイエス様が、知恵が加わり、背丈が伸びて、ますます神と人とから愛されたという記事を学びましたが、そのときイエス様は十二歳でした。それから約十八年経ったのがきょうのところですが、ルカは、そういう年代や場所を明確にする人でありました。それは、イエス様のご生涯の伝記を歴史的に正しく位置づけようとする意図があったからでした。ですから、イエス様が何歳ごろに伝道者としてお立ちになったかは、ルカによる福音書だけに記されています。

神の子であるイエス様はナザレで生活をしていまして、人々は彼をヨセフの子であると理解していたわけですが、三十歳の時に洗礼をお受けになって、ご自身の使命に立ち上がったということであります。
ここから三つのポイントを拾ってみたいと考えています。一つは、「人類全体の救い主としてのイエス」。イエス様という方は、ただユダヤ人だけではなくて、人類全体の救い主であるということ。第二のことは、「イエスの洗礼」。そして、第三のことは、「イエスの生涯と祈り」。イエス様のご生涯には祈りがいつもついていたということであります。

1　人類全体の救い主としてのイエス

まず、「人類全体の救い主としてのイエス」を取り上げてみたいと思います。二四節から三八節までを見ていただきますと、カタカナがたくさん出てきます。これはユダヤ人の名前で、イエス様の系図のことを言っています。「人々にはヨセフの子どもと思われていた」と書いてあるあとに、ヨセフはヘリの子であるというところからさかのぼって、マタテ、レビ、メルキ、ヤンナイ、ヨセフ、マタテヤ、アモス、ナホム、エスリ、ナンガイ……ずっと続いていくわけです。そして、最後には三八節にこう書いてあります。

　エノス、セツ、アダム、そして神にいたる。

人類の祖である、最初に造られたアダムにまで、この系図をさかのぼらせているわけです。
このようなイエス様の系図は、マタイによる福音書にも出てきます。「アブラハムの子、ダビデの子、イエス・キリストの系図」。舌を噛みそうなカタカナがたくさん出てくるものですから、一ページ目を見て聖書を読むのをやめてしまう人もいるでしょう。それは惜しいことです。この系図は、素人にはなんの意味もないところですが、ユダヤ人たちにとっては非常に意味のあるものです。ユダヤ人ではなくても、旧約聖書から新約聖書までを一貫してよく読んでいる人にとっては、すばらしい神様の恵みを伝えているものだと思います。「ああ、この人は旧約聖書のあそこに出てきたな」と思い当たることができたら、かなり玄人に近づいたと言ってもよいでしょう。「いやあ、さっぱりわからない」という人は、旧約聖書をよくお読みになることが大切だろうと思います。

さて、この系図はルカにもマタイにも出てくるわけですが、少し人の名前が変わるところがあるのです。そこで、「どちらの系図が本当だろうか」ということが昔から言われてきました。今日でも、ルカとマタイの系図をハーモナイズさせて両方正しいというようなことを調べる系図学という学問がありますが、そこでもまだ結論を得ていない事柄です。昔から伝統的に言われてきたのは、マタイが書いたイエス様の系図は、お父さんのヨセフの系列を強調しただろうということです。そして、ルカの書いた系図は、お母さんのマリヤとの関係から書いた色彩が強いものであろうと言われます。

しかし、私はこれを読んで、どちらかと言うとマタイの系図は象徴的な意味が強いと思っています。「世界の救い主はアブラハムの子孫から生まれる」、あるいは、「ダビデの子孫から生まれる」と言われていましたから、マタイはそういう旧約聖書の約束に基づいてこの系図を解釈しただろうと思うのです。ゲッチンゲン大学のヨアヒム・エレミアス教授は、ルカの系図のほうがより歴史的であろうと言っていまして、私もそうであろうと思います。

マタイは、「イエス様はアブラハム、ダビデの系列を継ぐお方で、私たちユダヤの国を救ってくださる救い主である」ということを強調しているわけですが、ルカの系図を見てみますと、そこにはダビデもアブラハムも出てきますけれども、アブラハムよりもっともっと先まで行って、ついには最初に神様がお造りになったアダムにまで至っています。ですから、ルカがこの系図を通じて言おうとしたのは、「イエス・キリストというお方は、単なる選ばれた神の民の救い主であるだけではなしに、全世界人類の救い主である」ということだと思うのです。選民であるユダヤ人と異邦人とは区別されていましたから、当時のユダヤ人たちには、救い主は異邦人たちの救い主ではないという考えがありました。しかし、ルカはイエス様のなさった事業を見たときに、イエス・キリストは全世界人類の救い主であるということを、この系図によってアピールしようとしたと見ることができます。何でもないような系図ですけれども、ここにはルカの神学といいましょうか、ルカの主張が表されていると思います。

2　イエスの洗礼

第二のことにいきましょう。「イエスの洗礼」です。二一節をご覧ください。

　さて、民衆がみなバプテスマを受けたとき、イエスもバプテスマを受けて祈っておられると、天が開けて、

「民衆がみなバプテスマを受けた」というのは、バプテスマのヨハネが旧約聖書のエリヤのように、世界の救い主がおいでになる道備えとして洗礼を授けていたということです。多くの人々がヨハネから洗礼を受けていましたが、そこにイエス様もおいでになって、洗礼をお受けになった。

一六節を見ていただきますと、こう書いてあります。

そこでヨハネはみんなの者にむかって言った、「わたしは水でおまえたちにバプテスマを授けるが、わたしよりも力のあるかたが、おいでになる。わたしには、そのくつのひもを解く値うちもない。このかたは、聖霊と火とによっておまえたちにバプテスマをお授けになるであろう……」。

多くの人々に洗礼を授けていたバプテスマのヨハネが、あまりにもすばらしいわざをしますから、人々はこのヨハネが救い主だろうと思いました。ところがヨハネは、「そうではない。私は救い主ではなくて、やがてイエス様という方がおいでになる。それは世の罪を取り除く神の小羊である。このイエス・キリストが私たちの救い主であって、私はそのイエス様の靴のひもを解くにも足りない」と言ったのです。

マタイによる福音書やマルコによる福音書を見ますと、イエス様がヨハネのもとに洗礼を受けに来たときに、ヨハネが恐れ入ってしまって、「先生、それは間違っていますよ。私があなたに洗礼を授けるのではなくて、あなたが私に洗礼を授けてくださるのです」と言ったと書いてあります。イエス様は、名もない大工の息子、ナザレで生活していた田舎の人でした。そのイエス様が来たときに、ヨハネは「私はこの人のしもべにもなれない存在だ」と言ったのです。ところがイエス様は、「そうではない。今わたしがこのことをするのは正しいことだから、洗礼を受けさせなさい」とおっしゃって、ヨハネから洗礼を受けたわけです。

さて、私たちが洗礼を受けるのは、自分の罪を神様の前に告白してお赦しをいただくときに、全世界の人に向かって口で「これからはイエス様を信じていきますよ」と言って回るわけにはいきませんから、洗礼を受けることによってイエス様と一つになったことを表すわけです。ところが、イエス様には罪がありませんから、イエス様の洗礼は私たちの洗礼とは少し違うということです。いや、大いに違うと言ってもいいでしょう。イエス様の洗礼は、ここから線を引いて、新しく世界のメシヤとして、伝道者として歩んでいく決意をなさったということなのです。

ルカは、イエス様が公生涯に出発なさった洗礼には、二つの大きな意味があると言っています。一つは、イエス様が大ぜいの民衆と一緒に洗礼を受けたことと関係しています。イエス様には罪がありませんでしたが、洗礼を受けに来ていたのは大ぜいの罪人でした。その中にイエス様が来てバプテスマを受けた。イエス様が大ぜいの人の中の一人になられた、という書き方なのです。ある学者によると、このことに非常に大きな意味があると言っています。それは、イエス様が罪のない方であるにもかかわらず、罪人の立場に立たれたということです。罪を犯している人々、洗礼を受けている人々と同列に並んで、そこまで降りて来て、人々が受けるべきものを自分も受けることによって罪人と合体した、アイデンティファイしたということです。

イエス様のご生涯の初期は、すべて人間との合体、アイデンティフィケーションであったと言うことができます。イエス様のご誕生のことを「インカーネーション（受肉）」と言いますが、イエス様のご誕生、受肉とは、イエス様が人間とアイデンティファイしたということです。人間になられた、人間と合体したということ。そして、生まれて八日目に割礼をお受けになりましたが、割礼というのはユダヤ人の儀式ですから、イエス様はユダヤ民族の一人としてお生まれになったことを意味しています。イエス様は、ユダヤ民族とアイデンティファイした、合体なさった。

ですから、洗礼をお受けになることによって、イエス様が罪人と同じ立場に立たれたというのが、ルカの言おうとしていることであったのです。「民衆がみなバプテスマを受けたとき、イエスもバプテスマを受けて」というのは簡単な言葉のようですが、ここにルカの深い理解があったと読むことができます。

そして、イエス様の洗礼のもう一つの意味について、英国の聖書学者A・M・ハンターは、「イノーギュレーション・オブ・メサイヤ、メシヤの就任式であった」と言っています。イエス様が洗礼を受けられたときに天から声がありました。これは神様が三位一体のお方であることを表している大切なところですが、イエス様がバプテスマを受けるときに、天に父なる神様がいて、聖霊が鳩のごとくに下ったということです。二二節を見てください。こう書いてあります。

聖霊がはとのような姿をとってイエスの上に下り、そして天から声がした、「あなたはわたしの愛する子、わたしの心にかなう者である」。

イエス様が罪人の救いをなそうとして、罪人と同じ立場に立たれたときに、父なる神様が「おまえはわたしの愛する子だ。わたしの心にかなう者だよ」とおっしゃったのです。イエス様が人類の救いのために一歩一歩その歩みを進めていくさまを見て、父なる神様がどんなにお喜びになっただろうかということを見ることができます。

この「あなたはわたしの愛する子、わたしの心にかなう者である」というのは、父なる神様が旧約聖書の言葉を使ってイエス様に語りかけたということです。「あなたはわたしの愛する子」というのは、詩篇の第二篇の七節からの引用だと言われています。そして、「わたしの心にかなう者である」というのは、イザヤ書の四二章の一節からの引用だと言われているのです。これはどういうことを意味するかといいますと、詩篇の二篇は、「やがて世界に王なるメシヤがおいでになって、世界を統一して、栄光ある神の国を設立なさるであろう」という預言です。イザヤ書の四二章は、「メシヤは、栄光の王としておいでになる前に、救いを全うするためにしもべのかたちをとってこの世界に来るであろう。そのしもべなるメシヤは、わたしの心にかなう者である」ということが言われているところです。ですから、王なるメシヤにかけられる言葉と、しもべなるメシヤにかけられる言葉が、ここでイエス様において一つになっているということなのです。

　これは非常に意味のあることです。ユダヤ人たちにとっては、メシヤというのは栄光の王です。「自分たちは今ローマの属国になって悩んでいるけれども、メシヤは武力をもって全世界を統一して、このローマの権力から私たちを解放してくださる方だ」と理解していたのです。ところが、そのユダヤ人の中でも、「残りの者」（レムナント）たちは、「救い主はただ栄光の王としておいでになるだけではなくて、しもべなるメシヤとして来るのだ」ということを、イザヤの預言からしっかりと把握していました。その他の多くのユダヤ人たちにとっては、そのようにメシヤがしもべとなって人類に仕えるなんて理解できないことでしたが、イエス様は、「わたしが来たのは、仕えられるためではない。王として来たのではない。かえってしもべとして仕えるために、わたしのいのちを与えるために来たのだ」とおっしゃったのであります。

　父なる神様は、その王なるメシヤの預言と、しもべなるメシヤの預言の言葉をお用いになりまして、使命に立ち上がったイエス様のことを、「あなたはわたしの愛する子、王なるメシヤだ。そして、わたしに仕え、人類に仕えて彼らを救う、しもべなるメシヤだぞ」とおっしゃった。ですからA・M・ハンターは、そういう意味で、イエス様の洗礼式はメシヤの就任式であったと言うわけです。

3　イエスの生涯と祈り

第三のことにいきましょう。「イエスの生涯と祈り」です。二一節にこう書いてあります。

　さて、民衆がみなバプテスマを受けたとき、イエスもバプテスマを受けて祈っておられると、天が開けて、聖霊がはとのような姿をとってイエスの上に下り、そして天から声がした、「あなたはわたしの愛する子、わたしの心にかなう者である」。（二一―二二節）

　ここでルカは、神様の不思議なみわざは聖霊の働きだと言いました。ルカによる福音書はイエス様が天にお帰りになってから後に書かれたわけですが、天にお帰りになったあとには、目に見えない聖霊なる神様がイエス様の代わりにこの地上においでになると書いてあります。今もそうです。聖霊なる神様が働いておいでになるから、奇跡が起きる。病人が癒される。あるいは、政治的な問題もひっくり返されるようなことが起きてくるということであります。奇跡というのは不思議な手品のようなことではなくて、目に見えない聖霊なる神様が働いておいでになるから起きるのだと、ルカによる福音書と使徒行伝は言っています。これがルカの一つのモチーフなのです。

　そして、その聖霊の働きがどこにどうして起きるかというと、ルカによる福音書の中にはやもめの祈り、てんかんの子を持つ親の祈り、何人も夫を持っていた罪人の祈り、いろんな人の祈りが出てきます。私たちがお祈りをするときに、神様の御霊である聖霊が働いて、祈りが答えられて神様のみわざがなされていくということを、ルカは一貫して強調しているのです。「人間が神に対して祈る真実な祈りによって聖霊は働かれるぞ」ということを、ルカによる福音書と使徒行伝を通して言っています。

　イエス様は、「あなたがたのうちで親である者は、子どもがパンをくれと言っているのに、石ころを持ってきて、『これをパンだと思ってつばきを飲んでいろ』なんて言う者はいないだろう。ましてや天の父は、あなたがたの求めるものは何でも下さる」とおっしゃいました。しかも、ルカによる福音書においては特に、

「あなたがたが求めるときに、天の父は聖霊をたまわるであろう」と書かれています。それはまさに、聖霊のみわざと祈りとの結びつきを約束する言葉であります。

このバプテスマの記事から、イエス様は奇跡に次ぐ奇跡が起きていくような公生涯をお送りになるわけですが、まずイエス様の祈りによって天が開かれて、聖霊の働きによってそれらのことがなされていったということであります。イエス様のご生涯についてルカが記しているところを調べてみると、「イエス様が祈っておられた」ということが何度も出てきます。イエス様がどんなに祈り深く神様と交わったお方であったかということです。

特に、イエス様はそのご生涯において、そこを通ったことによってメシヤとしての働きを十全に果たすことができたという、転機的な経験をなさったことが言われていますが、そのような転機においてイエス様は特別な祈りを神様にささげています。そして、洗礼をお受けになったことは、そうした転機の一つなのであります。イエス様は洗礼を受けたときに、「これは尋常一様のことではない。今までの三十年間と区別をして、ここからわたしは、父なる神からゆだねられた使命をもって人類の救いのために立つのだ」と立ち上がった。そのときにイエス様が祈られて、天が開かれたのです。

そのイエス様の危機的な転機について見てみたいと思います。九章です。

これらのことを話された後、八日ほどだってから、イエスはペテロ、ヨハネ、ヤコブを連れて、祈るために山に登られた。祈っておられる間に、み顔の様が変り、み衣がまばゆいほどに白く輝いた。すると見よ、ふたりの人がイエスと語り合っていた。それはモーセとエリヤであったが、栄光の中に現れて、イエスがエルサレムで遂げようとする最後のことについて話していたのである。(二八―三

一節）

イエス様が祈っておられる間に、そのお姿が変わった。これは、弟子たちが初めて「イエス様が救い主です」と告白したときのことです。ペテロが「あなたは生ける神の子キリストです」と言ったときに、イエス様がここから弟子たちを訓練しようと思って山に登り、祈りの道場に彼らを導くがごとくにお祈りをなさったのです。

弟子の中から、特にヨハネ、ヤコブ、ペテロが選ばれたのですが、この人たちは寝ていたと書いてあります。まあ、イエス様の気持ちがわからなかったのでしょう。ところがイエス様がそこで祈っているうちに、イエス様のお姿が変わりました。天が開かれて、天においてお持ちになっていたイエス様の栄光が輝き始めた。そして、この地上では死んだと思われていたモーセとエリヤが生きていて、天の場でイエス様と十字架のみわざについて相談したと書いてある。えらいことですね。

そこで、祈っている間にイエス様のみ姿が変わったということが転機的経験の一つですが、もう一つのことはゲッセマネの祈りの経験です。二二章の三九節からこう書いてあります。

> イエスは出て、いつものようにオリブ山に行かれると、弟子たちも従って行った。いつもの場所に着いてから、彼らに言われた、「誘惑に陥らないように祈りなさい」。そしてご自分は、石を投げてとどくほど離れたところへ退き、ひざまずいて、祈って言われた、「父よ、みこころならば、どうぞ、この杯をわたしから取りのけてください。しかし、わたしの思いではなく、みこころが成るようにしてください」。そのとき、御使が天からあらわれてイエスを力づけた。イエスは苦しみもだえて、ま

すます切に祈られた。（三九―四四節）

これは、十字架にかかる前の晩のことです。イエス様は、十字架にかかって人類を救うために来たということはわかっていました。ところが、聖書では罪を犯した人が死ぬわけですから、罪の覚えのない方が死ぬことはできないのです。イエス様の十字架は、死ねないお方が死んでくださったことによって、死ぬべき者が死なないですむようになったという逆説的恩寵です。そのことが突きつけられましたときに、イエス様は、「お父様、十字架につかないで人類を救うことができる道がもしあるなら、そうさせてください」と祈られたのであります。

すぐに天に帰ってみんなのために執り成すことも考えられたでしょう。ところが、それでは赦されないほどに私たちの罪は深いのです。これは、私たち救われた者にとって、どんなに福音であるかということがわかりますね。自分の醜さを深くわかればわかるほど、イエス・キリストの十字架以外に罪深い私たちを救うことのできるものはないことがおわかりになるでしょう。ローマ人への手紙の三章二五節には、神様は、イエス様の身代わりの十字架を信ずることによってだけ救われることと定めたと書いてあります。

このときに、どんなにそのことが魂の苦悩としてイエス様にお宿りになったかと思います。死がいざ眼前に突きつけられたときにイエス様がもだえ苦しみなさったということは、肉体の痛みもあるでしょうが、それ以上に魂の苦悩があったということであります。祈っているイエス様から汗が滴るのですけれども、それが血のように見えたといいます。それほどまでに苦しまれた。

ところが、祈っているうちに天が開かれました。御使いが現れて、イエス様の祈りを助けました。そしてついに、イエス様はこの祈りに勝利をとられて、「お父さま、あなたのみ心に従います」という決断をもって、父なる神様のお助けをいただいて一歩進んでいかれたことを聖書の中に見ることができます。これが、お祈りをしたときに天が開かれていくという経験なのです。

転機的経験の最後を見てみましょう。ルカによる福音書の二三章です。四四節から読んでみましょう。

> 時はもう昼の十二時ごろであったが、太陽は光を失い、全地は暗くなって、三時に及んだ。そして、聖所の幕がまん中から裂けた。そのとき、イエスは声高く叫んで言われた、「父よ、わたしの霊をみ手にゆだねます」。こう言ってついに息を引きとられた。百卒長はこの有様を見て、神をあがめ、「ほんとうに、この人は正しい人であった」と言った。この光景を見に集まって来た群衆も、これらの出来事を見て、みな胸を打ちながら帰って行った。（四四―四八節）

あの十字架の最後の最後、人類の罪を負って、父なる神様から本当に呪われ捨てられたというところです。十二時に近い時でしたが、太陽も顔を隠して真っ暗になったと書いてあります。これは天文学的に言ったら、長い間の皆既日食であっただろうと思いますけれども、昼が暗くなって、父なる神様が顔を隠されたということです。このときイエス様は、「わが神、わが神、なんぞ我を見棄て給ひし」と叫ばれました。その叫びによって、イエス様は捨てられたということをご経験になって、これによって人類の罪は全部支払われたという確信をお持ちになったのであります。そして、「聖書に言われていることがすべて成就した」とおっしゃって、息を引き取られたのであります。

私だったら、「こんなに信頼していたのに、こんなにまじめに従ったのに、どうして私を捨てるのですか」なんて言って、終わってしまうでしょうね。ところがイエス様は、義なる神様に捨てられていきながら、その捨てたもう父なる神様をもう一度仰いで、「父よ、わたしの霊をあなたのみ手にゆだねます」と声高らかに祈ったのです。

イエス様がそのご生涯において、特に変貌において、ゲッセマネにおいて、十字架のただ中においてなさったことは祈るということでした。みなさん、イエス様のご生涯にも行き詰まりがあったのです。大変なことがあったのです。神様だからどうにでもなるということではないのです。大変なところを通るけれどもイエス様はそこを切り抜けたのは、「ああ、神様だからな」というようなことではないのです。イエス様は、その都度、父なる神様に向き直って祈りました。祈ったときにどうなったかというと、「天が開かれた」と書いてあります。

私たちクリスチャンであっても、人生にはどれほど行き詰まりがあることでしょうか。若い人には若い人の悩みがあるでしょう。年を取られた方には、年を取られた方の悩みがありますね。家庭の主婦には主婦の、夫には夫の、子どもには子どもの、いろんな悩みがあります。学問の悩み、会社の悩み、健康の悩み、家族の悩み……。私たち人間は、そういう苦難の中を生きることを余儀なくされています。けれども、みなさん知ってください、イエス・キリストがことあるごとに祈りをもって神様を求めたときに、いつでもそこには天が開かれて、神様の助けが豊かにイエス様の上に臨んで、イエス様は使命を全うすることができたということです。

私たちクリスチャンの生涯も、この地上をどんなに長く生きたとしても、百歳まで生きたらいいほうでしょう。その中で一番意味があるのは、生ける神様にお仕えすることです。神様のご用をすることが、この地上における最大の幸せなのです。そして、何によってそのご用をするかといったら、お祈りをもって神様の前に出ることです。お祈りほど大きなご用はないでしょう。お祈りをしたら、あなたの前にどんなに閉ざされた道があっても天は開けます。

今朝、行き詰まっている方はいませんか。不景気で、円高で、いろんなことがありますね。どうでしょうか、みなさん。本当に自分たちの問題を引っ提げて、神様の前に座り込んで、ここぞと決めて祈るときに、「父は、求むる者に善きものを拒まざらんや。聖霊を賜はざらんや」とイエス様はおっしゃいました。イエス様の生涯が祈りによって全うされたように、全人類の救い主となってくださったイエス様に祈りをささげて、このお方によって祈りを助けていただいて、私たちも開かれた天の恵みの中を生きることができるようにされようではありませんか。「あの人がああ言った」とか、「これがこんなことになった」という世界にばかり生きていないで、この地上の荒れ狂う怒濤を乗り越えていくことができる力を、神様からいただきたいと思います。

10　神の子イエスの誘惑〈四章一―一三節〉

ルカによる福音書の第四章をお開きいただきたいと思います。一節から読んでいきます。

さて、イエスは聖霊に満ちてヨルダン川から帰り、荒野を四十日のあいだ御霊にひきまわされて、悪魔の試みにあわれた。そのあいだ何も食べず、その日数がつきると、空腹になられた。そこで悪魔が言った、「もしあなたが神の子であるなら、この石に、パンになれと命じてごらんなさい」。イエスは答えて言われた、「『人はパンだけで生きるものではない』と書いてある」。それから、悪魔はイエスを高い所へ連れて行き、またたくまに世界のすべての国々を見せて言った、「これらの国々の権威と栄華とをみんな、あなたにあげましょう。それらはわたしに任せられていて、だれでも好きな人にあげてよいのですから。それで、もしあなたがわたしの前にひざまずくなら、これを全部あなたのものにしてあげましょう」。イエスは答えて言われた、「『主なるあなたの神を拝し、ただ神にのみ仕えよ』と書いてある」。それから悪魔はイエスをエルサレムに連れて行き、宮の頂上に立たせて言った、「もしあなたが神の子であるなら、ここから下へ飛びおりてごらんなさい。『神はあなたのために、御使たちに命じてあなたを守らせるであろう』とあり、また、『あなたの足が石に打ちつけられないように、彼らはあなたを手でささえるであろう』とも書いてあります」。イエスは答えて言われた、「『主なるあなたの神を試みてはならない』と言われている」。悪魔はあらゆる試みをしつくして、一時イエスを離れた。（一—一三節、傍点筆者）

「神の子イエスの誘惑」という題で、今朝のお話をしてみたいと思います。イエス様は神の子ですから、ある意味では試練に遭う必要がないお方ですけれども、ここでは試みに遭われたということであります。旧約聖書を見ますと、聖徒と言われた信仰の先輩たちは、何か悪いことをしたからではなく、信仰が成長し、神様のみこころにかなうことができるようになるために、しばしば試練を受けました。アブラハムがそうであり、モーセがそうであり、エリヤあるいはヨブもその典型であったと言うことができます。試練は、神様からの課題であります。信仰を持たない人は、不幸に遭ったり大変なことに遭ったりすると、それを聖書的な意味での「試み」という意味には解しません。けれども神様は、神を信じる者に対して、神様に従うことができるかどうかをお試しになるのです。私たちの信仰がこの世的なもの、肉的なもので満ちていてはなりませんから、きよめられて、みこころにかなう聖徒たらしめられるために、神様は試練をお与えになるわけです。

人となったイエス様も試練をお受けになったわけですが、ヘブル人への手紙を見ますと、「イエス様は、罪をほかにして、人間が経験する試練をすべてお受けになった」と書いてあります。イエス様は、神だから苦しいことなどなかったということではないのです。罪をほかにして、人間と等しく、すべての試みに遭われたから、試みの中にある者を救うことができるということです。これは尊いことだと思いますね。

神様が私たちをお救いになるというのは、何か天から不思議なことをしてくださるのではなくて、私たちが日常茶飯事のうちで遭遇する一つ一つの出来事の中に、神様がともにおいでくださるのです。しかも、私たちが経験することは、かつてイエス様がこの地上において同じように経験してくださった。人の苦悩は、その人と同じ苦難を通った人でなければわからないと、よく言われます。お子さんを失った人の苦悩は、お子さんを失ったお母さんやお父さんでなければわからない。その意味において、イエス様が私たちの人生におけるいっさいの試練をお受けになったことは、私たちを救うことのできるお方となられたということの、神様からの保証でもあったわけです。私たちが、イエス様にもっと親しく祈りをささげていくべきゆえんであろうと思います。

　今も、仕事の面や家庭の問題や健康の問題で、試練にあっている方がいらっしゃるでしょう。けれども、イエス様はそのことを知らないで、あるいは見て見ないふりをしているような方ではありません。みなさんが通るところをすでに通っておいでになって、祈りを助け、あなたのもっとも良き理解者となってくださることを、お互いに信じて立ちたいと思います。

　試練は誘惑というかたちでもやって来ます。多くの場合、クリスチャンに対する誘惑は、この世の中の力、そして、その背後にいるサタンによってもたらされます。ヨハネは、神様が私たちを試練に遭わせるときには、サタンや世の中のものを手段としてお用いになると言っています。サタンは神様に敵対する存在ですから、私たちを神から引き離そうとするわけですけれども、そのサタンであっても、神様のみ許しがなければ働くことができないのです。これは大切なところですから、見ておきましょう。ヨハネの第一の手紙の二章一六節です。

　すべて世にあるもの、すなわち、肉の欲、目の欲、持ち物の誇は、父から出たものではなく、世から出たものである。世と世の欲とは過ぎ去る。しかし、神の御旨を行う者は、永遠にながらえる。

サタンが私たちを誘惑するために用いる武器は、肉の欲、目の欲、持ち物の誇りです。これが人間が遭遇する誘惑の実体であると言えるだろうと思います。私たちがなぜ誘惑に負けてしまうかというと、それは、神様を第一に置かないで、肉の欲とか目の欲、持ち物の誇りにとらわれてしまうからです。

人類の祖であるアダムとイブが誘惑に遭って失敗したのも、やはりこの三つの欲のゆえでした。「目に美麗しく、且知慧《かしこ》からんが為に」という蛇の誘惑に遭って、それに陥れられてしまったわけです。まさにそれは、ヨハネの言う、肉の欲、目の欲、持ち物の誇りでした。また、イスラエルの人々が四十年間荒野を通らされたときに、彼らは神様につぶやいたわけですけれども、そのつぶやきの前に何があったかというと、やっぱり誘惑に負けてしまったのです。それもまた、肉の欲、目の欲、持ち物の誇りが、彼らの失敗であったと見ることができます。

そのように見ていきますと、イエス様がルカによる福音書の四章において、荒野で四十日の間試みに遭われたことも、実は人類だれもが遭遇する三つの誘惑に、イエス様もお遭いになったと見ることができると思うのです。お腹がすいているときに食欲の誘いを受けました。あるいは、「私を礼拝したらこの世界を全部あげるよ」と言われて、権力や持ち物の欲に誘惑されました。そして最終的には、神を試みるという大きな誘惑をお受けになりました。これはまさにヨハネが言っているような、人間の三つの欲との戦いの中にイエス様が自ら飛び込んでいって、それに勝利なさったということです。

四章の一三節を見ていただきますと、こういう言葉があります。

悪魔はあらゆる試みをしつくして、一時イエスを離れた。

サタンは、イエス様に「あらゆる試みをしつくした」。私たちが人生で遭う誘惑のいっさいをお受けになったのです。それは、イエス様があらゆる種類の試みに一つ一つ全部遭ったということではないだろうと思います。ヘブル人への手紙の記者も、「罪をほかにして私たちと同じように、すべてのことが試みられた」と言いますけれども、それは、すべてのことを肉の欲と、目の欲と、持ち物の欲とに集約して、イエス様がそれを根本的にお受けになって、勝利を得られたということであります。私たちが出遭う小さな出来事は、そこに全部含まれてしまうということです。

しかもルカは、このルカによる福音書の三章、四章において、「神の子イエス・キリスト」ということを非常に強調しています。あのナザレの大工の息子と思われたイエス様が、実は神の子であったというわけであります。この誘惑の記事を見ていきますと、サタンが二回も繰り返して、「あなたがもし神の子だったら、こういうことをしてごらん」と言っています。ところが、イエス様はそれには少しもお答えにならないで、神第一にいくべきだとサタンを撃退したわけですが、そこにおいては、イエス様が神の子であることが問われたということとです。その問いによって、イエス様は自分が本当に神の子であるという確信を強めなさったと言うことができると思います。

さて、ここに三つの誘惑が出てきますので、その一つ一つについて考えてみたいと思います。第一に、「衣食住の誘惑」。二番目は、「権力の誘惑」。そして、三番目は、「宗教の問題」です。

1　衣食住の誘惑

まず、イエス様が遭った試練は、衣食住の誘惑です。イエス様は荒野においでになって断食をし、四十日四十夜のお祈りをなさっていました。ですから、非常にお腹がすいていたわけです。そこへサタンが出てきて、イエス様に向かって、「おまえがもし神の子だったら、何でもできるのだから、この石をパンに変えて食べてみたらどうか」と言いました。そのときに、イエス様がお答えになったのが四節です。

　イエスは答えて言われた、「『人はパンだけで生きるものではない』と書いてある」。

　イエス様は、ご自分が神の子であることを、サタンの試みに対して用いるようなお方ではありませんでした。逆にそれに対して言ったことは、「人はパンだけで生きるのではない」ということでした。これは誤解してはならないと思います。唯物主義に立つ人々や昔の共産主義の人々は、「キリスト教というのはいつも精神的なことばかり言って、肉体のことや、実際の必要のことや、お金のことや、衣食住のことをあまり問題にしない。だからキリスト教はいやだ」と言いました。決してそんなことはないのです。イエス様は、「あなたたちは霞を食って生きていなさい」とおっしゃったのではありません。ここに書いてあるのは、「人はパンだけで生きるものではない」ということですから、むしろ「パンは必要だ」と言っているのです。パンが必要です。着る物が必要です。住む家が必要です。衣食住が必要なのです。

　聖書は正確に読まなければいけないと思いますが、イエス様のこの言葉は、申命記八章三節からの引用で、そのあとには、「すべて人が生きるのは、神の口より出る言葉によるのである」と付け加えられています。人にはパンが必要です。パンは肉体的な健康のために必要なわけですが、人間というのは肉体だけの存在ではありません。人間には肉体と魂がありますから、魂が生きていなければなりません。神様がおっしゃったことは、「人は肉体のためにはパンが必要だが、魂をいきいきとさせるのは神の言葉である」ということです。イエス様はサタンに向かって、このことをおっしゃったのであります。

みなさん、もし私たちの人生が健康で何でもできるけれどもそれだけだとしたら、なんと空を打つようなものでしょうか。人生には目的がなければいけないでしょう。その人生の目的をかなえていくためには、私たちの精神、魂が生きていなければいけません。その魂の栄養になるのは神の言葉です。聖書ですよ。

使徒パウロは、「神の言葉には、私たちに御国を継がせる力がある」と言っています。使徒行伝の二〇章に出てきます。彼はエペソの教会の人々と別れるときに、人々を神様のみことばにゆだねていったのですが、そのときに、「神のみことばは、私よりももっともっと、エペソの人々の人生を立て上げて、神の国を継がせることのできる力があるから、このみことばに任せたら問題がない」と言ったのです。

神の口から出るみことばによって生かされることなしに、人は絶対に幸せではないのです。「山のあなたの空遠く『幸《さいはい》』住むと人の言ふ」という言葉がありますが、どこまで行ってもさいわいはありません。「あれかな」と思っても、握ってみるとそれはさいわいではない。何が魂に納得を与え、魂を満たすかというと、神の口より出るみことばであるということであります。

またイエス様は、ヨハネによる福音書の六章において、「わたしこそ天から降って来たいのちのパンである」とおっしゃいました。肉体を養うパンは、パン屋さんに行けば売っていますが、イエス様はいのちのパンである。それは、「聖書の言葉は、わたしのことを言っているのだ。聖書を読んで、その意味を知って喜ぶのではなくて、わたしを受けることがいのちを受けることだ。わたしを食べる人は、永遠のいのちを受けるであろう」とおっしゃったのです。

イエス様が「人はパンだけで生きるのではない。すべて神の口より出ずる生ける言葉によって生きるのだ」と言ったときに、どんなに神のみことばに信頼を置いていたかと思います。後にイエス様が「わたしこそいのちのパンだ」と、ご自分を提供してくださったことを、聖書から見ることができるのであります。

2　権力の誘惑

第二のことにいきましょう。「権力の誘惑」です。これは持ち物のことですね。パンの誘惑が終ったあと、五節から見ていただきますと、こう書いてあります。

> それから、悪魔はイエスを高い所へ連れて行き、またたくまに世界のすべての国々を見せて言った、「これらの国々の権威と栄華とをみんな、あなたにあげましょう。……」。（五―六節）

サタンがイエス様を高い所へ連れて行って、「世界のすべての国々」を見せたと書いてあります。世界のすべてですから、日本だって入っています。アフリカであろうが、どこであろうが全部、イエス様はご覧になったと思います。A・T・ロバートソンという学者は、「これはサタンが彼に見せたムービーであった」と言って、a mental satanic movie（精神的な悪魔の映画）という言葉を使っています。

ルカは、「またたくまに」世界のすべての国々を悪魔が見せたと書いています。この「またたくまに」というのは、新約聖書においてここにしか使われていない言葉です。「スティグメー」という言葉で、「ほんのわずかな一瞬」、「瞬きする間」と訳されますが、ここでルカは、ただ瞬きをするという時間の長さを言ったのではなくて、その間に見せられたものの大きさを言うために、わざとこの言葉を使ったのであろうと思います。当時の人々は、世界の一番端はエルサレムとローマだと思っていました。地球が丸いなんて思っていませんでしたから、世界のすべてを見るというのは大変なことであっただろうと思うのです。

英国のキャンベル・モルガンが『イエスの危機』（聖書図書刊行会）という本を書いていますが、その中でこの誘惑のことについて、サタンがイエス様に見せた世界のあらゆる国々というのは、ただ紀元三〇年代の全世界を見せただけではないだろう、今の時代も見せただろうと言うのです。日本では新幹線がびゅんびゅん走り回っていて、フランスにはＴＧＶがあるとか、ジェット機が飛び回っているとか、人間が月に行ったとか、そういうことを紀元三〇年に全部見たとしたらどうでしょうか。サタンはそのような地上のあらゆる栄華を瞬く間に見せて、「これらの支配者にしてあげよう」と誘惑したのであります。

ところが、イエス様はそれを一言で退けました。「人が持つべきものはそういうことではない。神を礼拝し、神に仕えることだ」とおっしゃったのです。八節を見てください。

イエスは答えて言われた、「『主なるあなたの神を拝し、ただ神にのみ仕えよ』と書いてある」。

本当にそうだと思います。これは決して、イエス様がやせ我慢でおっしゃったのではありません。「そんな幻想のようなものに憂き身を費やすのではなくて、私たちの造り主であり、救い主である神様を礼拝し、神様にお仕えすることが、人間としてもっとも幸せな道だ」ということを、イエス様は人間としてご経験なさって、サタンに矢を放ったのであります。

イエス様は、「人、全世界をもうくとも、己が生命《いのち》を損せば、何の益あらん」とおっしゃいました。私たちは、全世界を自分のものにすることなんかできません。けれども、もしも欲望が野放図にされたら、全世界を自分のものにしてもなお足りないと言いたくなるのが人間です。一億持った人は十億、十億持った人は百億、百億持った人は何千億というように、全世界を儲けても人間の欲望は飽くことがないのです。ですから、欲望というのは野放図にされたらその人を滅ぼすだけであって、その人にとって祝福ではない、恵みではないのであります。私たちはそのことを知らなければなりません。イエス様は、「人がどんなものを手にしたとしても、財力を、知力を、知識を、名誉を手にしたとしても、本当の自分を失ったら、いったい人生に何の意味があるのだ」とおっしゃったのであります。小林和夫はこの宇宙にたった一人しかいません。この一人の私という人間の尊さです。この私が本当の私であるためには、神様をおそれて、神様を礼拝して、神様に仕えるということが人生の中心問題に据えられていることが必要です。私どもはそこから、いきいきとしたいのちをつかんでいくことができるのです。

　私たちには試練があります。誘惑があります。イエス様というお方は、全世界の、全宇宙の栄華を見せられても、「ただ神を礼拝し、神に仕えるだけだ。それがもっとも大切なことだ」とおっしゃって、それを退けました。サタンはどんなに驚いたかと思いますね。「人間なんていうのは、ちょっと甘い砂糖をくれたらどうにでもなびくものだ」と、高をくくっていたことでしょう。しかし、ナザレのイエスは違った。神が人となりたもうたこの人間は、サタンが全世界をくれてやると言っても、「うん」とは言わなかったのです。イエス様が「ただ主なる神のみを拝し、この神に仕えていくのだ」と訴えたときに、サタンは「これはままならぬ敵だ」と揺るがされただろうと思います。痛快な気がしますよ。愛する兄弟姉妹、イエス様はみなさんの代表として、私たちの誘惑をあそこでお受けになって、勝利を取ってくださったお方なのです。

3　宗教の問題

　三番目のことにいきましょう。「宗教の問題」です。神を試みるということです。これは九節から一一節にありますが、「目の欲」と言ったらいいでしょう。格好よさということです。

イエス様が第二の誘惑に勝ったときに、サタンはイエス様をエルサレムの神殿の一番高い所、これは門の物見やぐらのような所らしいのですが、そのてっぺんに連れて行って、「ここから飛び降りてみろ」と言いました。サタンが言ったのは、「おまえは神の子だろう。もし神の子だったら、飛び降りても死なないぞ。ほかの人はみんな死ぬとしても、おまえは神の子だから助かるぞ」ということでした。イエス様はそのときになんとおっしゃったかといいますと、一二節にこう書いてあります。

イエスは答えて言われた、「『主なるあなたの神を試みてはならない』と言われている」。

試みというのは、神様が私たちを試みなさるのであって、私たち被造物が創造者でありたもう神を試みるのは聖書では許されていないことです。しかし、この時代には、「我こそはメシヤである」と言う人々がたくさん出てきたようです。使徒行伝に出てくる魔術師シモンのような人々です。そういう人が不思議なことをやったということですが、それは今日の手品のようなものでしょうか。みんなタネがあり、仕掛けがあったのでしょう。そうやって自分を格好よく見せて、自分のことを神だと人々に思わせてあくどい儲けをした人がたくさんいたわけです。

使徒行伝にはエルマという人が出てきます。エルマは、高い塔の先からマントを着てぱっと飛び降りてきたといいます。落下傘なんかない時代ですから、マントを着てコウモリみたいに飛び降りた。それがうまく飛び降りたということで、人々は「あれは神だ」と言って、供え物を持ってきました。そこでエルマは、ここぞとばかりお守りやお札を売って歩いたといいます。そしてあるとき、使徒パウロたちがエルマのいる所を通りました。エルマは、道端にいた大ぜいの病める人々がパウロに触れると癒されていく姿を見まして、パウロには何かタネがあると思ったのでしょう、「私にもそのタネをわけてくれ」と言いました。ところが、パウロが、「そうではない、真の神様を金銭で売り買いするのは災いだ」と言ってにらみつけたとき、魔術師エルマは目が見えなくなってしまったのです。

高い所から飛び降りて無事だったというようなことが、当時はメシヤや神の証拠と思われていて、メシヤを騙る人たちがそういうことをしていた、ということです。ですから、サタンはイエス様を高い所に連れて行って、「飛び降りてみろ」と言ったのです。それは、格好のよさ、人から自分がどう思われるかということを第一にする人間の生き方と、少しも変わらないのです。

今日でもうっかりすると、クリスチャンだって同じ誘惑に遭うと思います。格好のよさを気にして、人から悪く思われたくない。正しいことであっても、悪く思われるといやだから言わない、やらない。本当はしくじることも必要で、しくじりの痛さを経験して成長すべきなのにそこを避けてしまう。みっともないから、恥ずかしいから、格好をつけていく。自分がかわいいですから、自分が中心ですから、自分が神となって、人にどう思われるかということばっかり気にしながら歩む人生。みなさん、私たち神の子、クリスチャンはそうではありませんよね。かつてそうだったのです。人目ばかり気にして、隣の人にどう思われるか、あの人はどう思うか、同級生はどう思うか、いつでも何かがだれかよりも優れていなければ承知しなかったのが、私たちのかつての姿です。けれども、私たちはそういう中から救い出されました。

それでも、クリスチャンにも容赦なく襲ってくる世の力は、目の欲をもって、格好のよさをもって、「おまえはだれよりも余計に奉仕をしているではないか」と誘惑してきます。そういうことを少しでも思うとするならば、それはサタンの誘惑だと思わなければいけません。これは、衣食住の問題や権力の問題よりもレベルの高いことです。宗教の問題です。真の神が本当にいて、自分の生涯は真の神が第一であるというならば、この誘惑は入ってこないはずです。自分が神になって、自分が第一に生きますから、人からどう思われるかということにいつもとらわれてしまうのです。

イエス様も人の子として、そういう誘惑に遭われたわけですが、恐ろしいことにサタンはみことばによって誘惑してきたのです。これは宗教の問題です。「みことばにそう書いてあるではないか。『あなたが高い所から飛び降りたら、御使いたちに命じて、神を信じている者は守られる』とあるではないか」と言ったのであります。詩篇の九一篇です。「みことばには、『あなたの足が石に打ちつけられて折れてしまうようなことはない』とあるではないか」とサタンは言ってきたのです。

みなさん、知ってください。悪魔はみことばで誘惑してきたのです。悪魔は光の使いのごとくにやって来る。私はね、「お言葉だ、お言葉だ」と言う人に本当に気をつけてほしいと思います。結局、自分の思いがあって、自分の思いを遂げるためにみことばを使ってそれを正当化する。これはサタンのやる、もっとも巧妙な誘惑です。レベルの高い誘惑ですよ。みことばを知らない人には、こういう誘惑は来ません。私たちクリスチャンが神第一にしていかないところから、このような誘惑は始まってきます。私たちが「なんといっても私はこうなりたい。私のために他の人はどうでもよい」と思っていると、サタンはその点を突いて、みことばさえも用いてくるのです。

私たちは、「ああ、良かった。思ったとおりだ。思った以上にいった」なんてことをよく思います。結果的にそういうことはあるでしょうが、問題はそこにあります。車田秋次先生は、私たちが本当にこれは神様からの言葉かどうかと考えるようなときに、「あなたにとって厳しいと思える道が正しいと思いなさい」とおっしゃいました。私たちには、いろんなみことばがかけられます。「こっちに行ったら楽だな。このみことばがちょうどよかったから、渡りに船だ」なんてこともあるでしょう。けれども、もしも二つの議論に迷うのであれば、あえて私たちは厳しい道を選ぶべきだということです。人間は、厳しい道を逸れたいがために神の言葉さえ利用しようとする、ずるい思いを持っているということです。

私たちが進んでいこうとすると、いろんなことがあります。問題があるときには、みことばもいろいろ与えられるでしょう。けれども、いつでも楽な道を選ぶのではなしに、「神様、あなたの栄光が現れるようにしてください」と祈ろうではありませんか。

イエス様は、そういうふうに主の祈りをお教えになりました。まず、「天にまします我らの父よ、み名をあがめさせたまえ」と祈るように言われました。そして、「日ごとの糧が与えられるように」。けれども、第一に祈るべきことは、「みこころが私たちのうちになされる」ということです。イエス様はその態度をもって、この誘惑に勝たれました。イエス様のご生涯は聖霊によって導かれて、御霊が荒野においてイエス様に勝利をお与えになったのです。

このイエス様を荒野で勝利させたお方、霊なる神は、御霊を私たちにも与えておられます。私たちもまた、この御霊によって、私たちの人生に迫ってくる誘惑に勝利を得て乗り越えていきたいと、そう思います。

11 恵みの福音と信仰〈四章一四―三〇節〉

ルカによる福音書の四章一四節から三〇節までに目を留めていただきたいと思います。

それからイエスは御霊の力に満ちあふれてガリラヤへ帰られると、そのうわさがその地方全体にひろまった。イエスは諸会堂で教え、みんなの者から尊敬をお受けになった。

それからお育ちになったナザレに行き、安息日にいつものように会堂にはいり、聖書を朗読しようとして立たれた。すると預言者イザヤの書が手渡されたので、その書を開いて、こう書いてある所を出された。

「主の御霊がわたしにやどっている。
貧しい人々に福音を宣べ伝えさせるために、
わたしを聖別してくださったからである。
主はわたしをつかわして、
囚人が解放され、盲人の目が開かれることを告げ知らさせ、
打ちひしがれている者に自由を得させ、
主のめぐみの年を告げ知らせるのである」。

イエスは聖書を巻いて係りの者に返し、席に着かれると、会堂にいるみんなの者の目がイエスに注がれた。そこでイエスは、「この聖句は、あなたがたが耳にしたこの日に成就した」と説きはじめられた。すると、彼らはみなイエスをほめ、またその口から出て来るめぐみの言葉に感嘆して言った、「この人はヨセフの子ではないか」。そこで彼らに言われた、「あなたがたは、きっと『医者よ、自分自身をいやせ』ということわざを引いて、カペナウムで行われたと聞いていた事を、あなたの郷里のこの地でもしてくれ、と言うであろう」。それから言われた、「よく言っておく。預言者は、自分の郷里では歓迎されないものである。よく聞いておきなさい。エリヤの時代に、三年六か月にわたって天が閉じ、イスラエル全土に大ききんがあった際、そこには多くのやもめがいたのに、エリヤはそのうちのだれにもつかわされないで、ただシドンのサレプタにいるひとりのやもめにだけつかわされた。また預言者エリシャの時代に、イスラエルには重い皮膚病にかかった多くの人がいたのに、そのうちのひとりもきよめられないで、ただシリヤのナアマンだけがきよめられた」。会堂にいた者たちはこれを聞いて、みな憤りに満ち、立ち上がってイエスを町の外へ追い出し、その町が建っている丘のがけまでひっぱって行って、突き落そうとした。しかし、イエスは彼らのまん中を通り抜けて、去って行かれた。（傍点筆者）

初めのところでは和やかな集会の状況が描かれていますが、イエスの命が狙われるという、たいへん物騒なことでこの記事は閉じられています。この一区切りを通じて、「恵みの福音と信仰」という題でお話をしたいと思います。

イエス様がここでお話しなさったのは、恵みの福音でありました。福音というのは「良きおとずれ」ということです。どの人にとっても通用する、根本的な良き教え、それが神の恵みであるということであります。その良き教えは、私たちが信仰を持つところ、神様に対して「そうであります」と信じて受け取るところに恵みになってくるということを、一緒に学んでみたいと思います。

今読みました記事は、イエス様が洗礼をお受けになり、試みに遭われた後に、ご自分の郷里であるナザレに帰りまして、小さな会堂で聖書を開いてお読みになったときのことが書かれているわけです。イエス様の伝道の大半は、このガリラヤ地方の周辺でなされました。今日でもガリラヤ湖という湖がありますけれども、イエス様はその周りにおいて、ご自分の伝道、宣教の多くを費やされたのでした。

そのようにイエス様がガリラヤで伝道することは、旧約聖書の中に長い間預言されていたことであります。預言者イザヤは、イエス様よりも約七百五十年前の人ですが、「やがて世界に救い主が来る。その救い主はガリラヤで伝道するであろう」と予告しています。ガリラヤというところは、外来の人々が多くて、土地は肥沃で商工業の盛んなところでしたが、宗教的な意味では、ユダヤ人たちからは相手にされないような地方でした。ですから、イザヤは、「そこは死の陰のところであり、暗黒の地である」と言っています。イエス様が、世界のメシヤがおいでになって、そこで福音を伝えるというその場所は、経済的には富んでいるかもしれませんけれども、人間として生きるということにおいては光のない、暗黒の地であると預言されていたわけです。

イエス様は公生涯に立ち上がりましたときに、その預言のとおりに、ガリラヤの周りで聖書を開いてお読みになりました。そのとき、ユダヤの国では多くの人々が、やがて世界に救い主が来て、みんなが幸せになれることを待っていました。旧約聖書にそのことが約束されていたわけですが、イエス様によってその旧約聖書の約束が実現して、「神の国」がもたらされました。イエス様が神の恵みの支配を開始なさったということが、人々が待っていた「神の国」だったのです。そしてイエス様は、その神の国に入るには悔い改めて信仰を持つべきだとおっしゃいました。

イエス様の説教は、「約束の時が成就した」、「神の恵みの支配が始まった」、「悔い改めて信仰を持とう」という、この三つの点がアウトラインであります。ですから、聖書にはイエス様のお話がたくさん出てきますけれども、そのどこを切っても、出てくるのはこの三つのことなのです。今読んだところも、このイエス様のアウトラインに沿ったお話がなされていることを見ることができると思います。

そこで、二つのポイントを拾ってみたいと思いますが、第一は、「恵みの福音を語るイエス」。イエス様が恵みの福音を語ってくださったということです。第二のことは、「不信仰による民の拒絶」。この二つのポイントについて、みなさんと一緒に考えてみたいと思います。

1　恵みの福音を語るイエス

まず、恵みの福音を語るイエス様の姿を見ていきたいと思いますが、二二節を見ていただきますと、こう書いてあります。

> すると、彼らはみなイエスをほめ、またその口から出て来るめぐみの言葉に感嘆して言った、「この人はヨセフの子ではないか」。

イエス様がお話をなさったときに、それを聞いていた人々は、イエス様の語られた言葉は恵みの言葉であると感じたということです。私たちの語る言葉がどういうものであるかを反省させられます。パウロが、

「私たちの言葉が人々を味つけることができるように、塩のような味を持った言葉を語りなさい」と言っているところがありますが、イエス様が口を開いてお話をなさったら、神様の恵みがイエス様からほとばしり出てきたのです。

人々は、そのお話の内容がどうであったかということもそうですけれども、イエス様を見て、「ああ、神様という方がもしいるとしたら、こういう恵みの深い方だな」ということがわかるような語り方をしていると思ったわけです。ビリー・グラハム先生は、「クリスチャンは生ける神様を信じているという本当のものを持っているのだから、そのクリスチャンが話したら、神様は生きておいでになるということが伝わるような者でありたい」とおっしゃいましたが、イエス様のこのときの姿は、まさにそういうものであったと思うのです。

しかも、その恵みの言葉の内容は何であったかというと、それは「福音」でありました。人類が神を信じて救われるという、良きおとずれでありました。一七節以下には、イエス様がナザレの会堂に行きまして、会堂司から聖書を手渡されて読んだと書いてあります。そこで読んだ「主の御霊がわたしに宿っている。貧しい人々に福音を宣べ伝えさせるために、わたしを聖別してくださったからである」という言葉は、旧約聖書のイザヤ書の六一章にあります。イエス様がナザレの会堂に行ったときに、「ここを読んでくださいよ」と言われて手渡されたところが、イザヤ書六一章だったのです。

そして、イエス様はその六一章の一節と二節だけをお読みになって、三節以下は読みませんでした。それはどういうことかといいますと、二一節にこう書いてあります。

そこでイエスは、「この聖句は、あなたがたが耳にしたこの日に成就した」と説きはじめられた。

イザヤ書六一章の三節以下はもっと長いわけですが、イエス様は一節と二節だけをお読みになって、「きょう、わたしがこれを読んだということは、みなさんの聞いている耳にこの言葉が成就したのですよ」とおっしゃいました。そのイザヤ書六一章三節以下には、この世の終わりの出来事が記されていまして、やがてキリストが再臨なさって、神様の支配の時代が来ることが書いてあります。罪人が罰せられ、神を信じる者が永遠のいのちに入るということが出てくるわけですが、イエス様は、そこはお読みにならなかったのです。一節と二節のことは成就しているけれども、終わりのことは、そのときにはまだ実現していないということで、実現していることだけをお読みになったわけであります。

それでは、実現している一節と二節はどういうことかといいますと、メシヤが遣わされて来て、神の国、神の恵みの支配がもたらされるということでした。

当時のユダヤ人たちは、ローマの属国になって圧政を受けていましたから、なんとかそのローマの支配から解放されて、経済的にも宗教的にも富ませてくれる者がいないかと、いつも待っていました。やがて世界の救い主が黄金の輝く雲に乗って来て、ローマの軍隊なんか一撃のもとにやっつけてしまって、ローマの支配から解放して回復してくれるというのが、当時の一般のユダヤ人たちの持っていたメシヤ観でありました。

ところが、預言者イザヤは、「やがて世界に救い主がおいでになる。栄光の王としておいでになる。そのことは間違いない。けれども、世界の救い主は、栄光の王として来て世界を統治する前に、一人のしもべのようになって、人々に仕える者となって、この世界に来てくれるであろう。打ちひしがれている者を慰め、自由を奪われている者に自由を与え、心の目が真っ暗である者の目を開いてくださる。人々が幸せになることができるように、神でありながら人間になり、人間でありながら奴隷のようになって、人の救いのために働いてくださる」と言ったわけであります。これは、かつてユダヤ人の持っていたメシヤ観にはなかったものです。学者たちは、このことを「しもべなるメシヤ」と言っています。メシヤはまずしもべなるメシヤ、仕えるメシヤとしておいでになって、次には栄光の王なるメシヤとしておいでになるということであります。

一八節でイエス様は、「主はわたしをつかわして、囚人が解放され、盲人の目が開かれることを告げ知らせ、打ちひしがれている者に自由を得させ」とおっしゃっています。「俺はメシヤだ、救い主だぞ」と威張って、専制君主が世界を支配するようなことではないのです。一人一人の悩める者に心を留めて、親友であっても親子であってもわかってくれないような心の悩みさえも全部読んで、祈りに答えて助けてくださることのできる救い主としておいでになるというのが、イザヤの言葉でした。まさにイエス様は、ご自分が仕えるべきしもべとして神様から遣わされて来たのであるという自覚をもって、ここを読まれたのであります。イエス様は、「今や旧約聖書に言われていることが実現した。わたしが来たからにはどんな人であっても神様の恵みにあずかれますよ」とおっしゃっていますから、ここに「神の国」、神の恵みの支配が現在するということが、イエス様によって確証されたわけです。

一九節を見ますと、「主のめぐみの年を告げ知らせるのである」と書いてあります。これは、何でもないことのように思って読んでしまうと、「ふうん、『主のめぐみの年』か。ああ、イエス様が来た年というのは恵みの年だな」と思うでしょうが、そういうことではありません。ここで言われている「主のめぐみの年」はテクニカル・ターム、専門用語なのです。これは旧約聖書に言われていました、「ヨベルの年」というものです。英語では、「ジュビリー」と言います。

ユダヤ人には、富を均等化するという法律がありまして、その法律に則って国政がなされていました。日本でも聖徳太子のころに律令が敷かれたわけですが、ユダヤ人たちはモーセを通して神様からの律法をいただいていました。その律法の中に、「安息の年」というものがあります。農民が土地を耕して一生懸命に穀物を作るのですが、毎年収穫をあげていくと土地は痩せて枯れてしまいますから、六年間そこから収穫をしたら、七年目は休ませることになっていたのです。その安息の年には、働いていた人にもある程度の自由が与えられていました。その七年ごとの安息の年を七倍して、四十九年の後には五十年目になるわけですが、その五十年目を「ヨベルの年」とすることを、モーセは神様によって民に啓示したのです。この五十年目のヨベルの年が来ると借金をしていた人の借金が棒引きになる、奴隷に売られていた人も家に帰ることができると定められていまして、神様が富の不公平をなくすためにそういうことをさせていたのであります。

そのヨベルの年が具体的に実行されるために、いろいろなことが決められていました。たとえば、「もう再来年はヨベルの年だぞ。それでは今のうちに売っておこうか」なんていうことはできないようになっていました。ちゃんと詳則がありまして、どういうふうにそれが全うされるか決まっていたわけです。そういうことが今日の法律の基礎にもなっているようで、モーセの律法は法哲学の立場からも非常に深いものを持っていたのであります。

神の民たちは、そのヨベルの年を守っていたわけですが、ただ国政的に富の均衡を図っただけではなくて、やがて世界にメシヤがおいでになるときに、富める者であろうが、卑しい者であろうが、貧しい者であろうが、病人であろうが、世界中の人々が等しく公平に、神様からの祝福と恵みにあずかることができる、そういう神の国の模型のようにしてヨベルの年を守っていたのです。ヨベルの年は、神の恵みの支配の予表なのであります。

イエス様は、「多くの人々がわたしを信じ、わたしに生涯を任せることによって、幸せに入るであろう。わたしは、あなたがたの知っているあのヨベルの年を告げるために来たのだ。ヨベルの年の持っている本当の意味は、わたしにあるのだ」とおっしゃいました。「凡て労する者、重荷を負ふ者、われに来れ、われ汝らを休ません」（文語訳）とおっしゃったのであります。「わたしのもとに来なさい。そうすれば平安があるよ」、そう言えた方はイエス・キリスト以外にはなかったはずです。彼がその恵みを伝えたのが、このガリラヤのナザレでの集会であったということであります。

2　不信仰による拒絶

第二のことにいきましょう。「不信仰による拒絶」ということです。

イエス様からそのようなすばらしいお話を聞いて、民たちは感心しました。しかも、イエス様のお姿は、恵みの言葉を話しているようでした。人間というのは、話している人の目や顔つきを見ますと、どういう気持ちかわかります。たとえば人を憎んで、「この人はいやな人だな」と思いながら、「愛していますよ」なんて言っても見破られるでしょう。私たちが本当に相手のことを思い、好意に満ちた態度で語りますと、言葉よりも何よりも伝わるものがありますね。イエス様はそういうお姿であったのでしょう。

ところが、民たちは感心していたのですが、イエス様が「さあ、あなたがたは自分の生涯をわたしにゆだねて、わたしと一緒に歩むのだ」とおっしゃると、彼らは「とんでもない。たかがナザレの大工のヨセフの息子ではないか。どこで勉強してきたかわからないけれども、偉そうなことを言って」と変わってしまったのです。イエス様は、「預言者は自分の故郷では尊ばれないものだ」とおっしゃいました。私も自分の故郷の教会に行ってお話をするのはやりにくいものですよ。私のことを昔から知っている人がたくさんいますからね。でも、「そういう者が今、神様の恵みによってこうなっているのだ」ということで、気を取り直してお話をします。イエス様は私たちのケースとは違いますけれども、民たちが全部イエス様になびいたかというと、そうではなかったということです。

むしろ、イエス様はちゃんと民の心を読んだのです。「おまえたちは、『医者よ、自分を癒せ』と言うのだろう」とおっしゃいました。イエス様はナザレに来る前に、カペナウムというところでたくさんの病人を癒す奇跡を行っていました。「カペナウムでやってきたようなしるしをわたしがやったら、おまえたちはついて来ると言うのか。足の不自由な者が立ったり、見えない目が開いたり、重い皮膚病の人がきよめられたり、そういう奇跡が行われたら、わたしについて来るのか」とおっしゃったのです。そのとき人々は、「奇跡ができたら神だと信じてやろう」と思っていたわけです。「お話がすばらしいから神だと信じたいけれども、俺たちはそうは簡単にはいかないぞ。たかがナザレの大工のヨセフの息子ではないか」ということです。イエス様はそういう心を読んで、「おまえたちは奇跡を見てもついて来ないだろう」と言われたのであります。

大切なことは、神の言葉が語られたときに、砕かれて謙遜になることです。疑問もある、戦いもある、いろんなことがありますけれども、それらをひとまず傍らにおいて、「聖書の言うことを聞いてみましょう」と、謙虚になって神様の前に出るときに、神様の言葉、神が与えようとするものが私たちのものになるのです。もっと言いますと、恵みの言葉、良きおとずれである福音も、この人々のように「しるしを見せてみろ。そうでなかったらおまえなんか信じないぞ」というような心は、どんなにすばらしいことがなされても恵みを受けられないでしょう。謙虚に砕かれて、「ああ、私は本当に神様の恵みを必要とするのだ」と自覚して、「神よ、私にあなたの恵みを与えてください」と出る者に対して、神様は臨んでくださいます。

そのように心が砕かれて神様の前に出ることを「信仰」というのです。私たち日本人は、「信仰」というと「信心」みたいに思ってしまうでしょう。一生懸命滝に打たれて、六根清浄なんてやるのが信仰かというと、そうではないわけです。信仰とは、神様のお言葉、恵みの前に謙遜になって、全面降伏をするようにして神様のお言葉をいただくことです。そこに神のわざがなされるのです。

イエス様はここで預言者エリヤのことを話されました。エリヤは、イエス様より八百五十年前の人です。エリヤの時代、ユダヤの国の神の民が飢饉に遭ったときに、神様を信じる者がいなくなっていました。彼らはユダヤ人でない人々のことを、「あいつらは犬だ。あいつらは真の神様なんて知らないのだ。俺たちは割礼を受けて、神様の律法を守っている神の民だ」といつも言っていました。形式にとらわれて、本当に神を信じるといういのちを捨ててしまって、誤ったエリート意識の中に立てこもっていたのが当時のユダヤ人だったのです。そこには信仰なんてありません。だから、エリヤが神様から遣わされても、奇跡を行うことができなかったのです。

しかし、エリヤは、ユダヤ人に差別されているような人々が住むところに行ったときに、一人の女性に会いました。その女性はやもめでした。もう食べるものがなくなってしまって、最後に粉と水で団子をこねて食べて、子どもと一緒に死んでしまおうと思っていました。エリヤはそこに行って、「まず私にそれを食べさせなさい」と言いました。その女性は、「あなたに食べさせるどころではない。私たちはこれを食べて死のうとしているのに」と言ったのですが、エリヤが「神様のおっしゃることに間違いがありません」というのを聞きまして、「そうおっしゃるならば、まずあなたにあげましょう」と言って神様を信じたのです。そうすると、やもめと息子たちがいくらすくっても絶えないほど、桶の中に粉があったそうです。そして、びんの中に油がいつもあって、お菓子を焼いて食べることができたということであります。

信仰のない世界には、神様の恵みがどんなに言われたって意味がありません。神の民だなんて言っても、内容がなければ駄目なのです。ところが、「あの人なんか信仰がない異邦人だ」と言われているような人が、本当に神様を信じたということです。

その後には、エリヤの後継者のエリシャという預言者がいました。エリシャの時代には、イスラエルの国にたくさんの重い皮膚病の人たちがいました。その人たちがきよめられるということは奇跡でしかなかったわけですけれども、信じないのでその奇跡のわざを拝することができませんでした。

そのころ、ずっと北のほうのシリヤの国にナアマンという将軍がいました。勲章を胸にいっぱいつけているけれども、その内側は重い皮膚病に冒されていました。このナアマンの家にはユダヤから連れて来た召使いの女の子がいたのですが、その女の子から、「自分の国には神様を信ずるエリシャ先生という偉い方がいて、そこに行ったらどんな奇跡でもしていただくことができるそうですよ」と聞きました。ナアマン将軍は、シリヤのあらゆる医者の治療やおまじないを受けても良くならなかったものですから、「それではおまえの言うイスラエルの国に行ってみよう」ということで、エリシャのところに行ったのであります。

そうするとエリシャ先生は、「ヨルダン川に行って身を七回洗いなさい」と言いました。ヨルダン川なんて、そんなきれいな川ではありません。ナアマン将軍は、「俺たちのシリヤにはアバナとパルパルという川がある。あの川のほうがよっぽどきれいだから帰ろう」と言ったのですが、部下に「まあまあ、あのエリシャ先生の言葉だから聞いてみましょう」と引き留められて、ヨルダン川に入って七回身をきよめましたら、重い皮膚病が治ったということであります。重い皮膚病の人はたくさんいたのです。けれども、本当にきよめられたのは、「俺は神の民だぞ」と威張っている人ではなくて、異邦人でした。ユダヤの人々から「犬畜生だ」なんて言われているような人々でも、神様を謙遜になって信じたことによって、神の恵みと祝福が及んだのであります。

イエス様は、旧約聖書のそのところを引いてきまして、「おまえたちはわたしを退ける。この恵みの言葉は、あなたがたにはもう実を結ばないであろう。けれども、もしあなたがたのうちで心砕かれて、『おっしゃるとおりです。私は閉じ込められたような者です。囚人です。人生のどうにもならないこの苦悩から私を解放してください。見るべき世界が見えないために悩みを持っています。心の目が見えないのです。この私の心の目を開いてください。私は不自由なしがらみであるとか、運命であるとか、いろんなことに脅かされ、縛られて、自分自身を八つ裂きにするように苛まれて生きているような者です。助けが必要です。神様、あなたの恵みは私を救うことができます。お任せしますから、どうにかしてください』と謙虚に神の前に出るならば、神様はそうすることのできるお方だ」とおっしゃったのです。

兄弟姉妹、私たちはクリスチャンとしてこの神様の恵みを知っているはずです。「私は知っているわ」と言って、それを床の間に置いておかないで、どんな言葉が語られても、いつでも謙虚に心砕かれて、「そうです。おっしゃるとおりです。私はあなたに私の生涯をお任せいたします。決して、私の人生にへたなことをなさらない神よ、あなたの好意に満ちた善意をご信頼申し上げます」と、生ける神様の前に出ようではありませんか。

それが私たちの歩みでありたいと思います。イエス様もそれを願っておられるのです。

12　人を癒す神の言葉〈四章三一―四四節〉

ルカによる福音書の第四章をお開きください。三一節から読んでみます。

　それから、イエスはガリラヤの町カペナウムに下って行かれた。そして安息日になると、人々をお教えになったが、その言葉に権威があったので、彼らはその教に驚いた。すると、汚れた悪霊につかれた人が会堂にいて、大声で叫びだした、「ああ、ナザレのイエスよ、あなたはわたしたちとなんの係わりがあるのです。わたしたちを滅ぼしにこられたのですか。あなたがどなたであるか、わかっています。神の聖者です」。イエスはこれをしかって、「黙れ、この人から出て行け」と言われた。すると悪霊は彼を人なかに投げ倒し、傷は負わせずに、その人から出て行った。みんなの者は驚いて、互に語り合って言った、「これは、いったい、なんという言葉だろう。権威と力とをもって汚れた霊に命じられると、彼らは出て行くのだ」。こうしてイエスの評判が、その地方のいたる所にひろまっていった。

　イエスは会堂を出て、シモンの家におはいりになった。ところがシモンのしゅうとめが高い熱を病んでいたので、人々は彼女のためにイエスにお願いした。そこで、イエスはそのまくらもとに立って、熱が引くように命じられると、熱は引き、女はすぐに起き上がって、彼らをもてなした。

日が暮れると、いろいろな病気になやむ者をかかえている人々が、皆それをイエスのところに連れてきたので、そのひとりびとりに手を置いて、おいやしになった。悪霊も「あなたこそ神の子です」と叫びながら多くの人々から出て行った。しかし、イエスは彼らを戒めて、物を言うことをお許しにならなかった。彼らがイエスはキリストだと知っていたからである。

夜が明けると、イエスは寂しい所へ出て行かれたが、群衆が捜しまわって、みもとに集まり、自分たちから離れて行かれないようにと、引き止めた。しかしイエスは、「わたしは、ほかの町々にも神の国の福音を宣べ伝えねばならない。自分はそのためにつかわされたのである」と言われた。そして、ユダヤの諸会堂で教を説かれた。（三一―四四節、傍点筆者）

この一区切りを通じまして、「人を癒す神の言葉」という題でお話をしたいと思います。神様はお言葉をもって病める者をお癒しになる方であることを、このイエス様のご生涯の一つの記事から見ていきたいと思っています。

イエス様は故郷に帰ってお教えになりましたが、ナザレの人々はイエス様のおっしゃることを受け入れませんでした。そこでイエス様は何の奇跡もすることができなかったのでありますが、同じガリラヤの地方であるカペナウムというところに行って奇跡をなさったということであります。

ここに三つの奇跡が出てきます。一つは、三一節から三七節まで。悪霊につかれていた人が、イエス様によって悪霊を追い出されて正気になったという出来事です。それから、三八節と三九節は、弟子のペテロのしゅうとめさんが、イエス様によって高熱を癒されたという記事。そして、四〇節から四一節には、イエス様が肉体的、精神的な病を負っている多くの人々に癒しのわざをなさったことが記されています。

四章の初めには、イエス様が言葉をもって「神の国の福音」をお伝えになったことが記されてあります。けれども、イエス様の伝道は、ただ言葉だけではなくて行動をもって、すなわち人間を超えたわざ、奇跡のわざをもっても進められました。特に、不治の病と言われていたようなものや、今日では精神的な病と言われるであろうものが、イエス様によって癒されたという記事がたくさん出てきます。

このことは、今日の私たちにとってどんなに励ましであり、また力であるかということを思います。イエス・キリストがそういう人々をお癒しになったのは、今から二千年前の聖書の時代のことであるというだけではありません。このお方はよみがえって、きょうも生きておいでになって、御霊において信ずる者に働いて、同じように神様の恵みを届けてくださり、私たちから見ると不思議と思われるような癒しのわざをしてくださるのです。イエス様の時代も病める人々で満ちていたわけですが、人類の祖が罪を犯したことのゆえに、人間はみな病める者としてその流れをたどってきました。教育が発達し、科学が発達し、経済が整い、世界の情報がきちんとつかめるようになっている現代であっても、人はやっぱり病める存在であります。ですから、私たちはこの癒し主であるイエスをどんなに必要とすることかと思うのです。どこに行ってもどうにもならない問題も、イエスのもとに行けば解決するということを、聖書は私たちにアピールしていると思うのであります。

そこで、私は二つの角度から、三つの奇跡に光を当ててみたいと思っています。一つは、「イエスによる神の国の到来」。もう一つは、「神のみことばによる癒し」ということです。

1　イエスによる神の国の到来

第一に、「イエスによる神の国の到来」。四三節を見ていただくと、こう書いてあります。

しかしイエスは、「わたしは、ほかの町々にも神の国の福音を宣べ伝えねばならない。自分はそのためにつかわされたのである」と言われた。

イエス様はカペナウムでいろいろな働きをなさいましたから、人々は「もっとここにいてくださったらいいのにな」と思ったのですが、イエス様はご自分の生涯に「しなければならない」という使命をお持ちでありました。「神の国の福音を宣べ伝えねばならない」というのは、「アイ・マスト」という言い方であって、イエス様は神の国の福音を伝えようが伝えまいが自由であるということではなかったわけであります。これは、ギリシャ語では「メ・デイ」という非常に強い言葉でありまして、イエス様が強い使命感を負って遣わされておいでになったことを見ることができます。人間となって人類に遣わされて来たイエス様は、ただ見物に来たとか、「ちょっと人間にでもなってみようか」と思って来たのではなくて、「神の国の福音」を伝えるという使命をもって遣わされて来たというのが、イエス様の自覚であったということです。

さて、ここには「神の国の福音」と書いてあります。「福音」とは「良きおとずれ」、グッド・ニュースです。そして、「神の国」とは、「神の恵みの支配」ということであります。私たち異教国の者たちにとっては「神の国」と言いますと、天国だとか極楽を思いますよね。神の国とは、この地上にはないものであって、おとぎ話の世界やあるいは神話の世界に登場するものを想像するわけです。ところが、イエス様が伝えようとした神の国はそういうものではなく、神様の支配のことなのです。キングシップ・オブ・ゴッドと言われますが、神様が王たるべく恵みの支配をなさるところ、それが神の国だということです。

そういう意味において、旧約聖書におけるイスラエルの人々も、神様の恵みの支配をいただいたわけです。

最初の教会も神の恵みの支配をいただきましたし、今の教会も神の恵みの支配にあずかっています。あるいは、私たちクリスチャン一人一人にとっても、私たちの心を神様の恵みが支配していたら、私たちの心も神の国であると言うことができるわけです。「ああ、私は神様の恵みによって支えられている。そうだ、私のようなものが罪赦されて神の子になった。神様に祈っていけることは恵みなのだ」という自覚があるとすると、それはあなたの魂の中にすでに「神の国」が始まっていると言ってもよいのです。

その神の恵みの支配が、世界の歴史のどこで一番顕著であったかといいますと、イエス様が地上においでになったあのときであります。イエス様は、「時は満てり。神の国は近づいた。悔い改めて福音を信ぜよ」と説教なさったのです。旧約の人々は、「神の国は今に来るぞ。やがて救い主がおいでになって、神様の支配があるぞ」と待っていたわけですけれども、イエス様がおいでになりましたときに、「わたしが来たことによって神の国はすでに始まったのだ」とおっしゃったということです。ですから、英国のC・H・ドッドという学者は、「神の国がそこに実現した」と言いました。

けれども、もちろんイエス様がおいでになったときに神様の国が完成してしまったということではありません。そこで神の恵みの支配が始まったのですが、もう一度イエス・キリストが王として再臨なさるとき、栄光のメシヤがおいでになるときに、この神の国は完成するわけであります。新約聖書は、「神の国はイエス・キリストによってすでに始まっている。けれども、いまだ完成していないものだ」という見方をしているのです。ですから、新約聖書における神の国は、「いまだ」と「すでに」という、二つの糸のようなものに引かれている緊張関係の中にあると言うことができます。

「教会は神の国だと思って行ってみたら、あんなことを言う人がいる。こんなことをやっていた」なんてことをよく言われます。もちろん教会においても神の恵みの支配は始まっていますが、まだ完成していないの教えなのです。

のです。「神の国だなんて言っても、教会史を見たらいろんなことがあるではないか」と言うような人々は、

「いまだ」ということだけを考えているわけです。またある極端な人々は、イエス様によって神の国はもう来ているという、「すでに」だけを強調して現実を見失うようなこともあります。しかし、神の恵みの支配はすでにイエス・キリストによって始まっており、やがてキリストの再臨によって完成するというのが聖書の教えなのです。

さて、そのイエス様は、二つの方法でこの神の国の福音をお伝えになりました。その一つは、イエス様の教えでありました。イエス様は教えをなさることによって、神の恵みの支配が来ていることをお告げになった。その教えに対して、「本当にそうです。私の生涯をこの教えにかけましょう」と受け入れた者の心の中に、神の国が実現していったのであります。イエス様の神の国の教えは単なる教えではなくて、私たちに挑戦してきて、決断をもってイエス・キリストを受け入れさせることを内蔵していることがわかると思います。

それからもう一つのことは、イエス様は奇跡を行いました。イエス様は教えにおいて、「旧約聖書が成就した。わたしによって神の恵みの支配が来ているのだ。だから、悔い改めてわたしを信じなさい」と、旧約の成就、神の国の到来、悔い改めと信仰という三つのことをお伝えになりました。これはイエス様のお話のどこを切っても出てくることを前回お話ししましたが、奇跡においてもそれと同じことが言えます。イエス様がなさった奇跡は、重い皮膚病の人がきよまったとか、足のなえた人が歩きだしたとか、見えない人の目が開かれたという不思議なことでありました。それは、ただ神としての証拠を示すためにそんなことをしたということではないのです。旧約聖書のイザヤ書を見ますと、「やがて世界に救い主がおいでになったら、見えない目は開けられ、足のきかない人は立って歩み、人々は歌うであろう」という預言があります。イエス様の奇跡は、その旧約の預言の実現成就であるということです。

また、イエス様は、「わたしの指によって悪霊を追い出したのならば、ここにすでに神の国が来ているとあなたがたは知りなさい」とおっしゃいました。「神の国はどこか遠くにあるのではなくて、あなたがたのただ中にある。ここに神の恵みの支配、神の国が来ているよ」ということを、イエス様は立証なさったのです。そして、その奇跡を見た人々に対して、「あなたがたもその恵みにあずかるように、自分の罪を悔い改めて、神を信じなさい」と要求なさいました。イエス様は奇跡をなさることによって、旧約の成就、神の国の到来、悔い改めと信仰という三つの点において「神の国の福音」を宣べ伝えられたということであります。

今日の教会においてもそうであろうと思いますが、みことばによる教えと、行動による奇跡とによって神の福音は伝えられていきました。イエス様は、「神の恵みの支配がすでに始まっている。さあ、みんな心を開いてこの神の国に入ろう」とお勧めになりました。「でも先生、そんなことを言っても、私はこんなに重い病気をもっていて、それどころではありません。神の国の恵みだなんて言っても、私は呪われたような中にいます」という人々も多くいました。けれども、イエス様はそういう人々をたちどころにお癒しになって、「神の国にはあなたがたも召されているのだ。さあ、立て。見ることを得よ」とおっしゃいました。そこに、イエス・キリストによる神の恵みの支配が具体的に開始されていった姿を私たちは見るわけであります。

2　神のみことばによる癒し

第二のことにいきましょう。それは、「神のみことばによる癒し」です。

三一節から三七節まで、そして四一節以下を見ますと、悪霊につかれた人がイエス様によって癒されたということが出てきます。悪霊が人々の心の中に飛び込んで、自分をコントロールできないようにしてしまったと考えられていました。これは決して非科学的なことではないと思います。今日でも、私たちの周囲には、自分の力ではどうすることもできないものがあります。自分自身のことについても、「俺は俺のものだから、俺が勝手にするのだ」と偉そうに思っていても、どうすることもできないことがたくさんあります。誘惑だって、本当に勝とうと思ったらなかなか人間にはできるものではありませんよね。あるいは、不可抗力の病も起こってきます。精神的にも、肉体的にも、私たちの生命を脅かすようなことはあるわけです。

そういうときには、聖書が言うように、自分自身よりも大きな存在、自己を超えた力がこの世にはあるということを知らなければなりません。聖書は、サタンという神に反逆する存在があって、このサタンが人々を神の手から離して、自分の手下につけて、思うようにしていくことを言っています。聖書の著者たちは、今日のような科学的な時代ではありませんでしたから、多くの人々がサタンのとりこになっているという事実をひとしお感じただろうと思うのです。

今日でも、どんなに科学や心理学が発達しても、そういうことでは理論的に割り切れないことがたくさんあります。イエス様はそれを悪霊の働きに帰したのです。ルカの四章の初めにおいて、イエス様は荒野でサタンと激突しました。私たち人間が誘惑されてしまうのは、目の欲、肉の欲、持ち物の欲の三つであることを学びましたね。エデンの園において、アダムとエバはこの三つの誘惑に負けました。あるいは荒野において、イスラエルの民はこの誘惑に遭って失敗しました。けれども、イエス・キリストはこの三つの誘惑をお受けになって、それに勝利なさったのです。イエス様は、人を不幸に陥れているのは反逆者サタンであり、悪霊の働きであると信じておられたのであります。

そして、悪霊もまたイエス様を知っていまして、イエス様には手も足も出なかったことを見ることができます。三四節を見てください。

「ああ、ナザレのイエスよ、あなたはわたしたちとなんの係わりがあるのです。わたしたちを滅ぼしにこられたのですか。あなたがどなたであるか、わかっています。神の聖者です」。

悪霊がそう言ったのです。なまじっかなクリスチャンよりも、ずっとよく神様を知っています。ウェスレーは、「悪魔でさえも神を信じている」と言いました。まあ、私たちが信ずるような信じ方ではありませんが。

四一節にも、こう書いてあります。

悪霊も「あなたこそ神の子です」と叫びながら多くの人々から出ていった。

悪霊さえも、イエス様がメシヤであり、権威を持っていることを知っていました。彼らは自分の生涯が滅亡することを知っていましたから、「イエスよ、どうぞ私たちを苦しめないでください」と言って出て行き、その人が癒えたということであります。

この当時のイエス様の時代には、こういうことがたくさんありました。悪霊追放師、エクソシストと言われるような人々がいたのです。そして、それを金もうけに使っていました。その悪霊を追放するような人々も、普通の意味でお医者さんと呼ばれていたのです。そういう連中にはだいたいトリックがありました。悪霊につかれた人が辟易していると、その悪霊追放師が後ろから行って大きな声で「わっ」と言って、びくっとした瞬間に悪霊が出て行ったとか、呪文を唱えながら細い道を歩かせたところに上から急に水をざぶっとかけて、驚いて治ったとか治らないとか、そういうことをやっていました。

ルカによる福音書の一〇章には、悪霊につかれていた人がイエス様によって癒されたことを人々が見て、「イエスは悪霊の親分だから、子分である悪霊を追い出したのだろう」などと言ったという記事が出てきます。信仰のない人は、ああ言えばこう言うものだなと思います。イエス様はそんなことは決してなさらなかった。

どうぞみなさん、本当の喜びを心に与えられているとするならば、本当のキリスト教を、いや、イエス・キリストの福音を伝えていきましょう。みなさんが幸せになったように、みなさんの周囲の人々もそうなっていくようにしようではありませんか。私は不思議に思います。今朝、ここに二百人を超える人々がいますが、そのほとんどの人が信じている。これは奇跡だと思いますよ。みなさんは、「ああ、私も先生が言うように、聖書に書いてあるように、イエス様を信じて救われて、神様の恵みが私を支配しているな」という思いをお持ちだと思います。それは教えられたからではありません。強制されたからではない。みなさんがそう信じたからです。そう信じたみなさんの言葉は、そうでない人々に一番力があるのです。牧師が「キリスト教とはこうです」なんて言うと、初めて会った人は身構えてしまいます。「何もキリスト教でなくたって、日本にはいっぱい宗教があるではないか」と言います。けれども、私たちが本当にイエス様によって恵みをいただいているときに話すと、相手にも「ああ、この人たちは違うな」ということがわかります。すばらしい生涯だということがわかると思います。

さて、イエス様の時代に、そういう悪霊につかれた者を癒すという人々がたくさんいたわけですが、イエス・キリストは何によって人々をお癒しになったかというと、三五節を見てください。

イエスはこれをしかって、「黙れ、この人から出て行け」と言われた。すると悪霊は彼を人なかに投げ倒し、傷は負わせずに、その人から出て行った。

そして、三九節を見てください。

　そこで、イエスはそのまくらもとに立って、熱が引くように命じられると、熱は引き、女はすぐに起き上がって、彼らをもてなした。

四一節にもあります。

　悪霊も「あなたこそ神の子です」と叫びながら多くの人々から出ていった。しかし、イエスは彼らを戒めて、物を言うことをお許しにならなかった。

イエス様は、神の言葉によって悪霊を追放したということです。この前のところでは、人々がイエスの言葉を恵みの言葉と受け取ったといいます。それは、好意に満ちた言葉でありました。

ところが、このときのイエス様の言葉は、三二節に「その言葉に権威があった」と書いてあります。それから、三六節の中ほどには、「権威と力とをもって汚れた霊に命じられると」と書いてあります。イエス様は、権威ある言葉によって悪霊を追い出されたのです。

　聖書が私たちに伝えるところによりますと、神様がこの天地宇宙をお造りになったときに、永遠から永遠に存在するその神が「光あれ」とおっしゃると、その言葉がすなわち事実となったのでありました。ヘブル語では、「言うこと」「言葉」を意味する「ダーバール」という言葉は、そのまま「事実」と訳すことができるものです。神様は、アメーバを造ってそれをだんだん人間のような形にしたり、ブルドーザーを使って宇宙を造るなんていうことはしませんでした。そんなことをしても、何兆年かかったって宇宙なんかできやしません。神様は、言葉によってこの宇宙をお造りになった。「神光あれと言給ひければ光ありき」（文語訳）。神の言葉は、実に宇宙を創造するクリエーションの力を持っていました。

それだけではありません。神の言葉が投げかけられることによって、歴史はどんなに作り変えられてきたかということを、私たちは見ることができます。あるいは、私たち自身がそうであったように、個人の生涯に神の言葉が語られることによって、どんなに大きなみわざが神様によってなされるであろうかということを見ます。言葉です。その神の言葉である記録が聖書ですから、聖書を読んで、「これは気に入った」と思う言葉は、私たちの心に蓄えておいたらよいでしょう。神様は時に臨んでその言葉をよみがえらせて、聖霊がその言葉を通じて語ってくださいます。

イエス様は言葉によって癒しをなさったということですが、マタイによる福音書には、百卒長の願いの記事が出てきます。彼は、自分のしもべが中風で悩んでいたときに、イエス様の名声を聞いてやって来ました。そして、「先生、しもべを治してください」と言いました。それを聞いてイエス様は、「よし、わたしがおまえのうちに行って、治してやろう」とおっしゃったのですが、その百卒長は、「先生、私はユダヤ人ではありませんし、神を信じている人から見ると犬のような存在です。私の屋根の下にあなたをお迎えするのはあまりにももったいのうございます。お言葉だけをください」と言ったのであります。

イエス様はその言葉を聞いて驚かれたといいます。これは奇跡が起こったということです。奇跡というのは、神の側にも起こるのです。異邦人である百卒長が「お言葉だけをください」と言ったものですから、イエス様に奇跡が起こって、はっと驚いてびっくりなさった。イエス様はあまりびっくりなさらない方でしょう。あの荒海の嵐の中だって眠っていたお方ですから。ところが、そのお方が驚かれたのです。「こういう信仰は神の民の中にもない。わたしが考えている信仰というのは、神の言葉を手がかりに、生きる神を信ずることだ。偶像を礼拝したり、お札を読んだりすることではない」と、イエス様のお考えになっていた信仰と、その百卒長の信仰とがぴったりと合ったものですから、イエス様は「これほどの信仰は見たことがない」とおっしゃった。

そのときに百卒長がイエス様に言ったことは、「先生、私だって部下が百人います。私の言葉は、百人の部下に対しては全能です。『行って水を汲んでこい』と言えば水を汲んできますし、『火の中に行け』と言えば行きます。『死ね』と言えば死にます。私の言葉のとおりになります。あなたは全地宇宙の造り主です。神です。あなたの言葉にあたわざるところはございません。そのお言葉だけをください」ということでした。イエス様はそれを聞いてお喜びになって、そのとおりに百卒長のしもべを癒してくださったのです。イエス様が「汝の信仰のごとく汝になれ」とおっしゃると、その瞬間にしもべは癒されたと、マタイは書いています。ここでも神様はみことばによって、悪霊につかれた者、病の者をお癒しになりました。

さて、そのお言葉による癒しの結果として、イエス様は何を期待なさったかといいますと、ただ病気の人が治ってよかったということではありません。その癒された人が、今度は人々に仕えることができるように、イエス様に従うことができるように、お癒しになったのです。そこを見てみましょう。三九節、ペテロのしゅうとめのところです。

そこで、イエスはそのまくらもとに立って、熱が引くように命じられると、熱は引き、女はすぐに起き上がって、彼らをもてなした。

ここで癒された病を、ルカは「高い熱」と書いています。これはギリシャ語の医学用語です。当時のギリシャにおいては、熱病は、低い熱と高い熱に分けられていました。ルカはお医者さんでしたから、ただ「熱病」というのではなくて、「高い熱」と書いたわけです。その熱が引いて癒されたということです。

熱が高いとつらいものですね。変なものが見えてきたり、不安になってきたり、いろんなことがあるでしょう。ところが、ペテロのしゅうとめさんは、その熱が引いたら、「すぐに起き上がって、彼らをもてなした」と書いてあります。奉仕をした。仕えることができた。イエス様の癒しは、人間を本当の人間にするのです。あなたを本当のあなたにするのです。神様がお造りになった、神の栄光を現すあなたにするのです。だから、熱病が去っても、相変わらず人の悪口を言ったり、陰口を言ったりする生涯に戻るのではなくて、人々に仕えるために、イエス様に従うために、神様はこの癒しをなしてくださったということです。

今日もそうです。ですから、私は病の方々とお祈りをします。聖書に「病める人は教会の長老を招いて、油を注いで祈ってもらうがよい」と書いてあることを、文字どおり信じています。ですから、みなさんが入院したときに訪問しますと、私はエルサレムで買ったオリーブ油を持って行くのです。額にそれを注いで祈ります。エルサレムのオリーブ油に特別な効力があるということではありません。聖書に書いてあるから、私は信じて、本当に手を触れて祈るのです。もちろん、思うようにばかりはいかないでしょう。ぱっと癒されたということばかりではありません。けれども、どういう人であれ、魂が整えられ、病を超えていく力は確かに与えられると思います。

私は信じているのです。お言葉がその人に働くときに、神様は必ずわざをしてくださいます。きょうもイエス様は、死を打ち破ってよみがえっておいでになります。天にお帰りになっていますけれども、聖霊によって、イエス様はどこにでもおいでになります。この御霊が私たちの心に触れてくださるときに、「神の国」が、神の恵みの支配が私たちの心にもたらされるということです。

今日でも、単純に信じて、本当に砕かれた思いをもって、「イエス様だったらそれをなし得ます。いっさいをあなたにおゆだねします」というところに、イエス様はわざをしてくださる方です。

ハレルヤ。このお方をあがめていきましょう。

13　確かな召命への道〈五章一－一一節〉

ルカによる福音書の第五章一節から読んでみたいと思います。

さて、群衆が神の言《ことば》を聞こうとして押し寄せてきたとき、イエスはゲネサレ湖畔に立っておられたが、そこに二そうの小舟が寄せてあるのをごらんになった。漁師たちは、舟からおりて網を洗っていた。その一そうはシモンの舟であったが、イエスはそれに乗り込み、シモンに頼んで岸から少しこぎ出させ、そしてすわって、舟の中から群衆にお教えになった。話しがすむと、シモンに「沖へこぎ出し、網をおろして漁をしてみなさい」と言われた。シモンは答えて言った、「先生、わたしたちは夜通し働きましたが、何も取れませんでした。しかし、お言葉ですから、網をおろしてみましょう」。そしてそのとおりにしたところ、おびただしい魚の群れがはいって、網が破れそうになった。そこで、もう一そうの舟にいた仲間に、加勢に来るよう合図をしたので、彼らがきて魚を両方の舟いっぱいに入れた。そのために、舟が沈みそうになった。これを見てシモン・ペテロは、イエスのひざもとにひれ伏して言った、「主よ、わたしから離れてください。わたしは罪深い者です」。彼も一緒にいた者たちもみな、取れた魚がおびただしいのに驚いたからである。シモンの仲間であったゼベダイの子ヤコブとヨハネも、同様であった。するとイエスがシモンに言われた、「恐れることはない。今からあなたは人間をとる漁師になるのだ」。そこで彼らは舟を陸に引き上げ、いっさいを捨ててイエスに従った。

（一―一一節、傍点筆者）

ここから「確かな召命の道」という題でお話をしたいと思います。「召命」というのは、神様に召されること、神様のおそばに寄せていただくことです。私たちクリスチャンはみな、神様の召命を被っているわけです。そういう召しを受けた者の道とはどういうものかを、一緒に学んでいきたいと思っています。

この記事には、イエス様の最初の弟子たちがイエス様にお従いしたときのことが書かれています。マタイにもマルコにも出てきますが、ルカによる福音書は書き方が少し違いまして、イエス様が「わたしに従ってきなさい」と弟子たちにおっしゃる前に、大漁の奇跡をしてくださったことが書いてあります。ルカは、その奇跡があったからこそ、弟子たちは舟も網も捨ててイエス様に従うことができたと見て、彼らがイエス様に従った経緯を詳しく記したわけであります。

通常、私どもはこのルカによる福音書の五章を読むときに、「人間の手のわざではなかなかうまくいかないけれども、神様がしてくださるとたくさんの収穫がある」と理解します。しかし、ルカが本当に言いたかったことは、たくさんの魚が獲れてすばらしいということではなくて、お弟子たちがいっさいを捨ててイエス様の召しに従ったという、弟子たちの召命経験でした。ですから、奇跡のわざも大きなことではありますけれども、一〇節の終わりのところにはこう書いてあります。

すると、イエスがシモンに言われた、「恐れることはない。今からあなたは人間をとる漁師になるのだ」。そこで彼らは舟を陸に引き上げ、いっさいを捨ててイエスに従った。（一〇―一一節）

イエス様に従うことを本当に心に決めていこうとする者に対して、神様はどういうことをしてくださるかを、この記事は伝えていると思います。

私たち神の子となったクリスチャンは、神様から召された者です。イエス様のみそば近くに呼び寄せられて召された者が、洗礼を受けたクリスチャンであると言うことができます。私たちは、「召される」ということ、伝道者になること、あるいは特別な使命に立つことと思いますけれども、聖書を読んでみますと、私たちクリスチャンはすべて、神様の召しによって今日あるというのが基本的なことであります。神学者たちはこのことを、「ゴスペル・コール」と言います。「福音への召し」ということです。

それでは、私たち一人一人がみんな福音への召しをいただいているとは、どういうことでしょうか。みなさんは、「本当に私はイエス様のものになっている。神の子である」という確信をお持ちだと思います。その確信は、確かな召命、本当にイエス様によって召されたのだという、私たちの自覚にあると思うのです。伝道者にとっては特にそうですが、神様のお言葉に従うことであり、自分の姿を知ることであり、どんな厳しい中にも神様のご命令に従って行くことであると思います。

この召しを本当に確信するために、三つのポイントを拾ってみました。第一は、「みことばに従う信仰」ということです。第二は、「自己の真相の認識」。自分が何者であるかを知るということが大切です。第三は、召命はそのときだけで終わらないで生涯続いていくという「召命の道」です。

1　みことばに従う信仰

まず、「みことばに従う信仰」です。

聖書を読みますと、イエス様のお弟子さんたちはもともと漁師が多かったことがわかります。十二人のうち十人は漁師でした。ですから、そんなに裕福な人々ではなく学問もあまりなかった。イエス様はそういう人々をお召しになって、ご自分の目的を遂行させようとなさったのです。

漁師であった彼らは、弟子になる前には一晩中ガリラヤ湖で魚を獲っていました。五節に「シモンは答えて言った、『先生、わたしたちは夜通し働きましたが……』」と書いてあります。ガリラヤ湖の漁師は、夜から夜明けにかけて漁をします。この人々は、その漁が終わって帰って来たときにイエス様に出会いました。二節を見てください。

> そこに二そうの小舟が寄せてあるのをごらんになった。漁師たちは、舟からおりて網を洗っていた。

一晩中漁をして帰って来て、網を洗ってさあ終わり、というところだったわけです。そこでイエス様は、この漁師の舟を借りて、多くの人々にお話をなさいました。そして、お話がすみましたらその漁師たちに、「もう一度沖に乗り出して漁をしてごらんなさい」と言ったのです。それを聞いたとき、この漁師たちがどういう反応を心の内に持っただろうかと推察してみると、たいへん興味深いと思います。彼らは一晩中漁をしていたのに獲れなかったのです。ガリラヤ湖の魚は、夜に、それも浅いところで獲れるわけです。それなのに、イエス様が「これから沖に乗り出していって、深いところで網を投げてごらんなさい」と言ったのは、漁師の経験や常識から言えば全く的はずれのことでした。イエス様は大工の息子と思われていましたが、漁のことについてはペテロやヨハネが専門家で、当然よく知っていました。ですから、普通ですと「先生、そんなことを言っても、あなたのお話は立派ですから尊敬しますけれども、漁についてはあなたは素人です」という思いが、彼らの心に起こった第一の反応であったでしょう。

ところが、この漁師たちの代表格であるシモン・ペテロがこう言いました。五節をもう一回読みましょう。

シモンは答えて言った、「先生、わたしたちは夜通し働きましたが、何も取れませんでした。しかし、お言葉ですから、網をおろしてみましょう」。そしてそのとおりにしたところ、おびただしい魚の群れがはいって、網が破れそうになった。(五―六節)

ペテロは百戦錬磨の漁師で、経験のある人でしたけれども、「イエス様の言葉だから、常識的には違うけれども従ってみよう」と考えたのです。ほかの人の助言や常識に従うのではなくて、「イエス様の言葉だからやってみよう」というところに立ったわけです。そしてそのとおりにしたところ、たくさんの魚を獲ることができたのであります。「沖へこぎ出し、網をおろして漁をしてみなさい」というイエス様の言葉には、「たくさんの魚が獲れる」という内容が含まれていたのです。ペテロは、イエス様のお言葉に従ったから、その言葉の内容を自分のものにすることができたということです。

キリスト教信仰というのは、聖書信仰、みことば信仰です。詩篇の一一九篇一八節に、「汝わが眼をひらき　汝の法《のり》のうちなる奇しきことを我にみせたまへ」という言葉が出てきます。それは、「私たちの心の目、霊の目を開いて、神様のみことばの中に隠されているくすしいことを見ることができる者にしてください」ということですね。私はよく、車田秋次先生の信仰はこの詩篇一一九篇一八節の信仰であったと思うのですが、それがまさにみことば信仰であります。

ですから、「沖へこぎ出し、網をおろして漁をしてみなさい」というみことばの中に、二そうの小舟が沈みそうになるようなたくさんの魚が獲れるという、大漁の事実が隠されていたわけですが、ペテロは詩篇の一一九篇の記者と同じような立場に立つことができたのだろうと思います。常識や経験がありますから、本当は文句を言いたかったと思いますが、状況がどうであれ、常識がどうであれ、経験がどうであれ、「お言葉ですから」と言って、みことばにかけることができた。

H・A・W・マイアーというドイツの学者は、これは「あなたのみことばを土台として」という意味だと言っています。「あなたのみことばを踏み台にして、やってみますよ」ということです。ギリシャ語というのは前置詞が大切なのですが、「お言葉ですから」と言うときにルカは、「アコーディング・トゥ」（英語）とか「みことばに従う」という言葉を使わないで、英語の「アポン」、「上に」という意味の前置詞「エピ」をわざと使って、「みことばの上に馬乗りになるようにして」と言ったのであります。

ですから、イエス様のみそばに寄せられるということは、物理的に距離関係が近くなることではありません。イエスのみことばに自らをかけるかどうかということが、召されるということなのです。

2　自己の真相の認識

第二のことにいきましょう。それは「自己の真相の認識」です。

イエス様の言われるとおりにしたところ、たくさんの魚が獲れた。漁師たちは、自分たちの舟にはもう積みきれそうにないからと、もう一そうの舟を呼んで来て、二そう目にも積んだということでありました。当時の漁師さんたちに大漁旗があったかどうか知りませんが、あったらペテロなんかはあげたかったことでしょう。「大漁だ」なんて歌を歌って帰りたかっただろうと思うのです。

そして、岸に着いてから起こったのは、自己の真相の認識ということでありました。ペテロは、「ああ、これは俺たちの漁の技術ではない。常識ではない。イエス様の言葉に従ったときに起こった、神様のみわざだ。神様のご栄光だ」と思ったときに、ふっと自分の真相に気がつきました。「私なんて、神様にお声をかけていただいたり、神様の前に立ったりすることができるような者ではない」ということがわかりましたから、ペテロはわれを忘れて、「先生、私から離れてください。私は罪に汚れた者です」と言ったのでありま す。まあペテロらしいなと思いますが、そこのところを見てみましょう。八節です。

これを見てシモン・ペテロは、イエスのひざもとにひれ伏して言った、「主よ、わたしから離れてください。わたしは罪深い者です」。

神様の栄光の光に照らし出されたときに、彼は自分の姿を見ました。キェルケゴールは、「ペテロはこのときに、全く自己を失うようにして、前後不覚になるようにして、このことを認めざるを得なかっただろう」と言っています。「まさか……。あの人はナザレの大工の息子だ。私は漁師だが、対等につき合ってどこが悪い」と思っていたのが、イエス様のおっしゃった言葉に従って、神様のみわざに触れたときに、考えたこともない自分の本当の姿に気がついたのです。「俺なんて、何十年も経験のある立派な漁師だなんて思えない。このお方の前には立つこともできない。神様の前には、私なんか価値のない者だ」という、自分の真相を認めたのであります。

このことはルカだけが書いたわけですが、聖書学者たちは、その背後には旧約聖書における聖徒たちの召命経験のモチーフがあっただろうと言っています。旧約聖書には、神様の偉大なわざをなしたモーセという人がいました。二百万の民がパロの奴隷としてこき使われていたときにモーセが立てられて、彼らを救い出しました。神様が最初にそのモーセに現れたとき、「モーセよ、モーセよ」とお呼びになりました。モーセがそれを聞いて近づいて行くと、芝が燃えていたと書いてあります。暑いイスラエルの砂漠では、芝が自然発火することはいくらでもあるのですが、普通は燃えてもぱっとすぐに消えてしまうわけです。ところが、モーセが呼ばれて行ったところで燃えていた芝は、赤々と燃えながらいつまでも消えることがありませんでした。モーセはそれを見て、「これは違うな」と思ったことでしょう。そして、神様はモーセに向かって、「モーセよ、モーセよ。おまえの立っている地はきよい地である。おまえの足からくつを脱ぎなさい」とおっしゃいました。そのときにモーセは、ドキッとしました。聖なる神様の前では、いくら老練な羊飼いであっても立つことなんかできないと、彼はその足からくつを脱いだのであります。

荒野を裸足で歩いたら、棘や石ころの先鋭なものがありますから足を切ってしまいます。モーセは羊を飼って生計を立てていたわけですが、その足からくつを脱ぐということは、もう荒野で羊飼いとして生きていけないことを意味していました。神様は、「おまえとわたしとは陸続きではないぞ。おまえはわたしのもとに立てる者ではないぞ」と、モーセに自分の真相を示したわけであります。昔のモーセは、「俺が救ってやろうか」なんて思っていたのですが、神様は、「そんなおまえの力なんかいらないよ」とおっしゃいました。羊飼いが足からくつを脱いだら、もう死しかありません。イスラエルの民を救うということは、モーセの力によるのではなくて、神様がすることだということです。その神様のわざをする者として、モーセは召されたのであります。そして、モーセはそのお言葉に従ってくつを脱いだということを見ることができます。

イザヤの召命もそうでした。預言者イザヤは、ウジヤ王が死んだとき神殿に行きました。このウジヤは、ダビデやソロモンのように自分たちの国を回復した人で、政治的、軍事的に、非常に手腕のある王様でした。ところが、この王様は神様に背いて重い皮膚病になりまして、人々はこの王様が治ることを祈ったわけですけれども、結局死んでしまいました。イザヤは、「名君と言われるウジヤがいなくなったら、自分たちの国はどうなるだろうか」という暗たんたる思いで神殿に行ったのでした。

その神殿に天の使い、セラピムが現れまして、「聖なるかな、聖なるかな、聖なるかな。万軍の主、その栄光は全地に満つ」と歌っているところにイザヤは出会いました。そのときにイザヤは、「禍《わざはい》なるかな我ほろびなん。我はけがれたる者にてけがれたる唇の民のなかに住んでいる者であるのに万軍の主を見てしまった」と言って、神様の前に突っ伏してしまいました。イザヤは神の言葉を預かる権威のある預言者でした。けれども、神様の栄光のみ姿に出会ったときに、やっぱり自己の真相を知らなければならなかったのです。「もう私は神様の前になんか立てない。滅んでしまった者だ」。ところが神様は、モーセがそうであったように、そのイザヤをお用いになりました。

ですから、イエス様が弟子たちをお召しになろうというときにも、自己の真相に気づく者が用いられたのです。全世界、地の果てにまでキリストの喜びのおとずれが伝えられようとするときに、イエス様はエルサレムの学者たちや、宗教家や国会議員のような人々を選びませんでした。「本当に神の言葉に従って行ったら、自分がするのではない。神様がするのだ」ということがわかった漁師たちをお選びになったのです。彼らはそのことに気づいて初めて、神様の使命に耐えられる者になったのであります。

今日でもそうだと思います。私たちは奉仕をしたり、お祈りをしたり、いろいろな交わりを持ちますが、いつも謙虚に砕かれて、自分は何者であるかということが常に問われていなければなりません。それは、劣等感を持つことではありません。あなたの現実を見ることです。「自分は聖なる神様の前に立てる者ではない。それなのに神様はこの私の罪を赦し、きよめてくださった。イエス様の血潮によって、こんな私が神様のご用をすることができるようにされた」という思い、自己認識を持って神様の前に行くべきだと思います。

神様の栄光の光、聖霊の光に照らされて、思ってもいなかったような自分を知らされるということです。

私も時々そういうことを示されることがあります。「自分はなんと傲慢だったのだろう。なんとできない者だろう。なんと駄目な者だろう」ということを知らされることがあるのです。それは反省ではありません。何かがうまくいったからとか、へたにいったからわかるということではない。聖霊が私たちに示してくださる自己の真相をいつも認めて、謙虚に砕かれて神の前に出るということです。それは、召されたことを確信していくために必要なことなのです。

3　召命の道

第三のことにいきましょう。「召命の道」ということであります。一〇節と一一節には、弟子たちがそのようにして神様の前に自らを投げ出したときに、イエス様がおっしゃった言葉が出てきます。

> シモンの仲間であったゼベダイの子ヤコブとヨハネも、同様であった。すると、イエスがシモンに言われた、「恐れることはない。今からあなたは人間をとる漁師になるのだ」。そこで彼らは舟を陸に引き上げ、いっさいを捨ててイエスに従った。

イエス様は、漁師として生活していたペテロたちに、「おまえたちはこれから人々を『神の国』、永遠のいのちへとすなどる漁師になるのだ」とご命令をくださったのです。そのときに彼らは、舟と網とを捨ててイエス様に従ったということであります。F・B・マイヤーは、おもしろいことを言っています。弟子たちが舟と網とを捨ててイエス様に従ったというのは、破れそうな網や、あの穴の開きそうな舟を捨てて従ったということではないということです。彼らは網元の息子たちでした。しかも、そのときイエス様のお言葉に従って漁をして、たくさんの魚が獲れていたわけです。それらのお魚も舟も、「もうそんなものは用はない」という思いで捨て去って、イエス様について行ったということなのです。

クリスチャンは、「敵が来たら、後ろの橋があるから逃げて帰れるな」なんていうことを言っていたら、その信仰は駄目ですよ。前にしか行けないのです。敵が来たら、私たちは敵に背を向けるのではなくて、前に進んで行かなければなりません。そのためには、みことばを本当に信じることが必要です。聖霊に示される自分の姿をいつも自覚しながら、お言葉に従って行くことが大切なのです。

聖書を調べる学者たちは、ここでイエス様が、「イエスの弟子たる道というのはたいへんに厳しいぞ」ということを示したのだと言います。「一晩中労しても魚が獲れないようなこともあるけれども、そういうただ中にあっても、みことばに従って、自ら砕かれて、おまえたちが沖で網をおろしたようにしていくならば、たくさんの魚を得ることができる。弟子たる道は厳しく、命をかけた道であるけれども、従って行けば多くの実を得ることができるのだ。それをわたしは約束するぞ」ということであります。

何よりもみことばを信じることです。事情はどうであれ、境遇はどうであれ、不景気であれ、みことばに従うということです。いろいろなことがあるでしょう。仕事がうまくいかない、結婚の相手がどうだ、若い人には就職の問題もあるでしょう。けれども、何がどうあれ、みことばに従って網をおろすところに、神様のわざがなされていきます。そして、私たちはそのときに、「ああ、これは私がやったのではない。神様がやってくださったのだ」と、神に栄光を帰することができるのです。自らがどんな大きなわざをしても、謙虚に頭を垂れていくことができるのです。

イエス様は、「いいか、わたしに従う弟子たる道は厳しいぞ。厳しいけれども、みことばに従ったら奇跡が起きる。ついて来るか」とおっしゃいました。弟子たちはそれを聞いて、網も舟も捨ててイエス様に従って行ったわけですが、私の生涯にも、厳しいことや大変なことはいくらでもありました。牧師になってからも、神様に背き、神様の前に失敗をし、罪を犯し、いろんなことがありました。けれども、イエス様はそういう中にも、お言葉に従って行けば間違いないという道を開いてくださったのであります。

若い兄弟姉妹よ、どうぞ、自分の人生を誤らないでほしいと思います。どうぞ、聖書を読んで、神様のみことばに従って行くという決意を持ってほしいと思います。また、信仰経験の長い愛する兄弟姉妹よ、あなたが思ってもいないような、いやな醜いあなたの姿を示されるときにも、「それが私でございます」と本当に従えるような謙虚さをもって、この召命に応えていきたいと思いますね。

私は、イエス様の目には狂いがなかったと思います。弟子となったのは無学な漁師たちでしたが、この漁師たちがペンテコステに聖霊を受けたとき、一日に三千人、五千人の人がイエス様を信じるという大漁がありました。使徒行伝を読んでいきますと、そこには多くの迫害もあり、困難もあり、戦いもありました。けれども、彼らはそれを乗り越えていくことができました。そして、今日世界に二十数億のクリスチャンを生み出すような歴史の原点を彼らはつくることができたのであります。私は、このルカによる福音書の五章は、使徒行伝の時代の縮図だと思うのです。召された者たちがお言葉に従って、自らの姿を検討して、「主よ、従ってまいります」とイエス様の召命を受けることを決断したところ、世界がひっくり返ったのです。

みなさんも、お言葉を信じて従って行くところに、まず、あなた自身がひっくり返るような、あなたの属している小社会が変えられていくようなわざがなされることを期待していただきたいと思います。私も、学院教会のために、聖書学院のために、日本の福音的な教会のために、そのことを期待して、確信していきたいと願っています。

14　新しい時代への決断と受容〈五章一二―三九節〉

ルカによる福音書の第五章をお開きください。一二節から読んでみたいと思います。

イエスがある町におられた時、全身重い皮膚病にかかった人がそこにいた。イエスを見ると、顔を地に伏せて願って言った、「主よ、みこころでしたら、きよめていただけるのですが」。イエスは手を伸ばして彼にさわり、「そうしてあげよう、きよくなれ」と言われた。すると、重い皮膚病がただちに去ってしまった。イエスは、だれにも話さないようにと彼に言い聞かせ、「ただ行って自分のからだを祭司に見せ、それからあなたのきよめのため、モーセが命じたとおりのささげ物をして、人々に証明しなさい」とお命じになった。しかし、イエスの評判はますますひろまって行き、おびただしい群衆が、教を聞いたり、病気をなおしてもらったりするために、集まってきた。しかしイエスは、寂しい所に退いて祈っておられた。

ある日のこと、イエスが教えておられると、ガリラヤやユダヤの方々の村から、またエルサレムからきたパリサイ人や律法学者たちが、そこにすわっていた。主の力が働いて、イエスは人々をいやされた。その時、ある人々が、ひとりの中風をわずらっている人を床《とこ》にのせたまま連れてきて、家の中に運び入れ、イエスの前に置こうとした。ところが、群衆のためにどうしても運び入れる方法がなかったので、屋根にのぼり、瓦をはいで、病人を床ごと群衆のまん中につりおろして、イエスの前においた。イエスは彼らの信仰を見て、「人よ、あなたの罪はゆるされた」と言われた。すると律法学者とパリサイ人たちとは、「神を汚すことを言うこの人は、いったい、何者だ。神おひとりのほかに、だれが罪をゆるすことができるか」と言って論じはじめた。イエスは彼らの論議を見ぬいて「あなたがたは心の中で何を論じているのか。あなたの罪はゆるされたと言うのと、起きて歩けと言うのと、どちらがたやすいか。しかし、人の子は地上で罪をゆるす権威を持っていることが、あなたがたにわかるために」と彼らに対して言い、中風の者にむかって、「あなたに命じる。起きよ、床を取り上げて家に帰れ」と言われた。すると病人は即座にみんなの前で起きあがり、寝ていた床を取りあげて、神をあがめながら家に帰って行った。みんなの者は驚嘆してしまった。そして神をあがめ、おそれに満たされて、「きょうは驚くべきことを見た」と言った。

そののち、イエスが出て行かれると、レビという名の取税人が収税所にすわっているのを見て、「わたしに従ってきなさい」と言われた。すると、彼はいっさいを捨てて立ちあがり、イエスに従って来た。それから、レビは自分の家で、イエスのために盛大な宴会を催したが、取税人やそのほかの大ぜいの人々が、ともに食卓に着いていた。ところが、パリサイ人やその律法学者たちが、イエスの弟子たちに対してつぶやいて言った、「どうしてあなたがたは、取税人や罪人などと飲食を共にするのか」。イエスは答えて言われた、「健康な人には医者はいらない。いるのは病人である。わたしがきたのは、義人を招くためではなく、罪人を招いて悔い改めさせるためである」。

また彼らはイエスに言った、「ヨハネの弟子たちは、しばしば断食をし、また祈をしており、パリサイ人の弟子たちもそうしているのに、あなたの弟子たちは食べたり飲んだりしています」。するとイエスは言われた、「あなたがたは花婿が一緒にいるのに、婚礼の客に断食をさせることができるであろうか。しかし、花婿が奪い去られる日が来る。その日には断食をするであろう」。それからイエスはまた一つの譬を語られた、「だれも、新しい着物から布ぎれを切り取って、古い着物につぎを当てるものはない。もしそんなことをしたら、新しい着物を裂くことになるし、新しいのから取った布ぎれも古いのに合わないであろう。またはだれも、新しいぶどう酒を古い皮袋に入れはしない。もしそんなことをしたら、新しいぶどう酒は皮袋をはり裂き、そしてぶどう酒は流れ出るし、皮袋もむだになるであろう。新しいぶどう酒は新しい皮袋に入れるべきである。またはだれも、古い酒を飲んでから、新しいのをほしがりはしない。『古いのが良い』と考えているからである」。(三二―三九節、傍点筆者)

ここから、「新しい時代への決断と受容」という題でお話ししたいと思います。新しい時代とは、イエス・キリストがおいでになったことによって始められた時代ということです。人々は決断をもってそこに入り、それを受け入れることができるのであるということを、一緒に考えてみたいと思っています。

ルカによる福音書の五章には、イエス様がガリラヤ湖の周辺において教えておられたときのことが書かれています。その宣教において、イエス様は神の国のことを人々にお告げになりました。そこでイエス様が教えた神の国は、雲の向こうにある天の国というようなものではなくて、神様が恵みをもって支配するその場が神の国である、ということでした。そしてイエス様は、その神の恵みの支配を説教で人々に聞かせるだけではなしに、奇跡のみわざを通じても宣べ伝えたのであります。イエス様は奇跡を通じて、神としての行動をもって、神の恵みの支配が起きるとどういうことがあるかをお告げになりました。また、最後のところでは、たとえ話をもって神の国のことをお伝えになったわけであります。ここでも同じように、イエス様の宣教は、説教とその行動である奇跡とによってなされたと言うことができるだろうと思います。

そして、その神の国、神様の恵みにどういう人が招かれたかというと、イエス様は、「私は正しい。私はもう大丈夫だ」と言うような人々を招くために来たのではないとおっしゃいました。神の国に入る人は、「私はもう聖書を知っているのだ」と言う宗教家や、権威のある政治家のような人ではなかったのです。むしろ、神の国に入ることについては優先権を持っていないと思われた人々、宗教家や政治家から疎外されて、「あんな者は社会の底辺にいる連中だ」と言われるような人が、神の国に招かれたのであります。それは、「罪人」とレッテルが貼られて、心にいつも卑しめられた思いを持っている人々でした。上層階級の連中が宴会を催して楽しんでいるところに友を求めたくても、資力も立場もなく、全くシャットアウトされていた人々でした。イエス様は、そういう人々に神の国をもたらしてくださいました。

五章の三一節を見ますと、こう書いてあります。

> イエスは答えて言われた、「健康な人には医者はいらない。いるのは病人である。わたしがきたのは、義人を招くためではなく、罪人を招いて悔い改めされるためである」。

お医者さんを必要としているのは、元気な人ではありません。イエス様はそのようにおっしゃって、自分は正しいと思っている人、「財力を持っているから、政治的な権力があるから、私の人生はバラ色です」とそっくり返っているような人をお招きにならなかったのです。病の者にとって、医者はなくてはならない存在です。ですから、「私はつまらない人間です。罪人です」という自覚を持っている人々を招くために、イエス様はおいでになったということです。

そういう暗黒に捕らえられ、閉じ込められていた人々に救いが与えられることは、闇のしじまが破られて朝日が輝くように、一つの光が差し込んでくる状況ですから、まさに「新しい時代」の到来でした。今まではそんなことは全く考えられなかった、どんなに努力しても夢も希望もない人々に、イエス様の招きがあり、「いや、あなたがたこそ、心砕かれて受け入れるならば神の国に入ることができますよ」というメッセージが与えられた。それは、彼らにとって新しい時代が来たことを意味したであろうと思うのです。

私は、キリスト教は本当に命がけでなければいけないと思います。家がある、あれがある、これがある、などというものを保留して持っていたら、神様に対する全幅的な信頼など持てないと思います。欲しいものがあると親にねだれば買ってもらえるような状況ではなくて、大変でも祈りをもって自ら汗を流して働いて欲しいものを手にするべきだし、ささげるものもそうでなくてはいけないと思います。このときにイエス様が相手にした人々は、まさにそういう人々でありました。

さて、二つの点を取り上げて一緒に考えてみたいと思っています。一つは、「救い主による新しい時代の到来」。第二は、「新しい時代への参加」、新しい時代に私たちが自らを投ずるということです。

1　救い主による新しい時代の到来

まず、「救い主による新しい時代の到来」であります。三三節から三九節までは、イエス様が言葉によって神の国を、新しい時代をお伝えくださったところです。ここには二つのたとえ話が語られていますが、その二つは、イエス様がおいでになったことによって、メシヤによる救いの日が実現したことを表していると見ることができます。

一つ目のたとえでは、メシヤの救いの日を、婚礼の喜びに表すことができるようなものだとおっしゃっています。ちょっと見てみましょう。

するとイエスは言われた、「あなたがたは花婿が一緒にいるのに、婚礼の客に断食をさせることができるであろうか。しかし、花婿が奪い去られる日が来る。その日には断食をするであろう」。（三四―三五節）

このとき、弟子たちや救われた罪人たちは、イエス様を中心にして晩餐会を開き、交わりをしていました。彼らは、イエス様を信じて本当に変えられて、古い掟の時代ではなく、新しい解放された救いの時代に生きていましたから、実に屈託のない、のびのびとした信仰生活を送っていたわけです。

ところがそこに、学者とかパリサイ人とか、旧態依然とした古い宗教的な形態の中にある人々がやってきまして、「あなたたちの仲間はおかしいのではないか。神様を信じるなら、もっと掟を守り、儀式を守ってきちんとするべきだ。断食を守るべきだ」と言ってきました。断食とは食を断って熱心にお祈りをすることです。食べるものに支配されないで、神様の前に出るということです。彼らは、その断食を通して神様に出会うことを、宗教的に非常に大切であると教えていたわけですが、イエス様の弟子たちは断食をしていませんでした。

イエス様は、旧約聖書に言われている断食を否定したのではありません。「断食なんていらないよ」と言ったのではなく、「今は花婿が来ている結婚式ではないか」とおっしゃった。花婿とはイエス様ご自身のことです。結婚式の宴会に呼ばれて、みんなが喜びでわいているときに、「私は宗教家だから断食をします」なんて言ったら、喜びの宴を壊してしまいますよね。イエス様はここで、「やがて、栄光の御使いを従えて、この世界を支配する王としてわたしは来るであろう。だが、今はそうではなく、仕えるしもべとしてこの地上に来ている。花婿であるわたしが来ているのだから、花婿の友人であるわたしの弟子たちは、しかめ面をして断食をすることはないのだ」とおっしゃったのです。

まさに、イエス様がおいでになったことによって新しい時代が到来している、とおっしゃったわけです。その新しい時代の特色は喜びです。結婚式は喜びの式です。新しい時代になったら、考えが変わるだけではなくて、喜びが大きな特色なのです。私たちがイエス・キリストを信じたということは、永遠のお方が地上に生きている私たちの心に飛び込んで来てくださったことによって、私たちに新しい時代が個人的に始まったということです。これが聖書の主張です。そして、その新しい時代は喜びだ、ということであります。

三六節から三九節に、イエス様は二つ目のたとえ話をなさっています。それは、布とぶどう酒のたとえです。着物が古くなって穴が開いたときに、新しい布で継ぐとよくないと言われました。古い着物が破れたら古い布、新しい着物が破れたら新しい布で繕わなければ、両方とも駄目になってしまうということです。そのことをとおして、イエス様は、「新しい時代が来ているから、古いものでその穴を埋めるようなことをしてはいけない。新しい時代には、新しい生き方が要求されるのだ」とおっしゃったのです。そして、続いてぶどう酒の話をされました。新しいぶどう酒は非常に発酵力が強いので、古い皮袋に入れると破れてしまいます。ですから、「新しいぶどう酒は新しい皮袋に入れるべきだ」とイエス様はおっしゃいました。

二千年前、イエス様があのガリラヤにおいでになったことは、閉じ込められて陰湿な寂しい生涯を送っていた一人一人にとって、新しい時代が来たことを意味していました。そこでイエス様は、「さあ、新しい時代が来たら、旧態依然とした生き方ではいけないぞ。生活を変えるのだ。でも、自分で変えるのではない。新しい皮袋という福音の実体に入る生活が新しいものにされるのだ」と披瀝なさったのだと思います。

2　新しい時代への参加

第二のことにいきましょう。「新しい時代への参加」です。イエス様は、「新しい時代が来た。さあ、神の恵みと祝福の時代が来たぞ。病める者が医者を必要とするように、わたしは病んでいる者を招くために来たのだ。自分を正しいと思っているような、宗教家や政治家を招くためではない。おまえたちを招いているのだ」とおっしゃいましたが、人々がそのまま泥足で新しい時代に入ることができたかというと、そうではありませんでした。新しい恵みの支配の時代に入るために、神様はあるものを要求なさいました。それが、一二節から三二節までにある三つの奇跡の中に表されていると見ることができると思います。

まず一二節から一五節を見ますと、重い皮膚病の人がイエス様によって癒された記事が出てきます。当時、重い皮膚病の人は人々から疎外され、差別されていました。ところが、そのような重い皮膚病の人に新しい時代が到来しました。信心も、お金も、政治力も、どうすることもできない病人が、イエス様のもとにやって来て癒されたのです。そのところを見てみましょう。

> イエスがある町におられた時、全身重い皮膚病にかかった人がそこにいた。イエスを見ると、顔を地に伏せて願って言った、「主よ、みこころでしたら、きよめていただけるのですが」。イエスは手を伸ばして彼にさわり、「そうしてあげよう、きよくなれ」と言われた。すると、重い皮膚病がただちに去ってしまった。（一二―一三節）

その重い皮膚病の人は、イエス様のところに来て、顔を地に伏せて願ったと書いてあります。英語では

「ベッグ」という言葉を使って、「物を請う」という意味に訳しているものがありますが、顔を地に伏せるのは、「全き服従」を表します。奴隷が何か願望を主人に聞いてもらいたいときに、顔を地に伏せて、這いつくばるようにして「ご主人様」と懇願する。そういう態度でイエス様に願ったということです。

マルコによる福音書にも同じ記事が出てきます。そこには、この重い皮膚病の人は、イエス様にひざまずいて願ったと書いてあります。ひざまずくというのは、謙虚になることでしょう。また、マタイによる福音書では、この病人はイエス様を礼拝して願ったと書いてあります。三つの福音書がそれぞれ違った言い方をしています。ルカは、顔を地に伏せて願った。マルコは、ひざまずいた。そしてマタイは、イエスを礼拝して言った。いろいろな見方がありますが、この重い皮膚病の人がどんなに真剣な面持ちでイエス様のところに来たかがわかると思います。

さて、このルカのテキストでは、全き服従が表されています。私たちが新しい時代、新しい恵みの支配に入ろうとするならば、大切なことは全き服従です。「イエス様、説明してくださいよ。新しいってどういうことですか。ほかにも新しいものはありますよ」などと、ああでもない、こうでもないと言うことではなくて、しもべが主人の前にひれ伏すように、全き服従をするということです。ある人は、これを「全服的無条件降伏」と言いましたが、まさにそうだと思います。「新しい時代が来た」と言われると、「それ、胸を張って行け」と言いたくなりますが、イエス様の前に無条件降伏することが大切なのです。

次に、中風に苦しんでいた人の癒し。一七節から二六節です。中風で病んでいた人が、「イエス様という偉い人が来たそうだ。イエス様のところに行けば治るに違いない」と聞いたのですが、自分では歩けないので、友だちに頼んで連れて行ってもらいました。やっぱり持つべきものは友だと思いますが、四人の友だちが床に病人を乗せてイエス様のところに担いできたのです。見てみましょう。一九節です。

ところが、群衆のためにどうしても運び入れる方法がなかったので、屋根にのぼり、瓦をはいで、病人を床ごと群衆のまん中につりおろして、イエスの前においた。

人が大ぜいいましたから、中風で動けない人を床に乗せて来ても、中には入れなかったのです。けれども、この友人たちは、「もう帰ろうか。やっぱり駄目だ。あきらめが肝心だぞ」とは言いませんでした。中風という苦しい病にかかっている親友に、生きがいを持たせたいという気持ちがあったのです。彼らは、ふと見ますと、家の横に階段がありまして、屋根に通じていたものですから、階段を上っていって、屋根を剝がして病人をつりおろしました。みなさん、今ここの天井に穴が開いて、上から病人がすっと降ろされてきたらどうしますか。驚くでしょうね。友だちに幸せを届けたいと、彼らはそういうことをやったのです。

イエス様はそれを見たときに、二〇節を見てください、こう書いてあります。

イエスは彼らの信仰を見て、「人よ、あなたの罪はゆるされた」と言われた。

「彼らの信仰を見て」とあります。これは中風に苦しんでいる人の信仰ではありません。本人が「イエス様、私は中風です。苦しいです。癒してください」と言ったのではなくて、イエス様は熱心な四人の信仰を見たのであります。神学的に言えば、その人の信仰でなければ、その人は救われないのです。けれども、イエス様はここで、ほとんど例外的に、「彼らの信仰を見て」癒してくださったのであります。新しい時代、神様の恵みの支配にあずかるのに大切なことは、信頼としての信仰です。イエス・キリストに信頼するということです。地上では、医者も薬も、どんな人も自分をどうすることもできないとしても、「イエス様、あなた様に信頼いたします」と、全き信頼をもってこのお方に従うことが必要なのであります。

その次に、レビという人が召されたことが書いてあります。二七節から三二節です。レビは、ろくでもない税金取りで、今日の日本の汚職事件ではありませんが、税金をごまかして取っていたような人でした。お金があったら自分の人生は最高だと思っていたのですけれども、イエス様に出会って従いました。このレビとは、マタイのことです。この人が後にマタイによる福音書を書いたわけです。

私はかつてカペナウムに行ったときに、おそらくこの辺に収税所があったのだろうというところを訪ねました。レビが取っていたのは、通行税でした。向こう岸から渡って来た船がカペナウムの港に着くと、一人いくらという税金を取るわけです。レビのような取税人たちは、ローマの国でかかる税金のだいたい四倍をふっかけていました。だから、たとえば二十五円ならば百円取っていたということです。二十五円だけはローマに納めて、あとの七十五円を自分の懐に入れていたのです。ですから、「一代で富を築くならば税金取りになれ」と言われるくらいに儲かっていたわけです。ところが、レビはその税金取りになって思うように財産を蓄えても、寂しかったのです。税金取りというのは泥棒と同じ部類に入れられていたものですから、「ああ、あいつは税金取りに成り下がったか」と言われ、友だちもできなくなっていました。

そこへ、舟に乗ってイエス様の一行がやってきました。彼はそのときも、「ああ、いいカモが来たな」と思って見ていたかもしれません。ところが、彼らが通ったときに、不思議なことにイエス様とレビの目と目が合った。するとイエス様が、「わたしに従え」とおっしゃったのです。たった一言です。「わたしは神から来た者であって、神であって、わたしの神性はこうであるぞ」なんていう神学の説明なんか何にもしなかった。ただ、「我に従え」とおっしゃいました。

そのときにレビはどうしたかといいますと、二八節にこう書いてあります。

するとと、彼はいっさいを捨てて立ちあがり、イエスに従ってきた。

イエス様が「従え」と言ったら、その言葉を全く受容したのです。それは、「従わなかったらおまえはひどい目に遭うぞ」というような意味で命令して、「はい、従います」と言ったのではありません。レビは、「従ってきなさい」というお言葉をそのまま受容して、そのとおりに行動した。これは受容としての信仰です。神様のみむねであるならば、神様のお声であるならば、神様の言葉であるならば、どんなに不利であっても、どんなに都合の悪いように見えることであっても、有無を言わず、「主よ、あなたのお言葉をお受けいたします」と従う信仰です。

こういう受容としての信仰を持って従って行ったときに、マタイの生涯は変わりました。彼はイエス様の説教を書き留めるようになったのです。

さあ、イエス様によって新しい時代が来ました。新しいぶどう酒は新しい皮袋に。今やこのイエス様を信じた人は、喜びに満たされて人生を歩むようにされています。この新しい時代には、全き服従としての信仰、信頼としての信仰、受容としての信仰を持って、私たちは神の国に参与することができると、イエス様はお教えになったわけであります。

15　安息日の意義〈六章一―一一節〉

ルカによる福音書の六章一節から一一節までをお読みしたいと思います。

ある安息日にイエスが麦畑の中をとおって行かれたとき、弟子たちが穂をつみ、手でもみながら食べていた。すると、あるパリサイ人たちが言った、「あなたがたはなぜ、安息日にしてはならぬことをするのか」。そこでイエスが答えて言われた、「あなたがたは、ダビデとその供の者たちとが飢えていたとき、ダビデのしたことについて、読んだことがないのか。すなわち、神の家にはいって、祭司たちのほかだれも食べてはならぬ供えのパンを取って食べ、また供の者たちにも与えたではないか」。また彼らに言われた、「人の子は安息日の主である」。

また、ほかの安息日に会堂にはいって教えておられたところ、そこに右手のなえた人がいた。律法学者やパリサイ人たちは、イエスを訴える口実を見付けようと思って、安息日にいやされるかどうかをうかがっていた。イエスは彼らの思っていることを知って、その手のなえた人に、「起きて、まん中に立ちなさい」と言われると、起き上がって立った。そこでイエスは彼らにむかって言われた、「あなたがたに聞くが、安息日に善を行うのと悪を行うのと、命を救うのと殺すのと、どちらがよいか」。そして彼ら一同を見まわして、その人に「手を伸ばしなさい」と言われた。そのとおりにすると、そ

の手は元どおりになった。そこで彼らは激しく怒って、イエスをどうかしてやろうと、互に話合いをはじめた。（傍点筆者）

この一区切りを通じて、「安息日の意義」という題でお話をしたいと思います。安息日は、人間がなすべき勤労や労働をやめて休み、造り主である神様を礼拝する日です。聖書の神様は、私たちが勤労することを奨励していますが、それと同時に、六日間働いたら一日は休むべきであると告げています。クリスチャンにとっては、安息日は日曜日です。私どもはこの日曜日に、レジャーや自分のしたいことをして休むのではなく、本当に私たちの魂を休ませてくださる、私たちの造り主であり救い主である神様を礼拝しています。聖書がどのようにこの安息日を扱っているか、イエス様はどう考えておられたかについて、みなさんと一緒に学んでみたいと考えています。

モーセの十戒の中に、「安息日を覚えて聖とせよ」ということが書かれています。十戒は、モーセを通して神の民であるイスラエルの人々に与えられた戒めです。この十の戒めを守るのが神の民の本領と定められたわけですが、その四番目に「安息日を覚えて聖とせよ」とあります。神様が私たちをお造りくださって、休みを与えてくださった日を覚えて、安息日には神の前で安息するようにと定められたのであります。

安息日について、聖書は二つの起源を私たちに示しています。その一つは、創世記の二章に書いてあります。神様は、六日間にわたって天地の創造をなさいました。最後の六日目に、創造の冠として、神様の知恵がもっとも表されるようにして、私たち人間の創造がなされたのでありました。そして、その七日目に神様は、いっさいの働きをお休みになって、これを「安息日」としたと書かれています。ですから、神様はご自分の休息を人にもお与えくださって、「さあ、おまえたちも、六日の間一生懸命働いても一日は休みなさいよ」と気を配ってくださったということです。そのことによって、イスラエルにおいては、いろいろな社会機構の中に安息が確保されました。たとえば畑も、一生懸命耕して収穫をしていきますと土地はやがて死んでしまうので、イスラエルの人々は六年間畑を耕したら七年目はその畑を放置して休ませていました。そのように、安息日というのは、人間を中心にして造られた被造物の世界に、神様の休み、神様の安息を分与させたのが起源の一つであったと言うことができるであろうと思います。

　もう一つの起源は、申命記の五章一四節、一五節に出てきます。申命記の五章におきましても、神様は、「あなたがたは六日の間一生懸命働きなさい。でも、七日目は神の前に休みなさい」とおっしゃっています。神様は、あの奴隷になっていたイスラエルの人たちをエジプトから救い出してくださいました。奴隷としてこき使われるということは、ちょっとサボったりすると鞭がピシャッと飛んできますから、本当に大変なことだったと思います。そういう奴隷の生涯から救い出されて、解放されたことを記念して、安息日をいつも守っていきなさいと言われたのであります。奴隷から救われたことを忘れないようにしなさいというのが、安息日のもう一つの起源です。

　旧約聖書において安息日は第七日でありました。日月火水木金土ときますから、最後の七日目は土曜日になります。ですから、旧約聖書の世界では、日曜日ではなくて土曜日に礼拝をしていました。今でもユダヤ人たちはそうですが、クリスチャンはその土曜日の安息日を日曜日に振り替えたのです。

　教会が始まったばかりの最初のころは、クリスチャンも土曜日に安息日を守っていました。人々は最初の教会の人たちのことを、ナザレのイエスという預言者に導かれた新しいユダヤ教のグループの一派だと考えていました。ところが、お弟子さんたちは、自分たちの信ずるイエス・キリストが死を打ち破って復活してくださった日を記念して、日曜日に礼拝を守るようになったのです。イエス様は金曜日に十字架について、金、土、日とお墓にいて、日曜日の朝に復活なさいました。最初のクリスチャンたちは、本当の安息とは何か規則を守ることにあるのではなくて、私たちの罪を負って、あの十字架に身代わりとなって死んで、最後の敵である死を打ち破って復活してくださったイエス様を信じることで安息が来るということで、礼拝を土曜日から日曜日に動かしたのであります。

それは、「土曜日より日曜日のほうがいいから」と勝手に動かしたのではありません。ユダヤ人の中では、安息日を破ると石打ちの刑で殺されると規定されていました。モーセの十戒の第四戒に、「汝安息日をおぼえて聖とすべし」とありますが、その安息日を聖としないで好き勝手なことをしたら、石で打ち殺してよいというのが彼らの律法だったのです。ですから、イエス様のお弟子さんたちは、石のつぶてが飛んでくることを覚悟して、決死の思いで礼拝を土曜日から日曜日に移したのであります。旧約聖書で言っている安息日は、イエス様によって与えられる安息を予表したにすぎないものであって、今やイエス様の十字架と復活によって救いの恵みを体験することで本当の安息が与えられるということを信じて、弟子たちは命がけで礼拝の日を動かしたのです。

イエス様ご自身が、「安息日が定めている人間の本当の平安というのは、わたしによって成就するよ」とあちらこちらで告げていました。そのときに学者やパリサイ人たちは、「イエスはわれわれと違ったことを教えているぞ。あれは国の伝統に背く者だ」ということで、イエス様をなんとかして亡き者にしようと考えたのでした。六章の二節を見てください。こう書いてあります。

すると、あるパリサイ人たちが言った、「あなたがたはなぜ、安息日にしてはならぬことをするのか」。

パリサイ人たちは、「安息日に穀物を採って食べてはいけないのではないか。してはいけないことをなぜしたのか」と言いました。安息日には仕事を休まなければいけないわけですから、農民は麦とか畑に手をつけてはいけないし、お医者さんも病人がいても治してはいけないとされていました。それは安息日を徹底して守るためであっただろうと思うのですが、パリサイ人たちは、イエス様たちがそういう規定に反しているのではないかと言ったのです。

七節を見ると、もっと物騒なことが出てきます。

律法学者やパリサイ人たちは、イエスを訴える口実を見付けようと思って、安息日にいやされるかどうかをうかがっていた。

ひどいなと思いますが、イエス様を訴える口実を見つけようとして、様子をうかがっていたというのです。そこには、イエス様のお話を聞こうというような、好意に満ちた態度はありませんでした。そういう状況の中で、イエス様が安息日とはどういうものであるかをおっしゃったのであります。それは今日の私たちにも通じる、安息日の本当の意味であると言えると思うのです。

そこで、二つのことをお話ししたいと思っております。一つは、「安息日の主」はだれかということです。それから、もう一つは、「安息日の癒し」ということです。

1　安息日の主

まず、「安息日の主」ということであります。六章の一節から五節までです。ユダヤ人たちは、安息日を守るためにいろんな掟を作って非常に細かく定めていたのですが、だんだんその掟に縛られてしまっていました。安息日には鍬や鋤を持つこともいけなかったのです。お医者さんは安息日に治療をすることができませんでした。ユダヤ人たちは安息日にもお祈りをしたり、いけにえを神様にささげたりするわけですが、そのささげ方も実に事細かに決められていました。旧約聖書に書かれていたわけではありません。「ミシュナ」というのですが、ユダヤ教では聖書の解釈の中に細かい規定が作られていたのであります。

たとえば、安息日には歩く距離が決まっていました。あんまりたくさん歩いてはいけないのです。使徒行伝の一章を見ますと、そのことが出てきます。イエス様をオリブ山で天に送った弟子たちは、その後エルサレムにある二階座敷に行ってお祈りをしました。一章一二節にはこう書いてあります。

それから彼らは、オリブという山を下ってエルサレムに帰った。この山はエルサレムに近く、安息日に許されている距離のところにある。

歩く距離が決まっていたということです。安息日にたくさん歩く人を見て、「ああ、あの人はあんなに歩いた」なんて言う人がいたわけですから、おかしな世界ですね。律法とはそういうものなのです。初めはいいと思ってやることが、だんだん人をがんじがらめにしていってしまう。

きょうの箇所では、イエス様とお弟子さんたちが話をしながら旅していたところ、麦畑の中を通ったことが書かれています。お腹がすいていたのでしょう、弟子たちは実った麦の穂をつまんで、手で揉みながら殻を取って食べていた。パリサイ人たちは、「あのイエスの弟子は今に何かやるからな」と思っていたのでしょう。弟子たちが麦を食べているのを見て、「安息日には収穫や脱穀をしてはいけないのに、やっているぞ」と揚げ足を取ったのであります。

その連中が、「あなたの弟子たちはなんたることですか。あなたは神の救いだとか、神様がどういうことを考えていらっしゃるのだとか話しているのに、あなたの弟子たちは掟を破っているではないか」と言ってきたのです。そのときにイエス様は、「おまえたちはなんてことを言うのだ。わたしの弟子たちは、鋤や鎌を使ってたくさんの収穫をしたわけではないだろう。空腹だったから、この麦の穂を摘んで食べたのだ。学者であるおまえたちは、聖書をよく知っていると言いながら、本当は聖書を知らないな」とおっしゃいました。実は、旧約聖書の申命記を読んでみますと、旅人があまり空腹を覚えたときには、そういうことをしてもよいと、ちゃんと書いてあるのです。パリサイ人たちは、聖書読みの聖書知らずになっていたわけです。

旧約聖書にダビデという人が出てきますが、そのダビデが王様になる前に、サウルという前の王様に迫害されて命を狙われたことがありました。サウル王は、やがてダビデが王になったら自分の首が飛ぶのではないかと思って恐れていましたから、ダビデをやっつけてしまおうとしていたのです。ダビデはサウル王の手から逃れて荒野に行ったのですが、そのときに、ダビデとその従者たちはお腹がすいてたまらなくなってしまいました。ふと見ると、神様を礼拝する小さな幕屋がありましたから、そこに行きまして、祭司に「何か食べるものをくれないか」と言いました。そうしたところ、ダビデと一緒に行った人たちがちゃんときよい生活をしていることがわかったものですから、祭司は、神様の前に供えてあった五つのパンをダビデたちにあげたのです。その日は安息日でしたから、本当はそのパンは一日神様の前に供えられなければならなかったのですが、祭司はダビデにそのパンをあげて、ダビデたちはそれを食べて飢えを凌いだということがありました。これはサムエル記上の二一章に出てきますが、ダビデたちはそのパンを食べて元気を出し、王の手から逃れて神様の祝福を受けていきました。

イエス様はそのことをパリサイ人たちに言いまして、「おまえたちは聖書を知らないのか」と言ったわけです。アブラハムとダビデは、ユダヤ人たちの憧れの人でした。ですからイエス様は、そのような人気のあるダビデでさえ、パリサイ人たちから見ると安息日を破ったことになってしまう、と言ったのです。イエス様は、ダビデの記事を引いて、「自分たちの心が貧しくて、安きがなくて、飢えを感じているときに、神様にお頼りして安息を求めるのが、本当の安息日の守り方だよ」とおっしゃったのであります。

六章の四節と五節を見てみましょう。

「……すなわち、神の家にはいって、祭司たちのほかだれも食べてはならぬ供えのパンを取って食べ、また供の者たちにも与えたではないか」。また、彼らに言われた、「人の子は安息日の主である」。

安息日を守るために人間があるのではなく、人間のために安息日があるということです。安息日は、神に造られた人間が、本当に神様の救い、安息を経験するために設けられたものなのです。マルコによる福音書にもこれと同じ記事が出てきますが、そこには、「安息日は人のためにあるのであって、人が安息日のためにあるのではない。また、人の子は安息日の主である」と書いてあります。

この「人の子」というのは、イエス様のことです。イエス様は、「メシヤ」という言葉を使いませんでした。それは、当時「メシヤ」という言葉は、軍事的、社会的なニュアンスを持っていましたから、「わたしはメシヤだぞ」と言うと、すぐにローマの官憲から目をつけられて、あいつは危険思想の者だということで捕らえられることがあったからです。旧約聖書の中にも、「メシヤ」を「人の子」と表現しているところがあります。これは「メシヤの黙示文学的表現」というのですが、ダニエル書には「人の子」という表現が出てきます。イエス様はそれを引いてきて、ご自分のことを「人の子」とおっしゃったのです。ですから、ここでイエス様は、「このわたしが安息日の主である。安息を多くの人々に与えるのが、救い主であるわたしの仕事だ」とおっしゃったということです。

私たちは、律法ではなく、本当の意味で神様の安息にあずかることが必要です。安息日の主はイエス様なのです。ですから、私たちは日曜日に教会に来てイエス様を礼拝するわけですけれども、安息日の主は、牧師でもなく、クワイヤーでもなく、私たち一人一人でもなくて、メシヤなるイエス様であることを知るべきです。このイエス様を礼拝するときに、私たちに新しい力と恵みとがわいてきます。一週間歩んで来て人生の戦いに疲れた人もいるでしょう。病のために苦心して戦ってきた人もいるでしょうね。仕事がうまくいかなかった人もいるかもしれません。あるいは、「今週は感謝でした。儲かりました」という人もいるでしょう。私たちはみんな、「人の子」と言われるメシヤであるイエス様の前に集まって来て、このイエス様を礼拝することによって、魂に本当の安息が与えられるのです。

ですから、ゴルフの袋を担いでどこかに行くとか、釣り竿を持ってどこかに行くなんていうのは、いや、行ってもいいのですが、日曜日にはやらないほうがいいでしょうね。日曜日は、私たちの魂が神様の前に休みを与えられる時なのです。

2　安息日の癒し

二番目のことにいきましょう。それは「安息日の癒し」ということ。八節から一一節までです。イエス様が安息日に癒しをなさったことが出てきます。

イエス様が安息日に会堂でお話をしていましたら、「右手のなえた人」、手が曲がっていたか、動かなかった人がいました。イエス様は、その不自由な人を見たときに、それを放っておく方ではありませんから、「立ち上がりなさい」と言って会衆の中に立たせました。七節にこう書いてあります。

　律法学者やパリサイ人たちは、イエスを訴える口実を見付けようと思って、安息日にいやされるかどうかをうかがっていた。

　学者やパリサイ人たちは、イエス様やお弟子さんたちに一杯食わせようと思って、隙をうかがっていたというのです。悪い連中ですね。イエス様が会衆の中にいた手の不自由な人を見て、「起きて、まん中に立ちなさい」と言ったとき、パリサイ人や学者たちは、「そら、見たとおりになるぞ」と思ったことでしょう。ところが、イエス様はその人たちの心を見抜いたというのです。イエス様とは、そういう方です。私たちだって、知っている人同士だったら心がよくわかります。五分か十分話したら心がわかってくることもあるでしょう。しかし、イエス様は、そこにいた自分の敵対者の心を読み抜いたのであります。この連中が「安息日に癒したな。安息日を破ったな」と言いたいことがわかって、「顔に書いてあるよ」とおっしゃった。このときの学者やパリサイ人は、どんな思いだったかと思います。

　それから、イエス様は堂々と「安息日に善を行うのと悪を行うのと、どちらがよいか」とおっしゃいました。「日曜日に人の命を救うのと、人を殺してしまうのと、どっちがよいか」と聞いたのです。みなさんは、きょうは礼拝に来ていますけれども、礼拝に来る前にどうしてもしなければならないこと、すべきことが起こった場合、礼拝に来られないこともあり得るでしょう。この言葉は、そういうことに対しても一つの光を与えると思います。もちろん、それを口実にすれば休んでもよいということではいけませんが、「安息日を覚えて聖とすべし」ということで杓子定規に自分を縛ってはいけないということです。

どうしても会社の問題や家庭の問題で礼拝に出られない、ということもあり得るでしょう。そのときに私たちは、安息日に善を行うことを選ぶべきです。この「善を行う」というのは、「神様のみこころを行う」という意味の言葉です。だから、イエス様は、「安息日の戒めとは、神様のみこころに従うことだ。善を行うことだ」とおっしゃったのであります。

そして、イエス様は、右手のなえた人に、「おまえの手を伸ばしてごらん」とおっしゃった。その人が言われたとおりに手を伸ばすと、癒されたのであります。その人が元どおりになった姿を見て、人々もそれを喜んだでしょうし、本人はどんなに喜んだだろうかと思います。ところが、イエス様を訴えようとしていた学者やパリサイ人は、「あいつらはとうとう癒しをした。安息日に人を癒してはいけないというのに」と怒ったというのです。もともと、造られた人間が平安であるように、救い出されたことを記念するようにというのが安息日の起源でした。しかし、彼らが自分たちの都合のために、自分たちの宗教的な権威づけのために作った律法の細則が、自分たちを縛り、社会をも縛り、人々にレッテルを貼るために用いられるようになっていったのです。それは傲慢もいいところで、学者やパリサイ人たちは、神様がもっとも嫌う種類の人間に落ちていたのです。

私がみなさんに言いたいことは、聖日礼拝を守ることは、本当に祝福の根源だということです。日曜日に神様を礼拝することは、みなさん自身にとってどんなに大きな祝福かと思います。七日間ぶっ続けで働いてみてください。まいってしまうでしょう。「仕事が忙しくて、会社にずっといて夜も寝ていない」なんて、それを武勲のように話す人もいますが、今はそういうことで死んでしまうなどということが出てきて、社会問題にもなっているわけでしょう。人間は機械ではないのです。休むようにできているのだから、休むときには休まなければなりません。けれども、本当の休みというのは、仕事を休んでぶらぶらしていることではありません。心の中に、「ああ、よかった。休んだ」というものがなかったら、本当の休みにはならないでしょう。あるいは、日曜日にもやむをえず仕事をすることがあるかもしれない。でも、そのときに、心に本当に安息があれば、その仕事は乗り切っていけます。安息日は祝福であると言いたいのです。

イエス様は、「わたしが安息日の主だぞ。教会に行ってごらん。安息日の礼拝のただ中にはわたしがいるぞ」と、「凡て労する者・重荷を負ふ者、われに来れ、われ汝らを休ません」（文語訳）とおっしゃいました。このお方が、人類の最後の敵である死をも打ち破って、どんな病にも勝ちを得て進むことができるような望みを与えて、死でさえも私たちから奪うことができないような平安をもって、教会のただ中においでになるのです。

ああ、兄弟姉妹よ、このお方にお会いするのが安息日です。礼拝の意味です。私の恩師の車田秋次先生は、「礼拝とは、私たちの救い主にお目にかかることだ」とおっしゃいました。ですから私たちは、身体をもって教会に来ていますが、心があちこち飛んでいってはいけません。話を聞いて、聖書の光を受けて、「ああ、そうだな。アーメン」と、ここに目には見えませんけれども、「凡て労する者・重荷を負ふ者、われに来れ」とおっしゃる方がここにおいでになることを自覚して、このお方に荷をゆだねて、このお方とともに歩み出すというのが、安息日の本当の意味なのです。

イエス様の時代には、手足がなえているような病を持っている人は、呪われた存在であるとか、神様の御用をすることなんかできないとか、いろんなことが言われていました。生まれつき病を持っていたことは、自分ではどうしようもできないことです。しかし、その人は敗北者で、四捨五入されて、社会の中には生きられないかというと、イエス様はそうはおっしゃらなかった。安息日の主がおいでになって、会衆の中でもの手を伸ばしてごらん。一番やりたかったことは、手が伸びて治ることだったでしょう」と語りかけてくださったのです。

今朝もそうです。このイエス様は私たちのただ中においでになって、私たちの親も、子も、兄弟も、だれも理解できないような私たちの心でありましても、本当に理解してくださって、「手を伸ばしてごらん」と語りかけておられます。私たちはその語りかけを聞きたいと思いますね。救われたい、経済的に問題がある、就職の問題がある、家庭の問題がある、いろいろあるでしょう。でも、イエス様はそれをわかるのです。聖日、安息日というのは、「手を伸ばしてごらん」とおっしゃるお方の前に、「主よ、よろしくお願いします」と私たちを差し出すことなのです。

安息日、聖日をクリスチャンが守らなくては、祝福なんか受けられません。あなたの本当の心を読んでくださるのはイエス様です。そのイエス様は、「さあ、手がなえている人は、あなたの手を伸ばしてごらん。苦しんでいるか。苦しみをわたしに訴えてごらん。祈ってごらん。病か。病を超えていくことができるぞ。さあ、わたしに来るのだ」とおっしゃいます。「凡て労する者・重荷を負ふ者、われに来れ、われ汝らを休ません」と、きょうもこのお方は、礼拝のただ中にあって、私たちに本当の安息を約束し、お与えくださっているのです。信仰を持って立ちましょう。

16　十二使徒を選ばれたイエスの祈り〈六章一二—一八節〉

ルカによる福音書の第六章の一二節からお読みします。

このころ、イエスは祈るために山にへ行き、夜を徹して神に祈られた。夜が明けると、弟子たちを呼び寄せ、その中から十二人を選び出し、これに使徒という名をお与えになった。すなわち、ペテロとも呼ばれたシモンとその兄弟アンデレ、ヤコブとヨハネ、ピリポとバルトロマイ、マタイとトマス、アルパヨの子ヤコブと、熱心党と呼ばれたシモン、ヤコブの子ユダ、それからイスカリオテのユダ。このユダが裏切り者となったのである。そして、イエスは彼らと一緒に山を下って平地に立たれたが、大ぜいの弟子たちや、ユダヤ全土、エルサレム、ツロとシドンの海岸地方などからの大群衆が、教を聞こうとし、また病気をなおしてもらおうとして、そこにきていた。（一二—一八節、傍点筆者）

この一区切りを通じまして、「十二使徒を選ばれたイエスの祈り」という題でお話をしてみたいと思います。十二使徒というのは、ここに名前が挙げられている十二人のことです。イエス様の直弟子と言われた人たちです。この十二使徒はキリスト教信仰にとって非常に重要な立場を持った人々ですが、その十二使徒が選ばれたことについて学んでみたいと思っています。

イエス様の周りには七十人ぐらいの人がいたと言われています。その七十人は「弟子」と呼ばれていました。ギリシャ語では「マセーテース」という言葉で、「習う者」という意味です。その弟子たちから十二人が選ばれて、「使徒」と呼ばれるようになりました。ギリシャ語では「アポストロス」といいまして、「選ばれて使命を与えられて派遣される者」という意味です。この使徒が選ばれたということは画期的なことで、聖書においては非常に重要な意味を持っていると言うことができると思います。イエス様が十二人を特別に選んだのは、イエスのみわざと復活の証人として、彼らを任命なさったということです。

また、この十二使徒は、キリスト教会の歴史においても大きな意味を持っています。十二使徒はキリスト教会の基礎になった人々であると言うことができるのであります。

使徒パウロは、エペソ人への手紙の二章の二〇節に、こう書いています。

> またあなたがたは、使徒たちや預言者たちという土台の上に建てられたものであって、キリスト・イエスご自身が隅のかしら石である。

キリスト教会は「キリストのからだ」ですが、その土台となったのが使徒たちと預言者たちであると言っているわけです。旧約聖書において、預言者たちがイスラエルの土台となったように、新しいイスラエルである教会の土台となったのは十二人の使徒であるということを、パウロは強力に主張しました。「アポストロス」、「使命を与えられて遣わされて行く」という言葉は、遣わされた人が、遣わした人を代表する者になることを意味しています。霊的な意味では、今日イエス・キリストによって救われている私たちもまた、教会へと召されて、教会から遣わされて行く使命を持った者であると言うことができます。コリント人への第二の手紙でパウロは、「和解の全権大使として遣わされている」と言っていますが、そういう意味において私たちクリスチャンも、やはり神様に遣わされた使徒なのです。

私たちは、日曜日だから教会に集まるというだけではなくて、教会から遣わされて、家庭に、学校に、職場に行っているわけであります。ですから、十二使徒たちがどういうふうに選ばれて、どういうふうに訓練されて、遣わされて行ったかを学ぶことは、今日の私たちにとっても大切だと思います。十二使徒のあり方は、今日の私たちクリスチャンのあり方のお手本になると言うことができます。

そこで、このところから二つのポイントを拾ってみたいと思います。第一のことは、「十二使徒と教会」。二番目は、「十二使徒の選び」ということであります。

1　十二使徒と教会

まず、「十二使徒と教会」です。教会というと建物のイメージを持つと思いますが、教会は二千年の歴史を持っているわけです。この私たちの教会は、約三十年前この地方にできたわけですけれども、キリストの教会はイエス様以来約二千年の間、連綿と続いてきました。ですから、歴史の厚みを除いて教会を論ずることはできません。ホーリネス教団一つをとりましても、私たちの先輩の車田秋次先生であるとか、山崎亭治先生、あるいは中田重治先生と、ずっとさかのぼっていきますと、ジョン・ウェスレーから使徒にまでさかのぼるわけで、私たちもまた、教会の二千年の歴史に連なる者であると見ることができるのです。

ルカは救いの歴史について書いた人でした。ルカによる福音書は、単にイエス様の奇跡やお話がすばらしかったということではなくて、世界の歴史と確かに接点を持つものとして、イエス様のご生涯のことを書いています。それも、いわゆる一般の世界史ではなくて、神様の歴史、救いの歴史について書いているのです。

そして、その救いの歴史の中に、一本のゴールドラインのように走っているものがあります。それは、教会というものについてのルカの考え方です。ルカは、福音書と使徒行伝を通じて、教会はどこから始まって、どのように育成されて、どのように大きく成長していったかという、教会の発生と形成と発展について記しています。六章の一二節は、まさにその教会の出発において重要なことであったと思うのです。教会とその発生についてのルカの考え方を、歴史的に順を追って見ていきたいと思います。

まず、イエス様は弟子たちをお選びになりました。ペテロをはじめとする漁師たちが、舟と網とを置いてイエス様に従って行きました。これが第一の転機であります。リベラルな人々は、「イエス様は神の国を宣べ伝えたのであって、教会を伝えたのではない。イエス様は教会なんていうものを作ろうとは思っていなかった」と言います。けれども、私はそうではないと思います。イエス様は初めからメシヤとしておいでになりました。メシヤは、そのメシヤに属する人々によって成り立つわけですから、イエス様は共同体を作ることを目論んでいたと思うのです。そこで、イエス様は最初に弟子たちをお召しになりました。漁師や税金取りが、イエス様の弟子として召されたのでありました。

そして、その弟子たちの中から十二使徒が選ばれます。彼らは、ただイエス様から学んだのではなくて、イエス様から使命を与えられて立ち上がったわけであります。使徒とは、イエス様によってアポイントされて、「わたしがやがてこの地上を去ったときに、わたしの後継者として世界に散っていって、わたしの言うことを伝えるのである」と言われた存在なのです。

九章には、イエス様が選ばれた使徒たちに、イエス様の持っている権威をお与えになったことが出てきます。その権威は、悪霊を追い出し、病人を癒し、神の国を宣べ伝える権威であります。これはイエス様しか持っていないものでした。イエス様の伝道は、教えと説教と癒しとによってなされたわけですが、そのイエス様の権能、権威を弟子たちに与えて、お遣わしになったということです。

十二使徒は、神の国についての権威を持って行動することが許された者でありました。ところが、そうは言いましても人間ですから、使徒たちはなかなか自分たちの宣教が思うようにいかないことで、時には恐れることもありました。そのような使徒たちにイエス様は、一つの小さな群れではありますが、神様の恵みの支配がある団体であるという自覚をお与えになりました。一二章をお開きください、三二節です。

恐れるな、小さい群れよ。御国を下さることは、あなたがたの父のみこころなのである。

使徒たちは、宣教に携わっていく道中において、力の弱さや恐れを感じただろうと思います。そのときにイエス様は、「小さき群れよ、恐れるな」とおっしゃいました。イエス様はここで、選ばれた十二人の弟子を、「小さき群れ」として認めました。これを、ある聖書学者は「教会以前の教会」、あるいは「潜在の教会」と呼びました。まだ教会と呼ばれるにふさわしいものは整っていませんでしたが、イエス様は「御国を下さることは、あなたがたの父のみこころである」とおっしゃって、この十二人の小さな群れに、神の国、神の恵みの支配をお与えになったのであります。これは、イエス様が十二人の使徒を教会以前の教会として、はっきりと自覚なさったということだと思うのです。

そして二二章には、イエス様が最後の晩餐をしたときに、「これはわたしのからだである。これはわたしの血である」と言って、パンとぶどう酒とをもって聖餐式をなさって、新しい契約を立てられたことが出てきます。ここに、新しい契約共同体が出発しました。これも「教会以前の教会」と言われるべきものでありますが、ある学者は、「聖餐共同体」という言葉を使います。聖餐を受けることによって、イエス様との新しい契約に入ったのです。イエス様はそこにおいて、ほかのだれにも与えない特権と恵みを使徒たちにお与えくださいました。

使徒行伝の二章において、使徒たちはついにペンテコステを迎えました。ユダを除いた十一人の使徒たちを中心に、百二十名の人々が集まってお祈りをしていたときに、聖霊が降って教会が誕生したのであります。それまでは、教会はある意味で隠れていた、潜行していたわけですが、あのペンテコステにおいて、教会が教会として見える姿をもって誕生したということであります。

教会の歴史は、イエス様を中心とするエルサレムの原始教会から始まって、ペンテコステの聖霊を受けた人々によって、エルサレム教会から異邦人教会へと、どんどんと伸びていきました。使徒行伝の一〇章には、カイザリヤの教会が出てきます。アンテオケが一三章に、テサロニケが一七章に、ピリピが一六章に、コリントが一八章に、エペソが一九章に、最後の二八章にはローマに教会ができたことが書かれています。ルカは、ルカによる福音書と使徒行伝を通じまして、一本の金の線が通るようにして、教会が発生して、育っていって、大きくなって、全世界に向かって進展していった姿を追っているわけであります。

そして、その教会の発生と進展の中で一番重要なことが、使徒たちが選ばれたことなのです。教会というのは、弟子だけでやっていくわけにはいきませんでした。弟子たちはイエス様の言うことを聞いて、一生懸命に習いました。けれども、神の恵みを伝えていくには、人間の権威だけではいけません。神様からの権威がどうしても必要なのです。私は、権威主義は好きではありません。権威というものが人間から出てはいけないと思います。私たちはいつも、「俺が一番偉い。この家でも、この社会でも、自分が一番だ」とすぐに思ってしまいます。そういうことは肉なるものであって、神様がお喜びになるものではありません。ですから、きよめられていくというのは、自己の権威化から離れていくことだと思います。私たちが神の恵みを伝えていくときには、それを聞いた人が、「なるほど、そうだなあ」と思っていただけるようなものが必要ですが、それは神様が上からお与えになるものなのです。

その意味におきまして、十二使徒が選ばれたことによって教会の礎が据えられたと言うことができると思います。マタイ、マルコ、あるいはヨハネによる福音書を見ますと、そのような教会の発生と発展にはあまり関心を置いていないように思います。ところがルカは、救いの歴史の中に一本の金の線を通すようにして、教会がどのように発展したかということを記したのでありました。

2　十二使徒の選び

第二のことにいきましょう。「十二使徒の選び」であります。七十人の弟子の中から十二人が選ばれたわけですが、イエス様はこの十二人をお選びになるときに、何も考えずに選んだわけではありません。

イエス様は、何か大きな出来事を前にして、必ずお祈りをしたお方でした。たくさんの病人を癒すときには、その前に山に行ってお祈りをなさいました。フランスのゴーデーという学者は、イエス様が本当に謙遜になられたことは、お祈りをしてでなければやっていけないお方になられたということだ、と言っています。イエス様は、私たち人間がささげる祈りを聞いて、その祈りに答える立場にある方です。ところが、人間になりたもうたイエス様は、私たちと同じように、お祈りをしてでなければやっていくことができない方になられたのであって、それがイエス・キリストの謙遜の最高の表れだということです。

私はしばしば、そのことを思うのです。イエス様は人間だけど神様だから、病人なんか簡単に癒すことができるし、何でも右から左にスッとできるように思いますけれども、聖書はそうは言っていないのです。イエス様が、父なる神様の力をいただくために、人々から退いて静かな山で祈ったことが、聖書の中には何回も出てきます。ルカはそういうイエス様のお姿を特に強調しまして、「神の救いの歴史」のことを言うときにも、イエス様の祈りを非常に強調したのであります。

ですから、イエス様は十二人の使徒を選ぶときにも、徹夜の祈りをなさったと書いてあります。六章の一二節です。

このころ、イエスは祈るために山へ行き、夜を徹して神に祈られた。

夜が明けるまで徹夜でお祈りをなさって、それから十二人の使徒を選んだということです。イエス様が静かなところに退いて、何時間もお祈りしたことを見ることができます。

私どもの生涯にとっても、祈りがどんなに力になるかということです。私は、合計するとおそらく毎日一時間以上の祈りを神様にしているだろうなと思います。そのくらい神様と交わり、神様を求めるということです。言葉が出なくても、「神様、力を満たしてください。バッテリーに電気が注入されるように、神様、あなたの恵みと力が私にチャージされるようにしてください」と、ひとりで神様と交わることが大切です。そのことは、私たちの人生を変えていきます。

私は本当にそう思うのです。生まれつきの私という人間は、どんなにわがままで、どんなに駄目な人間だろうかと、いつも思います。いつも同じで、変わってはいないように感じることもあります。ところが、神様と交わることによって、そういう自分の欠点であるとか、弱点であるとか、自分でもいやになるような自分を乗り越えて、「ああ、こんな者であっても神様は相手にしてくださる。このお方は間違いのない方だ」という確信を与えられるのです。私の目や耳にもいろんなことが入ってきます。「世の中ではこうやっている。こうやったらうまくいく」ということも出てきますし、どうしようもないような問題を持ち込まれることもあります。けれども、神様との交わりによって、不思議と知恵が与えられるのです。聖霊が導いてくださって、人間の知恵を超えたアイディアを与えてくださるのです。

みなさん、これは牧師だけのことではありません。ですから、本当に祈ってください。ご自分のお仕事のことであれ、家庭のことであれ、「もうにっちもさっちもいかない。祈っても駄目かな」と思うことについても、祈ってほしいのです。祈っても祈らなくてもうまくいく、なんていうことで終わってはいけません。自分ではどうにもならないところに立たされたときに、何をするよりもまず祈ることです。

祈るということは決して楽なことではありません。けれども、私たちの祈りを聞いて答える立場にあるイエス様は、人間が祈ることがどれだけ大変なことか、自ら体験なさったのです。祈らなければやっていけないお方になられて、徹夜の祈りもなさったのです。そのお方は復活して天に帰って、今、私たちのために祈っていてくださいます。私たちの祈りを執り成していてくださる方は、祈りの苦悩も、祈ってもなかなか信じられないことも、全部ご経験になって、今もあちらにおいでになるのです。どうぞみなさん、このイエス様に目を留めてください。自分ではどうにもならないときであっても、祈ることが大切だと思います。

さて、そのようにイエス様は祈りを経験なさって、十二人を選ぶときにも徹夜の祈りをしたということでありました。イエス様が徹夜の祈りをなさったことはルカしか書いていないことですが、ここのお祈りのほかにもう一回、徹夜の祈りをしたことが出てきます。それは、ゲツセマネの祈りであります。ですから、イエス様の徹夜の祈りというのは、特に力を入れて祈った祈りだと思うのです。

ここに出てくる「夜を徹して祈った」という言葉は、あまり使われない言葉です。「ディアニュクテリューオーン」という言葉で、「夜」という意味の「ニュクス」という言葉と、「貫いて」という意味の「ディア」という言葉が組み合わさってできています。A・T・ロバートソンというギリシャ語の学者が、『新約聖書の絵画』*Word Pictures of the New Testament* という本を書いていますが、彼はその中で、この「夜を徹して」という言葉は、お医者さんが徹夜で患者を看病するときに使われる言葉だと言っています。昔のギリシャでは、お医者さんが看護師も兼ねていましたから、徹夜でその病状を見守ることがありました。そういうときに、この「ディアニュクテリューオー」という言葉が使われたのです。

ルカもまた医者でしたから、ここで医学用語をわざわざ引いてきてそう言ったことには意味があると思います。それは、この十二人が選ばれるときに、イエス様がどんなにお心を使ったかということです。私たちは、「汝ら我を選びしにあらず、我なんぢらを選べり」（文語訳）とおっしゃるイエス様の選びにかないました。パウロは、「お母さんのお腹の中から選ばれていた。いや、世のならざる先から選ばれていた」と言っています。そういうことを見ますと、神様は絶対君主のように思うかもしれませんが、そうではないのです。イエス様は、使徒をお選びになるときに、夜を徹して祈りました。お医者さんが患者を見届けるように、一人一人について「助かるかな。助からないかな。峠を越えることができるかな」という思いをもって祈られたのです。

イエス様がペテロを見たときには、危なっかしく思えたでしょう。ペテロは、「ほかの者がつまずいても私はつまずきません。死にまでついて行きます」なんて言いながら、後にはイエス様のことを「知らない」と言ってしまったわけです。イエス様はそのペテロをお選びになるときにも、「この者を選んでよいかな。峠を越えられるかな」と、いろいろお考えになったことでしょう。

また、イエス様は徹夜の看病をするような気持ちで一人一人を見てお選びになったわけですが、その中にはユダもいたということであります。ユダに対してイエス様はどんなにお心を用いていらしたか。イエス様は、最後の最後までユダを気にかけて、悔い改めの機会を何回も与えたのを見ることができますね。

　イエス様は、ちょうどイスラエルが十二の族で代表されましたように、ご自分の御国を十二の使徒によって代表させようとして、徹夜の祈りをしながら使徒たちを選んだのでありますが、その使徒たちがどういう人間であったかを見ますと、バークレーという学者は、選ばれた十二人は本当に普通の人だったと言っています。学者だとか、権力者だとか、財力のある者ではなくて、漁師や税金取りが選ばれたのです。

　さらにバークレーは、普通の人どころではなくて、変わった者の寄せ集めだとも言っています。人間の常識で言えば、普通の人や駄目な人をわざわざ選ぶなんていうことはないでしょう。入学試験だってそう、就職だってそうです。何かを選ぶといったら、まず優秀な者を選ぼうとします。けれどもイエス様は、必ずしも優秀な者ばかりを選んだのではなかったのです。普通の人や、変わり種と言われるような、社会においてはアクセプトされないような人をもお選びになって、十二使徒をお立てになったのです。

　たとえば、ペテロは直情径行の人でした。すぐにカッとなってしまう怒りっぽい性格を持っていました。ヨハネは直観力を持っていた人ですが、若いころはやはり短気で、「雷の子・ボアネルゲ」なんて名前をつけられたような人でありました。トマスとかバルトロマイ、ナタナエルたちは知的な人々であっただろうと言われています。ユダとかマタイは事務能力を持っている人たちでした。ですから、ユダは会計をしていたわけです。マタイは税金取りからイエス様のお弟子になった人ですが、イエス様の説教を筆記して歩く人になりました。アンデレとかヤコブは人のお世話をすることが好きでした。ピリポは精力的にイエス様にお仕えした人だと言われます。熱心党のシモンとか、アルパヨの子ヤコブとか、ヤコブの子ユダという人たちは、表面には出ないけれども変わり者でした。熱心党というのは、当時のユダヤの国はローマの属国になっていましたから、そこから解放されるために徒党を組んでローマに反旗を翻した人たちです。

そうやって選ばれた一人一人を見てみますと、本当に多種多彩な人々でありますが、イエス様は普通の人々をお選びになったということであります。パウロは、それが神の知恵にかなっていると言っています。コリント人への第一の手紙に、神様がお選びになるときに、知者をはずかしめるために愚かな者をあえて選ばれたと書いてあります。神様は、貧しき者、なきに等しい者をあえて選ばれました。それはなぜかといいますと、優秀な者が選ばれると、「ああ、俺は優秀だから選ばれたのだ」と己を誇ってしまうからです。人間は自分を誇りやすいものですが、神様はそういう者をお選びにならなかった。むしろ、世において卑しめられた者を選んだのです。神様に選ばれたパウロは偉大な人でありました。けれども、パウロは神様の前に自分の真相を知ったときに、「自分なんてクズのような者だ」と思ったのです。これはえらいことですね。

みなさんはクリスチャンとして、職業が何であるとか、自分の能力が何であるとかということでご自分を理解してはいないでしょう。「私のような罪人をイエス様は救ってくださった。だから今朝もこの礼拝に出席することができている」と、恵みとして感じていらっしゃると思いますが、神様はそういうふうに自覚することのできる者をお選びになるのです。

パウロは、「人間の誇るところがなく、神様に栄えが帰せられるように」と言っていますが、イエス様が徹夜でお祈りをなさったときに、まさにそういうみ思いでお祈りなさったと思います。

「この人は傲慢になっていって落ちるだろう。この人は短気だから、わたしから離れていく。この人はきっと、わたしがよみがえっても信じないだろう。傷の跡に自分の指を入れてみるまで承知しないだろうな」と、一人一人のことをずっと思ったことでしょう。「けれども、それでも、にもかかわらず、聖霊が臨む。聖霊という方は助け主だ。わたしがこのゲツセマネの祈りをするときに、あるいは、奇跡をするときに、苦境に追い込まれたときに、命を狙われたときに、聖霊は助け主としてどんなに慰め主としてわたしを助たことか……」

聖霊のことを「助け主」などと呼んだのは、イエス様しかいないのです。「このお方が来るなら、弟子たちはきっと神様の栄光を現すことができる者になるに違いない」という思いを持って、イエス様はお選びになったということです。

私たちクリスチャンは、一人一人選ばれた者です。自分でなろうと思ってクリスチャンになれたという人はあまりいないと思います。イエス様が十二弟子の一人一人のことを本当に慮《おもんぱか》って、祈って、選んでくださったように、私たち一人一人にもそうしてくださったのです。「いや、私は自分で信じたよ」と思うかもしれませんが、その背後には人々の祈りがあり、導きがあり、神様の選びがあったということです。私たちは、「ああ、本当に自分で選んだなんて言えないな。神様から離れよう離れようと思っているのに、離れることができないという、神様の選びの恵みが私にはあるな」ということがわかってきますよね。

イエス様は、「あなたがたがわたしを選んだのではない。わたしがあなたがたを選んだのだ。それは、あなたがたが行って実を結ぶためだ。わたしの代表として、遣わされたところにおいて実を結び、その実がいつまでも残るためだ。わたしの名によって父なる神様にお祈りをするときに、父なる神様がどんな祈りにも答えてくださることを体験させるために、あなたがたを選んだのだ」とおっしゃいました。

私たちはそういう選びの中にあるということを、もう一度新しく自覚したいと思います。私たちは、行って実を結び、祈りの答えを得るために選ばれた新約の使徒でありますから、私たちによって教会はまた次の世代へとバトンタッチされていくことでしょう。そして、イエス様の再臨の朝《あした》、キリストの花嫁として教会は完成させられて、神のみ前に立つことができるわけであります。

使徒たちが選ばれたように、イエス様は私たちを選んでくださいました。ですから、イエス様は、きょうも祈っていてくださいます。「小林和夫はどうかな。峠を越せるかな」と、イエス様はお祈りくださっていると思います。それは、みなさん一人一人に対してもそうであると思うのです。

17　イエスによる世界観の変革〈六章一七―三八節〉

ルカによる福音書の第六章をお開きになっていただきたいと思います。一七節から読んでみます。

そして、イエスは彼らと一緒に山を下って平地に立たれたが、大ぜいの弟子たちや、ユダヤ全土、エルサレム、ツロとシドンの海岸地方などからの大群衆が、教を聞こうとし、また病気をなおしてもらおうとして、そこにきていた。そして汚れた霊に悩まされている者たちも、いやされた。また群衆はイエスにさわろうと努めた。それは力がイエスの内から出て、みんなの者を次々にいやしたからである。

そのとき、イエスは目をあげ、弟子たちを見て言われた、

「あなたがた貧しい人たちは、さいわいだ。

神の国はあなたがたのものである。

あなたがたいま飢えている人たちは、さいわいだ。

飽き足りるようになるからである。

あなたがたいま泣いている人たちは、さいわいだ。

笑うようになるからである。

人々があなたがたを憎むとき、また人の子のためにあなたがたを排斥し、ののしり、汚名を着せるときは、あなたがたはさいわいだ。その日には喜びおどれ。見よ、天においてあなたがたの受ける報いは大きいのだから。彼らの祖先も、預言者たちに対して同じことをしたのである。しかしあなたがた富んでいる人たちは、わざわいだ。慰めを受けてしまっているからである。あなたがた今満腹している人たちは、わざわいだ。飢えるようになるからである。あなたがた今笑っている人たちは、わざわいだ。悲しみ泣くようになるからである。人が皆あなたがたをほめるときは、あなたがたはわざわいだ。彼らの祖先も、にせ預言者たちに対して同じことをしたのである」。(一七—二六節、傍点筆者)

「イエスによる世界観の変革」という題でお話をしてみたいと考えています。イエス・キリストを信じた人たちの世の中を見る目というのは、変わっている、トランスフォームされているということです。神の子となりました私たちも、かつては世の人と同じ世界観を持っていたわけですが、イエス様によって世界観を覆され、変革されたということを、みなさんと一緒に考えてみたいと思います。

今お読みしましたところと同じように、イエス様が「さいわいなるかな」とおっしゃっているところがあります。マタイによる福音書の五章から七章までの、有名な「山上の垂訓」と言われているところです。あれはイエス様が小高い丘の上から弟子たちや群衆にお教えになった言葉として収録されているわけですが、このルカの六章は、一七節を見ますと、「イエスは彼らと一緒に山を下って平地に立たれた」と書いてあります。そこで、学者たちはこれを「平地の教え」と呼んでいます。

この二つは、書き方が少し違っています。イエス様が同じような話を二回なさったとしてもおかしいことはありませんし、よく見てみますと、マタイとルカとでは、はっきりと大きな相違点があります。ですから、この二つの話は別のときのお話であると考える人たちがいるわけです。

ところが、この二つはもともと同じものであったのではないかとも言われます。「平地の教え」の「平地」というのは、いわゆる大平原のようなものではありません。小高い山の麓にちょっと平らな所があるというときにも「平地」という言葉が使われますので、ルカの「平地の教え」は、マタイでいう「山上の垂訓」と同じときであったのではないかと言う人々もいるわけです。私も、どちらかといいますと、そういう考え方に賛成をしたいと思っています。

私たちはすでに、ルカによる福音書の四章におきまして、イエス様がナザレにおいて、「神の国は来た。不自由な者に自由が与えられた」という、解放と自由の恵みをお伝えになったことを学びました。イエス様は、「神の国は、聖人や、君主たちや、宗教家の中に来たのではなくて、罪人のただ中に実現したのである」とおっしゃいました。そのイエス様の周囲には、夜の女と言われるような人々や取税人といった、社会から切り離されているような人々が集まっていました。私は、神の恵みの支配が聖徒の世界だけではなく、そのような罪人の間に実現されたということに大きな意味があると思います。罪人であっても、イエス様を信じた人々のところに、「新しいぶどう酒は新しい皮袋に入れられるべきである」という、まさに「新しいぶどう酒」が到来したのであります。弟子たちは、この神様の恵みの支配を受け取ったわけです。

イエス様は、ルカの六章におきまして、そういう弟子たちの生き方について、どういうふうに世の中に対処していくべきかということをお教えになりました。神の国に入ることができて、神の恵みの支配に生きることができても、実際にこの世に身を置いている者にとっては、衣食住の問題や社会の問題、政治の問題がいろいろと関わってきます。そういう中で、何を原則として生きたらよいかということを弟子たちにお教えになったのが、この箇所であると言うことができます。これは今日においても、原理的には、神の子とされたクリスチャンがこの世をどう生きるべきかということを教えていると思うのです。

そこで、二つのことを学んでみたいと考えています。第一のことは、「幸福観の変革」ということです。人生を生きる限り、だれでも幸福を求めますね。でも、その幸せということを見る見方、感ずる感じ方は、未信者と私たちとでは違うということであります。私たちは幸福観について変革を与えられた者であるということを、二〇節から二六節までのところで見てみたいと思います。第二のことは二七節から三六節までで、「価値観の変革」ということです。価値についての見方も、世の中の人と私たちとでは違っているということに触れていきたいと思っています。

1　幸福観の変革

第一に、「幸福観の変革」であります。

マタイの山上の垂訓には、「さいわいなるかな」が八つ出てきまして、これは「八福」と言われています。ところがルカのほうは、「さいわい」なことを四つだけ選び出しています。二〇節に「貧しい人たちは、さいわいだ」。二一節に「飢えている人たちは、さいわいだ」と、「いま泣いている人たちは、さいわいだ」。それから二二節に、「人から憎まれる者は、さいわいだ」と言われています。これらはマタイにもあるのですが、ルカは非常に大切なことととして、そのうちの四つを選び出したわけです。

そして、これはマタイには全く出てこないのですが、二四節から二六節までのところには、反対に「わざわい」なのはどういう者かということが言われています。「さいわいな者」のこだまのように、「こういう人々は、さいわいでない者だ」という言い方をしています。二四節に、「富んでいる人たちは、わざわいだ」。二五節に、「今満腹している人たちは、わざわいだ」。それから、「今笑っている人たちは、わざわいだ」。二六節に、「人が皆あなたがたをほめるときは、あなたがたはわざわいだ」とあります。

このように、幸福な者と不幸な者を一対に、対照的に描いているのがルカの筆遣いでありますが、ここで「さいわいだ」と言われていることは、世の中の考えた方から言ったら、全く逆説的です。パラドックスです。むしろ、普通で言うならば、さいわいな人というのは、ここで「わざわいだ」と言われている人でしょう。富んでいる人、満腹している人、笑っている人、ほめられている人、そういう人は世の中では「さいわいだ」と言われますが、イエスはそうではないと言うのです。ここに、イエス様が神の子クリスチャンに対して、「幸福観の変革」を要求しておられることを見ることができると思います。

そこで、「さいわいな者」のほうをまず見てみたいと思いますが、ここで言われていること自体は、決してさいわいではないと思います。貧しいこと、飢えていること、泣いていること、人々から憎まれること、これはいくらクリスチャンがお人よしでも、そういう人が「さいわいだ」というのは、この世の中では通らないと思うのです。本当の意味で貧しいということは、ただ衣食住の問題ではなくて、心の問題です。それに、悲しみから逃れたい、人から憎まれるようになりたくないというのは、だれでも求めることですね。ところがイエス様は、そういう人々が「さいわいだ」とおっしゃったのです。

これは由々しいことだと思います。「クリスチャンはみんな貧しくなれ。飢えよ。泣け。憎まれよ」と言っているようにも受け取れます。しかし、ここで大切なことは、イエス様がおいでになったのは、下層階級と言われる人々が、指導者たちや上流階級の者たちから非常に圧迫を受けていた時代であったということです。ですから、イエス様も、貧しいこと、飢えること、泣くこと、憎まれること自体が幸せだとおっしゃったのではないと思うのです。搾取が行われ、偽宗教が横行し、偽の信仰が儀式においてはきらびやかに行われていた時代において、自分は富んでいると思っていた人たち、満腹して自分の栄誉を求めるような生き方をしていた人たちは、少なくともまじめな人たちではありませんでした。本当にまじめに生きようという人々は、誤った世の中の仕組みにおいて圧迫され、踏みにじられていた人々であったということです。イエス様は、そのように貧しく、飢え、泣いて、憎まれているという事態の中にある人々のほうが、さいわいだとおっしゃったのです。

悪い時代のデモーニッシュなものによって富んでいる、満腹している、笑っている、ほめたたえられていることは、サタンの手下であるということであって、神様のもとにはありません。そういう人たちは、神様を必要としないと思っている人々でした。「神様なんかいなくても、自分たちは富んでいる、満腹している、笑っていることができる。いや、むしろ神様なんかにいられたら都合が悪いと思って自らのエゴを野放しにして、罪を謳歌しながら歩んでいた人々の様相を見たときに、イエス様は、「彼らは、キリストが来て、打ちひしがれている者に慰めを与え、捕らえられている者に解放を与えるという、ヨベルの年の恵みを必要としていない。だから、本当に幸せな人は、貧しい人、飢えている人、泣いている人、憎まれている人だ。彼らは、わたしを必要とすることで、その貧しさから、飢えから、悲しみから、憎まれていることから解放されて、全く自由な生涯に入ることができる」とおっしゃったのです。

ですから、上流階級でのさばって人々から搾取していた、学者とかパリサイ人とか商人とかいう連中は、逆に不幸な者であると言われたわけですが、イエス様は富んでいることやほめられること自体を「わざわいだ」と言ったのではありません。神を必要とせずに、自分が神になっている者の生涯がどんなに不幸なものであるかをおっしゃったのですね。イエス様の言う本当の解放、本当の自由を与えられなければ、どんなに富を蓄えても、どんなに満腹する人生を送っても、他人からどんなにほめられても、その生涯は不幸なものであることを、イエス様はよくご承知であったということです。

　イエス様は、だれよりも神を知っているお方でした。そして、父なる神とご自身とは一つですから、神を知っているということがどれほど幸せであるかを、イエス様はだれよりもよくご存じでした。もしも、持ち物や立場が幸・不幸を決めるとするならば、イエス様ほど不幸な方はいなかったと思います。イエス様は、「空の鳥には巣がある。狐にはねぐらがあるが、わたしには枕するところもない」とおっしゃいました。ところがイエス様は、いつでも天のお父様のリッチな恵みに満たされていましたから、それこそねぐらがないようなときにも安眠を得ることができたのです。絢爛豪華な家に住んだヘロデ王は、悪いことをしていましたから、金のベッドに寝ていても、良心に苛まれて安眠をすることができなかったわけです。

　そういう意味でイエス様は、神様を知ることがもっともさいわいであって、それを知らないことが不幸であるとおっしゃったのです。イエス様を信じることで、そのような幸福の本当の意味について「アーメン」と唱えることができます。かつての私たちは、「わざわいだ」と言われる人たちのような生き方をして、それが幸せだと思っていた。ところが、イエス・キリストに出会って人生の変革が起きました。イエス・キリストにおいて生まれ変わったことによって、私たちは幸福観をも変革されたということであります。

2　価値観の変革

第二のことにいきましょう。「価値観の変革」ですが、二七節から三八節まで読んでみます。

「しかし、聞いているあなたがたに言う。敵を愛し、憎む者に親切にせよ。のろう者を祝福し、はずかしめる者のために祈れ。あなたの頬を打つ者にはほかの頬をも向けてやり、あなたの上着を奪い取る者には下着をも拒むな。あなたに求める者には与えてやり、あなたの持ち物を奪う者からは取りもどそうとするな。人々にしてほしいと、あなたがたの望むことを、人々にもそのとおりにせよ。自分を愛してくれる者を愛したからとて、どれほどの手柄になろうか。罪人でさえ、自分を愛してくれる者を愛している。自分によくしてくれる者によくしたとて、どれほどの手柄になろうか。罪人でさえ、それくらいの事はしている。また返してもらうつもりで貸したとて、どれほどの手柄になろうか。罪人でも、同じだけのものを返してもらおうとして、仲間に貸すのである。しかし、あなたがたは、敵を愛し、人によくしてやり、また何も当てにしないで貸してやれ。そうすれば受ける報いは大きく、あなたがたはいと高き者の子となるであろう。いと高き者は、恩を知らぬ者にも悪人にも、なさけ深いからである。あなたがたの父なる神が慈悲深いように、あなたがたも慈悲深い者となれ。人をさばくな。そうすれば、自分もさばかれることがないであろう。また人を罪に定めるな。そうすれば、自分も罪にさだめられることがないであろう。ゆるしてやれ。そうすれば、自分もゆるされるであろう。与えよ。そうすれば、自分にも与えられるであろう。人々はおし入れ、ゆすり入れ、あふれ出るまでに量をよくして、あなたがたのふところに入れてくれるであろう。あなたがたの量るその量りで、自分にも量りかえされるであろうから」。

ここの一区切りは、幸福観ということから離れまして、価値観の変革について言われています。何に価値を見いだすかということが、その人が神の子であるかないかを決めるということであります。

それは、一口で言いますと、「自分を愛してくれない者をも愛する」ということです。私たちは、自分を愛してくれる者は愛することができます。自分を愛してくれる者を憎らしいと思う人はいないと思いますね。けれども、自分を愛してくれる者だけではなくて、自分を愛してくれない者、敵をも愛しなさいと言われているのです。特に中心的な言葉は三一節です。

　人々にしてほしいと、あなたがたの望むことを、人々にもそのとおりにせよ。

自分にしてほしいと思うことを人々にもしてあげる、これは有名なゴールデン・ルール、黄金律です。クリスチャンとは何か、救われた生涯とは何か、きよめられた生涯とは何か、キリストが内においでになる生涯とは何か、イエスのご臨在をいつもいただいている生涯とは何か。一言で言いますと、自分にしてほしいと思うことをほかの人にもするということです。これはメノナイトの方々の中心的なメッセージだと思います。いや、メノナイトだけではなく、すべてのクリスチャンにとって基本的な、一番中心的なことだと言えるでしょう。アンドレ・ジイドやトルストイもそう言っています。聖書を土台にした世界の文学者たちは、みんなこの言葉に引っかかっているのです。自分にしてほしいと思うことをほかの人にもしてあげなさい。これがキリスト教です。

それは、イエス様が私たちにそうしてくださったから、私たちもまた他者に対してそうするということです。単なる倫理的・道徳的な教訓として言われていることではありません。もっと体験的なこと、もっと魂のことであって、クリスチャンというのは、イエス・キリストの恩寵によってそうできるようにされているということであります。神様の恵みなしには、このことは決してすることができないのです。

ですから、マタイによる福音書のほうでは、イエス様がこのあとに言葉を付け加えています。「何事でも人々からしてほしいと望むことは、人々にもそのとおりにせよ。これが律法であり預言者である」と言っています。「律法であり預言者である」というのは、旧約聖書全体ということです。聖書とは、このことなのです。聖書にはいろいろなことが書いてあるけれども、救われた生涯を送るというのは、自分にしてほしいことをほかの人にもしてあげることです、

「なんだ。それでは損だな」と思われる方がいるでしょうか。そうではないのですよ。みなさん、知ってください。人間は、心が本当に満ちて余裕がなければ、自分にしてほしいと思うことを他者にもしてあげることはできないでしょう。だから、ゲッチンゲン大学のヨアヒム・エレミアスという教授は、「どこかでその人の魂の内に変革が起きていなければ、自分にしてほしいと思うことを他人にすることはできない。イエス様によって新しいいのちが与えられて、新しい世界に入ったという覚えなしに、このことはできない」と言っています。私もそうだと思います。

ですから、これは普通の道徳で言われるようなこととはレベルが違います。世の中では、「敵なんか憎んでよい。やっつけろ」と言うのです。ところが、イエス様はそうおっしゃらなかった。あるときペテロが、「先生、敵が私をたたいたら、何度赦したらよいでしょうか」とイエス様に聞きました。ペテロは思い切って、「先生、七度までは赦しましょうか」と言ったのですが、イエス様は「七度を七十倍するまで赦しなさい」とおっしゃったのです。ここでイエス様は、7×70＝490、四百九十回までなら赦すようにと言われたのではありません。世の中とは違ってどこまでも赦し続ける、というのが神の赦しだということです。

「はずかしめられたら怒ってよい」というのが世の中の価値観です。「右の頬を打たれたら左の頬を出せ」

なんて言いません。「右をやられたら、相手の右も左もやっつけちゃえ」というのが世の中です。ハムラビ法典には、もし普通の人が自由人を打ったならば、その人を殺してよい、しかも一家一族を殲滅させてよいという、ものすごい掟がありました。また、もし自由人が片目をえぐり出されたら、その人の両目をえぐり出してさらし者にしなさい、なんていうことも言われていました。そこに、モーセの法律がやってきました。モーセは、「そういうことをしてはいけない。目をやられたら、その目だけをやり返すのがよい」と言いました。ところが、イエス様はそうではない。「目をやられたら、目をやり返せ」ではなく、「彼のために祝福を祈れ」とおっしゃいました。

それが神の子の生き方なのです。神の子にされた者は、敵を愛し、敵のために祝福を祈る。自分にしてほしいと思うことはほかの人にしてあげる。さばかれても、さばいてはいけない。まるっきり驚天動地の価値観の変革が起こったのです。エレミアス教授が言いますように、神様にそうされているから私たちはできるのだなと思います。

パウロは、「私は神様に対して優等生ではなかった。神に弓引く敵であった」と言っています。ところが、その敵をイエス様は赦してくださった。ご自分を十字架につける人々に対してイエス様は、「父よ、彼らを赦したまえ。彼らはそのなすところを知らないのです」とおっしゃって、赦してくださったのです。そのイエス様と結びついた私たちですから、世の中のような価値観の判断ではなく、自分を愛してくれない者をも愛する生き方をするということです。

ペテロは、ペテロの第一の手紙の二章において、「イエスはののしられても、ののしらなかった。はずかしめられても、仕返しをしなかった。ただ、自分を正しくさばいてくださる神にいっさいをゆだねて、十字架の上ではずかしめを受け、私たちのために死んでくださった。私たちもまた、彼のように生きるべきではないか」と言っています。ですから、イエス様がここで「自分を愛してくれない者をも愛せ」と言っているのは、イエス様ご自身のことを言っているのです。これがルカのイエス観であったと思います。

敵を愛することの原動力、力の出どころについて、三六節でこう言っています。

あなたがたの父なる神が慈悲深いように、あなたがたも慈悲深い者となれ。

マタイによる福音書では、イエス様は、「悪しき者の上にも、良き者の上にも、神様は太陽をのぼらせ、雨を降らせてくださる。その天の父が完全であるように、あなたがたも完全であれ」とおっしゃいました。「パーフェクション」という言葉を使われた。ところが、ここでルカは、「父なる神があわれみ深いように、あなたがたもあわれみ深い者となれ」と、「あわれみ深い」ということを取り上げています。

みなさん、キーはここです。私はここで使われている「オイクティルモーン」という言葉を調べて、いろんなことを考えていました。「あわれみ」という言葉は、普通は「エレオス」という言葉が使われます。「恵み深い」という意味の言葉です。ところが、ルカが使っている「オイクティルモーン」という言葉は、助けを必要としている者に当てはまる「あわれみ深い」という意味の言葉なのです。これは、一般に言う「神様のあわれみ」という言葉とは違うわけです。それは、「おまえたちはイエス様を信じて神様に赦してもらった者だ。だから赦せよ。天の父なる神様は、あなたに対してあわれみ深いではないか。だから、あなたがたもあわれみ深い者となれ」と言ったのではないのです。神様をお手本にして、生まれつきの自分にはできないことでも、歯を食いしばって一生懸命にやれと言っているのではありません。そんなあわれみなんて、ないと思います。これは、あわれみ深い天の神様といのちの関係をいただいて、天のお父様の子どもにされたのがクリスチャンですから、「父の持っているあわれみは、当然子どもにもいのちとしてあるはずだ。それを忘れるな」と言ったのであります。

家庭についても、「育ちがわかる」ということが言われますが、子どもは両親が家でやっているように育つわけです。良いこともあるでしょうし、悪いこともあるでしょう。私も自分の家庭を見ますとね、やっぱり自分のいやなところを子どもが持っているように思うときがあります。けれども、さすがはわが子だなと思うときもあります。

それは、私のことを客観的にだれかが叙述して、「小林和夫ってこういう人間で、こういうところがあって、こうこうだ。で、私という者を学んでわかる」ということではないのです。でも、私の家に家族として生きている者、私といのちの関係のある者、生活をともにする者にはわかることがあるでしょう。

「天の父があわれみ深いお方であるように、あなたがたもあわれみ深い者になりなさい」というのは、そういうことなのです。神の子として生まれ変わることが大切です。エレミアス教授が言いますように、変革が起きなければできないことなのです。

「朱に交われば赤くなる」という言葉があるでしょう。神様と交わって、あわれみ深い神様といのちの関係を持ちますと、神様のあわれみ深さが私の上にも移ってきます。みなさんの上にも移ってくる。意識的に、「私はあわれみ深いぞ。あわれんでやるぞ」なんていうのはあわれみではありませんけれども、神様と祈りの交わりを持っているうちに、自然にそういうものが出てきます。

そういう意味で、「価値観の変革」を与えられた私たちですから、このあわれみと恵みに富みたもう神様といのちの交わりをいつも持ちながら、知らず知らずの間に私たちの間からそういうものが隣人に、あるいは知らない人々に伝えられていくような者でありたいと思います。

私は、このことを一週間考えておりまして、「自分にしてほしいと思うことを、ほかの人にもしてあげなさい」ということが本当に大切だと思いましたし、自分がどれほどそうなっているかなと考えましたときに、生まれつきの私の力ではできないと思いました。けれども、お風呂に入っているときに黙想していまして、「そうだ。私はあわれみ深い神様を信じている。この神様のあわれみが私に与えられているとするならば、私はこれから自分にしてほしいと思うことを、ほかの人にもしてあげられる」と思ったら、嬉しくて嬉しくてね。私は本当に、そういう人生を生きたいと思います。そう思いませんか、みなさん。

自分にしてほしいと思うことを、ほかの人にもしてあげなさい。もしも、みなさん一人一人が全部そうなったら、なんというすばらしい教会になるでしょうか。みなさんの家庭は、学校は、職場は、どんなにすばらしくなるでしょうか。

これは単なる命令でありません。あわれみ深い神様が背後についていて、私たちがそう生きるようにしてくださっているわけでありますから、私たちはそのように生きたいと思います。

18　みことばを聞いて行動に出る〈六章三九―四九節〉

ルカによる福音書の第六章の三九節から読んでみたいと思います

イエスはまた一つの譬を語られた、「盲人は盲人の手引ができようか。ふたりとも穴に落ち込まないだろうか。弟子はその師以上のものではないが、修業をつめば、みなその師のようになろう。なぜ、兄弟の目にあるちりを見ながら、自分の目にある梁を認めないのか。自分の目にある梁は見ないでいて、どうして兄弟にむかって、兄弟よ、あなたの目にあるちりを取らせてください、と言えようか。偽善者よ、まず自分の目から梁を取りのけるがよい、そうすれば、はっきり見えるようになって、兄弟の目にあるちりを取りのけることができるだろう。悪い実のなる良い木はないし、また良い実のなる悪い木もない。木はそれぞれ、その実でわかる。いばらからいちじくを取ることはないし、野ばらからぶどうを摘むこともない。善人は良い心の倉から良い物を取り出し、悪人は悪い倉から悪い物を取り出す。心からあふれ出ることを、口が語るものである。

わたしを主よ、主よ、と呼びながら、なぜわたしの言うことを行わないのか。わたしのもとにきて、わたしの言葉を聞いて行う者が、何に似ているか、あなたがたに教えよう。それは、地を深く掘り、岩の上に土台をすえて家を建てる人に似ている。洪水が出て激流がその家に押し寄せてきても、それを揺り動かすことはできない。よく建ててあるからである。しかし聞いても行わない人は、土台なしで、土の上に家を建てた人に似ている。激流がその家に押し寄せてきたら、たちまち倒れてしまい、その被害は大きいのである」。（三九―四九節、傍点筆者）

この前から、続けてイエス様の「平地の教え」を学んでいます。これはマタイによる福音書の五章から七章までにわたる「山上の垂訓」によく似ていますが、ルカは一章の中に短く凝縮して教えています。

きょうは、「みことばを聞いて行動に出る」という題でお話をしてみたいと思っています。私たちは聖書の言葉に聞き、いのちと光を与えられて行動に出るということであります。それは変革された者の存在と行動ということです。第一に、「行動と存在の変革」ということを考えてみたいと思っています。そして、第二の点として、イエス様のお話の結論ですが、「新しいいのちの土台」ということを考えてみたいと思っています。

1　行動と存在の変革

第一に、「行動と存在の変革」です。イエス様を信じて神の恵みの支配に入った者、神の子とされた者は、幸福観が世の人々とは違ったものになることを学びました。そこでイエス様がおっしゃったことは、「自分にしてほしいと思うことを、ほかの人にもしなさい」ということでした。それにも関係するわけですが、神の子とされた者は、「行動と存在」もまた変革されている、ということであります。

三九節から見てみますと、イエスを信じた神の子たちがどういう行動をとるべきかが言われています。行動とは、ある意味において、私たちの存在の表現です。ですから、行動が変わるというのは、ただアクションが変わったということではなくて、そういう行動を生み出す存在、その人そのものが変えられたということであります。ゲッチンゲン大学のエレミアス教授は、「クリスチャンというのは、魂の変革が起こっているから、イエス様の教えを本当に生きることができるのだ」と言っていますが、まさにそうだと思います。ですからここは、「イエス様は、人間にはこういうことができないということを教えるために、こんなことを言ったのだ」と解釈してはならないと思うのです。イエス様は、「生まれ変わって神様の恵みの支配を受けた者は、こう生きることができる」と確信なさって、弟子たちにお話しなさったと見ることができます。

その行動と存在の変革について、イエス様は三つのことを取り上げておられます。その一つは、三九節と四〇節ですが、「弟子たる道」ということであります。こう書いてあります。

イエスはまた一つの譬で語られた、「盲人は盲人の手引ができようか。ふたりとも穴に落ち込まないだろうか。弟子はその師以上のものではないが、修業をつめば、みなその師のようになろう。……」。

当時、イエス様のお話を聞いている人々の周りには、イエス様を批判的に見て心から受け入れようとしない学者や、パリサイ人がいました。その学者とかパリサイ人というのは、宗教的な指導者、師と仰がれている人々であったわけです。イエス様は、「私は師である。人々の先を行っている者である」と自ら思っているような者たちに対して、「もしも師であるなら、こうあることで、弟子がその師の言うところを行うことができるのだよ」とおっしゃったということです。良い先生ならば、本当にその先生について行けば、危なくない人生を歩むことができるわけです。逆に、もし目の不自由な人が目の不自由な人を導いていくような状態であれば、両方とも穴に落ちてしまうことがあります。ですから、イエス様は、「師のようになることが大切だ。弟子はその師にまさることはないけれども、修業を積んだらその師のようにはなることができるだろう」とおっしゃったのです。

よく言われますように、良き師に出会うことが人生における大きな価値であると思います。良き師に恵まれることは、たいへんにさいわいなことだと思うのです。そういう意味で、私は良い先生に恵まれたかなと考えてみますと、高校生のとき、私のことを本当に考えてくださる先生に出会いました。クリスチャンの立派な先生で、多感な若い私にはこの方の影響が相当あったと思います。この方が卒業式のときに、「諸君は、優秀な人になるとか、成功者になるとかいうことではなくて、諸君の置かれている立場で必要な人になりなさい」とをおっしゃったことを今でも覚えています。

そして、私はクリスチャンになってから、特に牧師になる道については、本当に師に恵まれたと思っています。私が今日あることができるように導いてくださったのは、車田秋次先生だと思います。この車田先生との出会いがなかったら、私は今日読むような聖書の読み方はできなかったのではないかと思うのです。たいへんさいわいなことに、私たち学生は車田先生のゆえに、「この教理がこれで良いのか悪いのか」というようなことで迷ったことは、ただの一度もなかったのです。そして、私は米国に行きまして、トリニティ神学校という当時始まったばかりの神学校で、リーディング・セオロジアンと言われる人々に出会うことができました。カール・バルトのお弟子のカール・ヘンリーとか、ケネス・カンツァーとか、ダグラス・ヤングとかといった一流の先生方に会ったのです。また、アメリカから帰って来てからは、渡辺善太博士に出会いました。特に聖書論においてはすばらしい人でした。この先生との出会いが、私の考え方であるとか、聖書をどういうふうに読むべきかということを、本当に変えたのです。行動が変革されていくためには、私たちの存在をも変革されるような師に出会うことが大切だということです。

ある人がイエス様のことを「良き師よ」と言いましたら、「良き師はわたししかいないではないか」とイエス様がおっしゃったところがありますが、本当の師というのはイエス様です。私の人生において、いろいろな先生に出会ったこともありがたいけれども、このイエス・キリストという方に出会ったことはものすごいことだったと思うのです。

四〇節には、「弟子はその師以上のものではないが、修業をつめば、みなその師のようになろう」とあります。「修業をつめば」というこの言葉は、「修業」というよりも、「充足する」「言われたことを充たす」という意味のほうが強い言葉なのです。ルカはお医者さんでしたから、実はこれは医学用語で「整骨する」ということです。背骨をきちっと真っすぐに整えないと、導かれていくにも先がわかるような歩みはできないということですね。イエス様はここで、「弟子はその師以上にはなれないけれども、自分の中心と思われるところをきちんと整骨してもらうと、きちっと立っていけるようになる」とおっしゃったのです。

良い師というのは、必ずしも自分の言うことを聞いてくれる先生ではないと思います。厳しいことを言っても、大変なことを言っても、「この先生はえこひいきなんかしていないな。本当に私のことを思ってこう言ってくれているな」と思うようなことを言う先生が、良い師です。

ここで言う「良き師」とは、そういう方だと思うのです。ルカは「整骨する」という言葉を使ったわけですけれども、本当の意味で私たちの行動が変わる、存在が変わるということは、そこをさわられたら痛いところを変革していただくということです。そういう変革をすることのできる師とは、イエス・キリスト以外にないと思います。ですから、イエス様は学者やパリサイ人に向かって、「あなたがたはお弟子たちに向かって、自分は偉いと思っているかもしれないけれども、あなたがたが先生のようになろうとするならば、先生以上に修業しなければいけないのだよ」ということを言いながら、「そういう師はこの地上には存在しない。良き師とは神のみである」とおっしゃっています。

イエス様は、行動と存在の変革について三つのことを言われたわけですが、その二つ目は四一節から四二節までのところです。ここには、兄弟の目にあるちりを見ながら、自分の目にある梁を除かなかったと言われています。

ここを、新共同訳はとてもよく訳してあると思います。「あなたは、兄弟の目にあるおが屑は見えるのに、なぜ自分の目の中の丸太に気づかないのか」と訳してあります。私たちは、他人の欠点はよく目につくものです。自分の目にはそれよりも大きな丸太ん棒があるのに、他人のおが屑をどうこう言うのはおかしいと、イエス様はおっしゃったのです。それは、他者を判断するときに、自分の尺度で他者を量るべきではないということです。まず、自分がどういう者であるかを見たら、他者のことなんかどうこう言えません。学者やパリサイ人は、旧約の掟を持ってきて、「自分たちは掟を守っている。さあ、あなたたちも守れ」と言ったわけですが、イエス様は彼らに、「あなたたちの目には丸太ん棒が横たわっているではないか。それなのになぜ、貧しい人、弱い人の目のちりを除く、と大見得を切るのか」とおっしゃったのです。

また、自分の目から丸太を取り除いたら、「はっきり見えるように」なるとあります。これは、ギリシャ語では「ディアブレポー」という言葉です。「ディア」というのは、英語の「スルー」という言葉で、「透視する」ということです。英語に直訳すると「シー・スルー」、透き通ってよく見えるということです。

ここでは、心の目のことが言われています。私たちが他人のことばかり気にして、他人によく見せようというような人生を送っていますと、いつしか自分が見えない者になって、他人をさばくようなことで終わってしまいます。そういう行動ではいけない。心の目がはっきり見えるようになったら、きちんとその道をほかの人にも示すことができるようになります。神を信じる者の行動と存在の変革として、目がはっきり見えるようになるようにと、ここでイエス様はおっしゃったのです。

三つ目のことは、四三節から四五節であります。

悪い実のなる良い木はないし、また良い実のなる悪い木もない。木はそれぞれ、その実でわかる。いばらからいちじくを取ることはないし、野ばらからぶどうを摘むこともない。善人は良い心の倉から良い物を取り出し、悪人は悪い倉から悪い物を取り出す。心からあふれ出ることを、口が語るものである。

これはどういうことかといいますと、「木は実によって知られる」と言いますように、実はその本質、存在を表しています。イエス様はここで、「神を信じて新しく生まれ変わると、行動が変革する。その行動の変革は、存在、本質の変革から来たのだ。永遠の滅亡に行くべき罪人から神の子にされた、という本質の変革がなければ、行動の変革は起きないのだ」とおっしゃったということであります。

2　新しいいのちの土台

二番目のことにいきましょう。「新しいいのちの土台」です。四六節からのところですが、ここはイエス様の「平地の教え」の結論と言ってよいでしょう。二人の大工さんがいまして、同じ材料で家を造ったのだと思いますが、嵐がやってきたときに、片方の家は倒れてしまい、もう片方の家は倒れないで建っていたというたとえ話が出てきます。それは、二つの家の土台が違ったということです。倒れなかったほうの大工さんは、砂を掘って岩を掘り当てて、その岩を土台として建物を建てた。これは少しマタイの言うことと違っていますが、ルカはギリシャの建築方法を念頭に置いてこう書いたのだろうと思います。ここで言われているのは、深く掘って岩の上に土台を置いて家を建てる人が賢い人だということですね。

嵐はいつやって来るかわかりません。人生の嵐、試練もそうです。「まさか」と思うことが起こるのが人生ですよね。良い意味においても、悪い意味においても、私たちの期待とか計算とかを見事に裏切って、「そんなことはあり得ないだろうな」と思うことが出現してくるのが、私たちの人生だと思います。いつ嵐がやって来るかわからないけれども、倒れないでいるためには、深く掘って岩を見つけ、そこに自分をつくり上げるということです。人間は、人生が百年としますと、それぞれが百年かかって神の前に自分という建物を造るのです。その建物の良し悪し、嵐に対する強さを決めるのは何かといったら土台なのです。

イエス様は、ご自分が隅の親石、土台であるとおっしゃいました。私たちは、かつては自己本位とか、世の中の欲望とか、人の前にどうあるかということに気を置いて、そういうところに格好のよい人生をつくろうとしていました。ところが、イエス様を信じた者は、そういう土台を除いて深く掘っていって、イエス様という土台に突き当たって、「イエスは主である」と信じて洗礼を受けて、その上に新しく自分という建物を造り出した存在なのです。

しかも、この建物は人生における嵐で倒れないというだけではありません。やがて永遠の朝《あした》、私たちはさばき主の前に立つべき存在です。けれども、その神様のさばきの前でも崩れることなく、倒れることなく立つことができるのは、この岩であるイエス・キリストを土台として家を建てたことによるということを、イエス様はここでおっしゃったのであります。

さあ、それでは、その岩の上に土台をすえる人、賢い人はどういう人かというと、四七節にこう書いてあります。

わたしのもとにきて、わたしの言葉を聞いて行う者が、何に似ているか、あなたがたに教えよう。

みことばを聞いて行うということです。こう言いますと、「ああ、やっぱりキリスト教もそうか。道徳や倫理みたいに、『これをしなさい』『あれをしてはいけない』ということか」と受け取られるかもしれませんが、そうではありません。そう取ってはいけない。「みことばを聞いて行う者」というのは、掟どおりに杓子定規に行うということではなくて、「みことばを聞きながら行動をする者」という意味なのです。これは、全く違うことですよ。お手本があるからそれを読んで一生懸命そのとおりにする、マニュアルに従って生きるということではないのです。聖書を読んでいますと、神様のお声が聞こえてきます。お言葉が私たちの心に響いてくる。そのお言葉に捕らえられながら行動をするということなのです。

商売人は、商売をしたらよいでしょう。学生は勉強をしたらよいでしょう。主婦は主婦の務めをしたらよいでしょうが、みことばを聞きながら行動する。そのときに、その行動に、みことばのいのちが現されてくるのです。

みなさん、いやいやながら仕事をすることがあるでしょう。「やれ」と言われたから、「はい、やりますよ」と。そうではなくて、喜びに満たされて何かをやってごらんなさい。やることがみんなうまくいくでしょう。何かをやること自体よりも、人を喜ばせたり、人を富ませたりするもの、その人に与えられているものが、その行動の中に現されていくでしょう。これはえらいことだと思いますね。「ああ、この人は本当に自分のことを考えて一生懸命やってくれているのだな」と目に見えるでしょう。アクションの中に、人の心を打つもの、神のみことばのいのちが現されていくのです。それが、みことばを聞いて行うということです。

イエス様は、ここで「深く掘れ」とおっしゃいました。私は、この深く掘るということが大切だと思います。深く掘ったときに、「ここに建物を建てたら、どういう建物を建てることができるかな」という期待を持って建てることができるでしょう。バークレーは、「深く掘るということは、労力を惜しんではならないということだ」と言っています。みことばに聞くことは、聖書を読む労力を惜しんではできません。

どんなに賢くない人だって、初めから砂と岩の両方があったら、岩の上に家を建てるのは当たり前です。そうではなくて、賢い人というのは労力をもって砂を掘っていって、岩に当たるまでその労力を惜しまないということです。イエス様が、ご自分のみことばをどんなに強調されたかということを思いますね。

学んできたように、幸福観に変革が起きたのが神の子でした。価値観において変革が起きたのが神の子でした。ここにおいて、私たちは行動と存在において変革された者だということを学びました。その幸福観や価値観や、行動や存在の変革は、いつでも変革し続けられなければなりません。「ああ、私は変わった。あのときはそうだったな」なんて言ってはいけません。クリスチャンというのは、ずっとそのことを保ち続けていく、いつでも変貌され続けていくものです。そのように私たちを変革し続けて、新しい神のいのちに生かしてくれるのは、神様のお言葉なのです。

「お言葉を聞きながら行動しなさい」。イエス様は、そう語っておられます。

19　つまずきの岩への信頼〈七章一―三〇節〉

ルカによる福音書の第七章をお開きになっていただきたいと思います。まず一八節から少し読んでみます。

ヨハネの弟子たちは、これらのことを全部彼に報告した。するとヨハネは弟子の中からふたりの者を呼んで、主のもとに送り、「『きたるべきかた』はあなたなのですか。それとも、ほかにだれかを待つべきでしょうか」と尋ねさせた。そこで、この人たちがイエスのもとにきて言った、「わたしたちは、バプテスマのヨハネからの使ですが、『きたるべきかたは』はあなたなのですか、それとも、ほかにだれかを待つべきでしょうか、とヨハネが尋ねています」。そのとき、イエスはさまざまの病苦と悪霊とに悩み人々をいやし、また多くの盲人を見えるようにしておられたが、答えて言われた、「行って、あなたがたが見聞きしたことを、ヨハネに報告しなさい。盲人は見え、足なえは歩き、重い皮膚病にかかった人はきよまり、耳しいは聞こえ、死人は生きかえり、貧しい人々は福音を聞かされている。わたしにつまずかない者は、さいわいである」。

ヨハネの使いが行ってしまうと、イエスはヨハネのことを群衆に語りはじめられた、「あなたがたは、何を見に荒野に出てきたのか。風に揺らぐ葦であるか。では、何を見に出てきたのか。柔らかい着物をまとった人か。きらびやかに着かざって、ぜいたくに暮している人々なら、宮殿にいる。では、何を見に出てきたのか。預言者か。そうだ、あなたがたに言うが、預言者以上の者である。

『見よ、わたしは使いをあなたの先につかわし、
あなたの前に、道を整えさせるであろう』

と書いてあるのは、この人のことである。あなたがたに言っておく。女の産んだ者の中で、ヨハネより大きい人物はいない。しかし、神の国で最も小さい者も、彼よりは大きい。(これを聞いた民衆は皆、また取税人たちも、ヨハネのバプテスマを受けて神の正しいことを認めた。しかし、パリサイ人と律法学者たちとは彼からバプテスマを受けないで、自分たちに対する神のみこころを無にした。)(一八―三〇節、傍点筆者)

二三節の「わたしにつまずかない者は、さいわいである」という言葉を鍵として、「つまずきの岩への信頼」という題でお話をしたいと考えております。

聖書の中では、イエス様のことが「つまずきの岩」、「妨げの石」と呼ばれているところが何か所かあります。信仰を持たないで、常識的な思いでイエス様に近づいて行きますと、私たちを救う方ではなくてつまずかせる方、戸惑わせてしまう方であるというのが、聖書の言っているイエス像であります。しかし、クリスチャンとなった者たちは、イエス様の言葉に従って、そのつまずきの岩であるイエス様をあえて信じた者でありました。「視《み》よ、我つまづく石さまたぐる岩をシオンに置く、之に依頼む者は辱しめられじ」(文語訳)という言葉がローマ人への手紙にありますが、私どもクリスチャンは、まさに「つまずきの岩に信頼」していく者にされたということです。

七章には、イエス様が奇跡をもって神の国をお伝えになったことが書かれています。また、バプテスマの

ヨハネの記事が出てきます。バプテスマのヨハネという人は、イエス様の先駆者、露払いとして、地上に遣わされてきました。ところが、ヘロデ王に捕らえられてしまいます。ヨハネが非常に力強い神様のメッセージを伝えたものですから、小心者であったヘロデは、人々がヨハネの言うことに従うようになって、自分に対する信用がなくなることを恐れて、ヨハネの口を封じようとしたわけです。しかし、ヨハネは捕らえられて牢にいるときにも、イエス様はメシヤであり、力があり、奇跡をなさる方ですから、自分を牢獄から救い出してくださるだろうと期待していました。

ところが、イエス様からの具体的な救いの手が一向に差し伸べられてきませんので、ヨハネの信仰が多少曇ってきたのです。揺らいできたと言ってもいいでしょう。そこで、牢獄に捕らえられていたヨハネは、イエス様に使いを送りました。そして、「来るべき世界の救い主はあなたですか。それとも、ほかの人を待ち望むべきでしょうか」と尋ねました。最後の力強い預言者と言われたヨハネの信仰に陰りが出てきたということです。不信仰が彼を襲い始めて、イエス様のメシヤ性を疑うようになった姿でありました。

そのときにイエス様は、ヨハネの信仰の揺らぎをお責めにならないで、むしろこれを理解し、包んで癒すように仕向けてくださったのであります。バプテスマのヨハネと比較したら、私たちはどんなに信仰の弱い者であるかと思いますが、クリスチャンでも、信仰がしばしば弱ってくることがあります。そのようなときに私たちはどう歩むべきかを、ここから教えられます。

三つの点に触れてみましょう。第一は、「バプテスマのヨハネの信仰」。第二は、「イエスのメシヤとしてのしるし」。第三は、「ヨハネを支えるイエス」。この三つに焦点を絞ってみたいと思っています。

1　バプテスマのヨハネの信仰

第一に、「バプテスマのヨハネの信仰」であります。一八節からこう書いてあります。

ヨハネの弟子たちは、これらのことを全部彼に報告した。するとヨハネは弟子の中からふたりの者を呼んで、主のもとに送り、『きたるべきかた』はあなたなのですか。それとも、ほかにだれかを待つべきでしょうか」と尋ねさせた。（一八—一九節）

バプテスマのヨハネは力強い働きをして、多くの人が神様に立ち帰ったのですが、それでも民衆の多くは受け入れなかったようです。ヘロデ王が「バプテスマのヨハネの言うことを信じてはいけない」と牢獄に入れてしまったわけですが、民衆は、この王様が狡猾で、いつ自分たちに迫害の手を伸べてくるかわからないと知っていましたから、バプテスマのヨハネから離れていくという状況があったということです。

ここには、人々の頑固さによる拒絶が出てきます。イエス様は、「あなたがたは荒野に出て来て、バプテスマのヨハネの話を聞き、わたしの話を聞いた。だが、あなたがたは何を見ようとして来たのか。もし着飾った王様を見るなら、ヘロデ王は宮殿でのうのうと生きているではないか。あなたがたが本当に見るべきものは預言者だ。しかも、預言者よりもさらにまさる人がバプテスマのヨハネだ」とおっしゃっています。ところが人々は、ヨハネが捕らえられたことを聞いて、自分たちの上にもわざわいが臨んではいけないと、ヨハネに対する信頼から一歩も二歩も後退していったのです。三一節以下のところを見てみましょう。

「だから、今の時代の人々を何に比べようか。彼らは何に似ているか。それは子供たちが広場にすわって、互に呼びかけ、

『わたしたちが笛を吹いたのに、
あなたたちは踊ってくれなかった。
弔いの歌を歌ったのに、
泣いてくれなかった』

と言うのに似ている。なぜなら、バプテスマのヨハネがきて、パンを食べることも、ぶどう酒を飲むこともしないと、あなたがたは、あれは悪霊につかれているのだ、と言い、また人の子がきて食べたり飲んだりしていると、見よ、あれは食をむさぼる者、大酒を飲む者、また、取税人、罪人の仲間だ、と言う。しかし、知恵の正しいことは、そのすべての子が証明する」。（三一—三五節）

「笛吹けど踊らず」という言葉がありますね。あれは聖書から出ているのです。ユダヤの子どもたちが遊ぶときに、市場ごっこをしたり、お葬式ごっこをしたり、結婚式ごっこをしたりしたようです。ここで言われているのは、そういう遊びをして、笛を吹いて多くの人を招いているのに、だれもそこに行かなかったということです。すなわち、バプテスマのヨハネが来て、「神様の救いが近づいた。さあいらっしゃい」と笛を吹いて神様の恵みにみんなを招待しているのに、人々はそれを退けて、ごく一部の人しか行かなかったのです。「あれは悪魔につかれた者だ」とか、「罪人の仲間だ」と言ってヨハネを拒絶している人々の姿を、イエス様は知っていました。ヨハネはそういう中でも、「私はメシヤではない。メシヤを伝えるために来たのだ」と伝えてやまなかったのです。

ところが、悲しいことにヨハネは牢獄にぶち込まれて、イエス様からの音信が不通になったときに、「来るべき方は、先生、あなたなのでしょうか」と疑ったというのです。ヨハネのような偉大な信仰者でも、その信仰に陰りがさすときがあるのです。バプテスマのヨハネは、神でも天使でもなく、鋼鉄の人でもありませんでした。私たちと同じ心を持った人間でした。私たちはクリスチャンになって、感謝して、イエス様を信じることによって困難を踏み越えていくわけですけれども、私どもの信仰も、遭遇してくる多くの出来事によって、イエス様を疑ってしまうことがあり得るということですね。私たちは人間の弱さを知らなければならないと思います。

バプテスマのヨハネは、どうしてもイエス様が救い主だと信じきれない弱さを持っていたのを、正直に表したのです。彼の信仰も完璧ではなく、私たちと同じような弱さを持っていたということですが、私たちはそのような弱さを持った信仰であっても、決して恥じてはいけません。そのことのゆえに殻に閉じこもってしまって、「やっぱり駄目だった」と言うべきではないことを、以下において見ることができます。

2　イエスのメシヤとしてのしるし

第二のことにいきましょう。「イエスのメシヤとしてのしるし」です。バプテスマのヨハネのお弟子が来まして、「先生、待ち望んでいるべき方はあなたですか。ほかにいるのですか」と聞いたところ、イエス様はこうお答えになりました。

答えて言われた、「行って、あなたがたが見聞きしたことを、ヨハネに報告しなさい。盲人は見え、足なえは歩き、重い皮膚病にかかった人はきよまり、耳しいは聞こえ、死人は生きかえり、貧しい人々は福音を聞かされている。……」。（二二節）

これは、旧約聖書のイザヤ書に出てくる言葉です。「やがて世界にメシヤがおいでになったら、その救い主によって、悩める者が解放され、罪の中にある者が赦される。それだけではない。この救い主は、目の見えない人の目を開けてくださる。重い皮膚病の人をきよめることができる。耳の聞こえない人が聞こえるようになる。神様を賛美するようになる」ということを、預言者イザヤは何回も言っていたのです。

イエス様は、「おまえたちの先生の信仰はそれでは駄目だ」とお責めになることはありませんでした。「帰って言いなさい。神の言葉である聖書が成就した。イザヤが預言したときが今来ているのだ」とおっしゃいました。この言葉が、牢獄にいたヨハネにどんなに力強く響いたことかと思います。

ルカは七章に入ると奇跡のことに筆を進めるわけですが、それはメシヤであるイエス様がおいでになったときに、まさにこういうことが起こったのだということであります。

まず、七章の一節から一〇節までには、百卒長のしもべが癒された奇跡が出てきます。百人の兵隊の長がイエス様のところに来て、「私のしもべが病んでいるのですが、先生、彼を治してやってください」と言いました。イエス様は、「そうか、それでは行ってあげよう」とおっしゃったのですが、この百卒長はイエス様に、「先生、私は異邦人で、あなたから見ると犬のような存在ですから、あなたを私の家にお迎えするわけにはまいりません。お言葉だけをください。私には百人の部下がいます。その百人の者にとっては、私の言葉は絶対です。『火の中に飛び込め』と言ったら飛び込みます。『死ね』と言えば死にます。先生、あなたは、宇宙の創造者です。今もこの全世界を恵みによって支配しているお方ですから、あなたのみことばがかけられたら、私のしもべが癒えるなどというのは簡単なことです。主よ、お言葉だけをください」と言ったのであります。イエス様は驚いて、九節を見ますとこう書いてあります。

イエスはこれを聞いて非常に感心され、ついてきた群衆の方に振り向いて言われた、「あなたがたに言っておくが、これほどの信仰は、イスラエルの中でも見たことがない」。

イスラエルは、神様を信じる信仰の民です。イエス様は、そのイスラエルの神の民にもこんな信仰は見たことがないとおっしゃったのです。この「これほどの」という言葉は、程度を表すものではありません。イエス様は「こんなに深い、こんなに強い信仰を見たことがない」とおっしゃったのではない。これは、ギリシャ語では二つの前置詞が重なった、強調をしている言葉なのです。話を聞いている人が、自分の中にある思いとその話が一致したときに、「あっ、これだ」と言うときに使う言葉です。

イエス様は、信仰とは神様のお言葉を手がかりにして神様を信じることだと思っていました。ですから、イエス様はいつも父のみことばを信じ、父のみこころに従って行きました。けれども、人間は罪に侵されていますから、神の言葉によって神を信じることはできないだろうと、イエス様は思っていたわけです。

ところが、異邦人であった百卒長が、イエス様が「信仰とはこういうものだ」と思っていることをやってのけました。そこで、「あっ、これだ。これが信仰だ」ということで、「これほどの信仰は見たことがない」とおっしゃったのです。ほかの福音書を見ますと、「イエスは驚かれた」と書いてあります。イエス様という方は、少々だれかが何かを言ったって驚くお方ではありませんよ。嵐の中でも眠っていたお方ですから。しかし、イエス様は百卒長の信仰を見て驚き、彼が本当の信仰を持って神に近づいたことを、ちゃんと評価してくださったのです。イエス様はここで、みことばを手がかりに神を信じること、みことばが来るまで祈り抜いて問題に立ち向かうことが大切だ、ということを教えたのであります。

そして、もう一つの奇跡は、一一節から一七節までのところに出てきます。ナインという町でやもめのひとり息子が死んでしまって、お葬式が行われ、人々が悲しみながら行列を作っていたのですが、そこにイエス様がおいでになりました。一三節からです。

主はこの婦人を見て深い同情を寄せられ、「泣かないでいなさい」と言われた。そして近寄って棺に手をかけられると、かついでいる者たちが立ち止まったので、「若者よ、さあ、起きなさい」と言われた。すると死人が起き上がって物を言い出した。イエスは彼をその母にお渡しになった。（一三―一五節）

この奇跡を、お母さんはどんなに喜んだだろうかと思いますね。愛する者を失った経験がある人は、その痛さを知っているでしょう。もしもよみがえることができたら、どんなだろうかと思います。

この女性が一生懸命泣いたから、あるいはだれかが頼んだから、奇跡が起きたのではありませんでした。先の奇跡とは違って、みことばを手がかりにして信じたからではないのです。ここでは、イエス様が全く一方的に同情されたと書いてあります。この女性を見て深い同情を寄せられた。この「同情」という言葉は、ギリシャ語では「スプランクニゾマイ」という言葉で、「はらわたが痛む」という意味です。単にかわいそうだと思うことではありません。イエス様はこの女性を見て、お腹が痛んだのです。「死というものがこんなに人々を悩ますのか。こんなに人を苦しめるのか。わたしは人間としてこの世界に来たが、この死が人間の最後の敵だ」ということを、イエス様はつぶさに見ました。イエス様は、全人類が永遠の滅亡に行かないために死と戦おうという決意を、死の出来事に遭うたびにお持ちになりました。やがて十字架において罪の代価を支払い、この死を人類に投げ込んだ憎むべきサタンを、そして私たちの最後の敵である死を打ち破って復活し、ご自分を信ずる者は永遠のいのちを持つということを確信なさって、この女性に同情して心を痛め、その息子を癒したということであります。

これは、全く神のあわれみから出てきた奇跡です。もし、奇跡が信仰者にだけ許されるとしますと、信仰の弱い者は奇跡にはあずかれないということになりましょうが、神様は不公平な方ではありません。私たちが大変なときに、信じて祈ることは大切ですけれども、もっと大切なことは、神様は信仰を持って手を伸ばすことができなくなっているような者に対しても、手を差し伸べてくださるお方であるということです。この私たちに対する神の恵みは絶対恩寵であって、人間は指一本そこに触れることができません。神様のわざに参加し、これをお助けすることはできないのです。

イエス様は、バプテスマのヨハネの使いの者に、「あなたがたの先生に、多くのしるしや奇跡を見たことを話しなさい」とおっしゃったわけですけれども、ルカはその「多くのしるし」というのは、百卒長がみことばによって神様を信じてしもべが癒されたことであり、みことばなんか信じられないようなナインのやもめの息子が神様のあわれみによって癒されたことだと言っているのです。世界においでになるメシヤは、その心を痛めながら人類を滅亡からお救いになることを、イエス様はまさにやってのけたのです。

ヨハネの弟子たちは、この二つの奇跡のことを聞いて帰ったと思うのです。そして、「先生、イエス様は、『来るべき方はあなたですか』と聞いたときに何もお答えになりませんでしたけれども、あの旧約聖書に言われている約束が今、実現しています。百卒長のしもべが癒され、ナインのやもめの息子が生かされました。多くの人々が福音を聞いています」と伝えたことでしょう。それを聞いたときに、ヨハネは弱さも持っていましたが、どういうことかよくわかったと思います。

一六節に、そのやもめの息子が生き返ったときに、人々がどうしたかが書いてあります。

人々はみな恐れをいだき、「大預言者がわたしたちの間に現れた」、また、「神はその民を顧みてくださった」と言って、神をほめたたえた。

「大預言者」が現れた。旧約聖書においては、エリヤがやもめの息子を生き返らせました。エリヤの弟子であるエリシャもまた、貧しいやもめの息子を生き返らせました。そのエリヤやエリシャにまさるお方が今おいでになっていることを、人々が知ったのです。バプテスマのヨハネも、これを聞いてどんなに励まされただろうかと思います。そして、「ああ、私はなんと不信仰な者だろうか。なんとイエス様に対して信仰の徹底していない者であろうか」と、彼は牢にいて感じたことでしょう。これ以後、ヨハネは殉教をも覚悟しながら、ヘロデ王に福音を伝えていきました。このイエス様のお答えが、イエス様のメシヤとしてのしるしが、どんなにバプテスマのヨハネを強めたかを見ることができますね。

3　ヨハネを支えるイエス

第三の点にいきましょう。イエス様はヨハネのことを群衆に語り始めて、「あなたがたは見るべきものを見ていない。あなたがたが見るのは、宮にいるきらびやかな着物を着た王様ではない。荒野において叫んだバプテスマのヨハネを見るのだ。彼の声を聞くのだ」とおっしゃいました。二七節にはこう書いてあります。

「『見よ、わたしは使いをあなたの先につかわし、
あなたの前に、道を整えさせるであろう』

と書いてあるのは、この人のことである。あなたがたに言っておく。女の産んだ者の中で、ヨハネよりも大きい人物はいない」。

ヨハネはほめられるような状態ではありませんでした。けれども、イエス様はそのヨハネを、「彼は女の産んだ者のうちで最大の者である」と評価してくださった。どんなにこのことがヨハネを励ましたでしょう。ヨハネによる福音書の三章で、バプテスマのヨハネは、「私はますます衰えていく。けれども、私の証しするイエス様はますます栄えていく」と告白しています。そのヨハネの生涯をご覧になったイエス様は、ヨハネによる福音書の五章におきまして、「見よ、彼は燃えて輝くともしびである」とおっしゃいました。アルコールランプが輝いていくためには、アルコールがなくなっていきます。ろうそくが輝くためには、ろうそくは自分のいのちを火に託して燃やしていきます。バプテスマのヨハネは、「イエス様は暗黒の世界に来られたメシヤである」ということを、燃えて輝くともしびのように命をかけて証ししていったのであります。けれども、みなさん、人間というのは弱い者ですから、つまずくのです。イエス様は二三節でこうおっしゃいました。

「わたしにつまずかない者はさいわいである」。

バプテスマのヨハネでさえ、つまずきかかった。いや、つまずいたと言ってよいでしょう。信仰にはつまずきがあり得ます。「私は一度もつまずいたことがありません」というのは、問題を本当に神様の前に処理したことのない人ではないでしょうか。けれども、イエス様はそれをお咎めにはなりません。ご覧なさい、あのペテロをはじめとするイエス様の弟子たちは、一度はみんなつまずいてしまって、イエス様なんか捨てて逃げていった連中ですよ。そういう者は駄目か。お払い箱か。そうではありません。イエス様はそのような弱い弟子たちであっても、彼らが悔い改め、聖霊に満たされてイエス様の使者となるときに、神様の証しをすることができるという確信を持って、彼らを信任なさったのです。

ああ、みなさん。クリスチャンでも、私たちの日々の生涯の中でどんなにイエス様につまずくことがあるでしょうか。試練の中で、私たちはイエス様につまずいてしまう。思うようにならなくて、どんなに祈ってもトンネルを通り抜けることができない。「イエス様は本当に祈りを聞いてくれるのかしら。イエス様が生きているのだったら、どうして私はこういうところを通るのだろう」ということがありますね。そういうとき、私たちは疑わないで純粋にイエス様を信じきることができるでしょうか。たいへんに難しい問題です。信じ抜くことができる人は、神様のあわれみがあると思います。けれども、「イエス様、あなたは本当に生きておいでになるのですか」と叫ばざるを得ないようなつまずきがあり得るでしょう。

世の中の常識や自分の利得を考えたら、イエス様にはつまずいてしまいます。神様はイザヤ書において、「わたしはシオンにつまずきの岩を置く」とおっしゃいました。これは救い主のことです。人々が自分のことだけを考えて常識で神様に近づいて行くならば、必ずイエス様につまずくのです。残念ながら、このバプテスマのヨハネも、常識の判断を始めたときにイエス様につまずき始めたのです。

けれども、イエス様は、「おまえは駄目だ」とおっしゃらないで、「わたしにつまずかない者はさいわいだぞ」とおっしゃったのであります。私たちの人生には、本当に先が見えないような、暗雲の立ち込めてくるようなときが、どんなに多くあるだろうかと思います。しかし神様は、「視《み》よ、我つまずく石さまたぐる岩をシオンに置く、之に依頼む者は辱しめられじ」（文語訳）とおっしゃった。神様のみこころは、私たちが常識や自分の見える世界に動かされてしまうのではなく、私たちがその岩に砕かれることです。キリスト教にとっての一番の問題は、イエス・キリストの十字架と復活です。これ以上の妨げはない。けれども、このつまずきは、その前に謙虚に砕かれることによって、乗り越えることができるということであります。

私たちが常識にすがってきたこと、波を見て恐れてしまったこと、それらいっさいを置いて、もう一度主を見上げるときに、主はそれを取り上げてくださいます。お言葉を信じて進んでいくところに、癒しのわざがなされるでしょう。同時にまた神様は、信じることができないような弱い人をも、「わたしにつまずかない者はさいわいだ」とおっしゃって、あわれみが人を癒す奇跡を起こすことができるとお示しになりました。実に、これは福音であります。

どうか、愛する兄弟姉妹よ、イエス・キリストが十字架において、私たちの死もいっさい引き受けてなぶり殺しにされてたのは、私の身代わりであったと信じようではありませんか。これはつまずきでありますが、その前に砕かれて信ずることによって、私たちはその十字架を受け入れることができるのです。今朝、このお方の声を新しく聞きたいと思います。「わたしにつまずかない者はさいわいである」。人がどう言おうが、人がどう思おうが、「どんなことの中にも、主をご信頼していきます」という信仰を持って、このお方に従って行きたいと思いますね。

それでもつまずくこともあるでしょう。けれども、このお方はそのつまずきを癒すことのできるお方です。あわれみによって、ご自身の恵みのわざをなさることのできるお方です。私たちは徹底的にそこに立って、みことばを信じていくことができる者にさせていただきたいと思います。

20　愛の源泉としての罪の赦し〈七章三六―五〇節〉

ルカによる福音書の第七章をお開きになってください。三六節のところからお読みいたします。

あるパリサイ人がイエスに、食事を共にしたいと申し出たので、そのパリサイ人の家にはいって食卓に着かれた。するとそのとき、その町で罪の女であったものが、パリサイ人の家で食卓に着いておられることを聞いて、香油が入れてある石膏のつぼを持ってきて、泣きながら、イエスのうしろでその足もとに寄り、まず涙でイエスの足をぬらし、自分の髪の毛でぬぐい、そして、その足に接吻して、香油を塗った。イエスを招いたパリサイ人がそれを見て、心の中で言った、「もしこの人が預言者であるなら、自分にさわっている女がだれだか、どんな女かわかるはずだ。それは罪の女なのだから」。そこでイエスは彼にむかって言われた、「シモン、あなたに言うことがある」。彼は、「先生、おっしゃってください」と言った。イエスが言われた、「ある金貸しに金をかりた人がふたりいたが、ひとりは五百デナリ、もうひとりは五十デナリを借りていた。ところが、返すことができなかったので、彼はふたり共ゆるしてやった。このふたりのうちで、どちらが彼を多く愛するだろうか」。シモンが答えて言った、「多くゆるしてもらったほうだと思います」。イエスが言われた、「あなたの判断は正しい」。それから女の方に振り向いて、シモンに言われた、「この女を見ないか。わたしがあなたの家にはいってきた時に、あなたは足を洗う水をくれなかった。ところが、この女は涙でわたしの足をぬらし、髪の毛でふいてくれた。あなたはわたしに接吻をしてくれなかったが、彼女はわたしが家にはいった時から、わたしの足に接吻をしてやまなかった。あなたはわたしの頭に油を塗ってくれなかったが、彼女はわたしの足に香油を塗ってくれた。それであなたに言うが、この女は多く愛したから、その多くの罪はゆるされているのである。少しだけゆるされた者は、少しだけしか愛さない」。そして女に、「あなたの罪はゆるされた」と言われた。すると同席の者たちが心の中で言いはじめた、「罪をゆるすことさえするこの人は、いったい、何者だろう」。しかし、イエスは女に向かって言われた、「あなたの信仰があなたを救ったのです。安心して行きなさい」。（三六―五〇節、傍点筆者）

この一区切りを通じて、「愛の源泉としての罪の赦し」という題でお話をしたいと考えています。人間は、自分のようにほかの人々、隣人を愛することがなかなかできない存在です。「神と人とを本当に愛することができるか」と神様から問われるときに、生まれつきの人間は、決して素手で他者を愛したり、神を愛したりすることはできないだろうと思うのです。聖書で言う「愛」とは、時として私たちの持っている好き嫌いの感情とはほど遠いものであるということを見ることができます。しかし、このところには、私たちのような罪人であり、汚れた者でありましても、イエスを信じて罪を赦されたという神様の恵みにあずかった者は、赦してくださった神様と、神様に赦されている他者とを、本当に心から愛することができると言われています。自分のことしか考えないような人間が、他者と神とを心から愛することが可能なのです。その愛の源泉となるのが罪の赦しであるということを、みなさんと一緒に考えてみたいと思っています。

さて、これはパリサイ人シモンという人の家での出来事であります。イエス様によって不思議なわざがなされましたし、すばらしいお話が語られていましたので、イエス様の評判は非常に良くて、パリサイ人のシモンもなんとかイエス様に喜んでいただこうと思ったのだろうと思います。一席設けて、「先生、どうぞ私の家に夕食においでください」と、イエスをもてなしたわけであります。そのもてなしの席上に、一人の罪深い女性が入って来てイエス様にとった行為を、イエス様はどう見られ、人々はどう見たのか、あるいはシモンはどういう態度でイエス様を迎えたかということが、ここのストーリーです。私たちが本当に神と人とを愛して、信じて従って行こうとするならば、この女性がイエス様に出会ったような出会い方でイエス様に出会っていくことが大切だということを、この記事は教えていると思うのであります。

パリサイ人は社会的に身分の高い人でしたし、人々からの評価は非常に高いレベルにあったと思います。それに対して、罪深い女というのは、いわゆる「夜の女」と言われるような人であったと思われます。ところがイエス様は、身分とか立場によって人を判断しないで、その人がどういう心でイエス様に向かうか、神様に向かうかということによって、人々の行為と心とを評価されたということです。ですから、私たちも身分とか立場とか能力によってではなしに、私たちの真心、真実な思いをもって神様に向かっていくということを、このところから学んでみたいと考えています。

二つの角度からお話をしたいと思っています。罪の女とパリサイ人の二人が主要人物ですから、この二人の態度を見ていきたいと思います。第一は、「イエスを愛した罪人の女の行為」。第二は、「パリサイ人シモンの態度」です。シモンがどういう態度で宴会を設けてイエス様をお迎えしたかを見てみたいと思います。

1　イエスを愛した罪人の女の行為

第一に、「イエスを愛した罪人の女の行為」ということですが、三七節から見てみましょう。

するとそのとき、その町で罪の女であったものが、パリサイ人の家で食卓に着いておられることを聞いて、香油が入れてある石膏のつぼを持ってきて、泣きながら、イエスのうしろでその足もとに寄り、まず涙でイエスの足をぬらし、自分の髪の毛でぬぐい、そして、その足に接吻して、香油を塗った。（三七—三八節）

この女性は、「その町で罪の女であったもの」とありますが、イエス様のところに来て、泣きながら足もとにひれ伏して髪の毛でイエス様の足をぬぐった。髪をといているのは夜の商売の女であることを示していると言われます。普通のユダヤの女性は髪を結っているのですが、その髪をといて、涙で濡らして足をぬぐったということは、この女性がどういう存在であったかを表しているということです。この女性は、税金取りとか罪人と同じように社会の底辺にいて、何かあっても切り捨てられてしまう存在であったと見ることができます。どこかでイエス様の話を聞いたり、神を信ずる心の動きがあったりしたのだろうと思いますが、パリサイ人のシモンの家に来て、そういう行為をしたということです。

まず、「泣きながら、イエスのうしろでその足もとに寄り」と書いてあります。お客が家に入ってくるときには、本当はもてなす主人が客を迎えるわけですが、イエス様のところに真っ先に飛んできたのは、この罪の女であったということです。この女性はイエス様のうしろに回ったということですが、これは客をもてなす主人がとるべき態度なのです。客が家に入るときには、足からサンダルを脱がせて、水で足を洗ってから食卓に着くというのがユダヤの風習であったわけですが、それがなされていない状態で、彼女は泣きながらイエス様の足もとに座ったということです。

足もとに座るということは、福音書におきましては弟子入りをするという意味のテクニカル・タームです。ユダヤの国では、小さな寺子屋のようなシステムがありまして、聖書を教えるラビは寝そべったり、座ったりしながら教えるものですから、その足もとに座るということは門下に入門することを表すわけです。この女性はそういう意味で、イエス様の足もとに座ったのです。その行動にどれほど女性の心が表されているかがわかりますね。

そして、涙で足を濡らしたと書いてあります。『インターナショナル・クリティカル・コメンタリー』という注解書でプランマー博士は、これは彼女の悔い改めの心を表現しているのだと注解していますが、まさにそうだろうと思います。

涙で足を濡らしたあとには、自分の髪の毛でぬぐったと書いてあります。女性が結ってある髪をとくということは、愛する者の前でするべき態度です。ですから、エデルシャイムの書いたユダヤの国の風習などを読んでみますと、女性が公に異性の前で髪をとくことはなかったということがわかります。それは愛を表す証拠ですから、むしろ恥ずかしいことであったわけですが、この女性はみんなの見ている前で、イエス様の足をぬぐったのです。「私のような、夜の女と言われて人々から四捨五入されるような存在であっても、このお方は顧みてくださった。そして、このお方のお話は私の人生を変えてくれた。私はなんという罪深い者だったでしょうか」と、言われるまでもなく自分から認めて、彼女は涙をもってこのお方の前にひれ伏したのです。「この私の罪を赦してくださったあなたを、私は心から愛しています」というしるしでありましょう。プランマー博士は、これは犠牲の精神だと言っていますが、私もまさにそうであろうと思うのです。

そして、そのあとで足に接吻したとありますね。キスをしたということですね。接吻というのは、ユダヤの国では尊敬のしるしです。使徒パウロも、「あなたがたはきよい口づけをもって安否を互いに問い合いなさい」と言っています。最後の晩餐のときにイエス様を売ったユダは、いかにもイエス様と親しい者であるかのごとくにやって来て、イエス様に接吻したと書いてあります。あれは偽の態度でありますが、ラビに対する尊敬の態度を示したということなのです。

しかも、ここで尊敬の念を表す接吻をしたということは、ギリシャ語で繰り返しの行動を表す時制で書かれています。何回も何回もということです。ですから、四五節を見ていただきますとこう書いてあります。

あなたはわたしに接吻をしてくれなかったが、彼女はわたしが家にはいった時から、わたしの足に接吻をしてやまなかった。

これはイエス様がシモンに言われた言葉ですが、この女性が何回も何回も、イエス様に従って行きますという尊敬の態度をとったということです。

そして三八節に戻りますと、「香油を塗った」と書いてあります。イエス様の生涯には、何回か香油を注がれたという出来事があります。お客さんを家に迎えるときに、歓迎の意味で香油を一滴か二滴塗って差し上げるということが風習としてなされていたのです。それが客をもてなす最大の態度で、心から「ようこそおいでくださいました」という歓迎のしるしでした。「いやなやつが来たな」というときには、そういうことはしなかったのです。

この女性はそういう行動をしたわけですが、それを見ていた人々は、「これは夜の女だ。昼間に大手を振って入ってくることなんかできない女性だ。それなのに、この女性がこんなことをするというのは、許されてよいことだろうか」と思ったでしょう。旧約聖書の世界では、詩篇の第一篇に言われているように、「罪人は正しい者のつどいに立つことができない」ということがあったわけです。その罪の基準は、神様の掟を守っているか守っていないかということでしたから、ましてや夜の女なんていうのは、神様の掟を守っていない者の最たる代表者と言ってもよいくらいでした。

ところが、この女性が「イエス様によって罪が赦された。このお方が私の生涯を解放してくださった」という喜びと感謝をもってしたことを、イエス様はどうご理解くださったかといいますと、四〇節から四三節までのところに、たとえ話でこうおっしゃっています。

そこでイエスは彼にむかって言われた、「シモン、あなたに言うことがある」。彼は「先生、おっしゃってください」と言った。イエスが言われた、「ある金貸しに金をかりた人がふたりいたが、ひとりは五百デナリ、もうひとりは五十デナリを借りていた。ところが、返すことができなかったので、彼はふたり共ゆるしてやった。このふたりのうちで、どちらが彼を多く愛するだろうか」。シモンが答えて言った、「多くゆるしてもらったほうだと思います」。イエスが言われた、「あなたの判断は正しい」。

家の主人であったシモンは、この女性のしたことを見て怪訝な顔をしたのでしょう。すると、イエス様はすぐに、「シモンよ、あなたはわたしをこうやって招いてくれたけれども、ちょっと言いたいことがある」と言って、たとえ話をしました。「ふたりの人がいて、借金をした。ひとりは五百デナリ、もうひとりは五十デナリの借金をした。このふたりが借金を返せなくなったときに、貸した人がその借財をゆるしてやった。このふたりのうち、どちらが多くその主人を愛したと思うか」とお聞きになったのです。一デナリは当時の労働者の一日の賃金ですから、五百デナリと言ったら大金です。シモンは答えて、「五百デナリの借財をゆるされた人が、多く愛したと思います」と言いました。

そのときに、イエス様は、「それはこの女のことだよ」とおっしゃったのです。四七節を見ていただきますと、こう書いてあります。

「それであなたに言うが、この女は多く愛したから、その多くの罪はゆるされているのである。少しだけゆるされた者は、少しだけしか愛さない」。

本当に神様から赦されて、神様のいのちを生きることができるようになったときに、この女性はだれよりも多くイエス様を愛したということなのです。

この言葉を誤解して用いてはいけないと思います。「やっぱり聖書は道徳、倫理を教えるから、多く愛せと言うのだな。それでは、神様から赦されるためには、たくさん愛したらいいのだな」と受け取っては間違いです。イエス様がおっしゃったのは、まず神様から赦されるということです。赦された人だけが愛することができるのです。愛された人だけが他者を愛することができます。自分が愛されたことに覚えがないようでは、他者に対する愛なんか出てこないわけです。多く愛するという行為があるから赦されるのではなくて、赦されたから愛することができるということですね。本末を転倒してはならない重要な聖書の教えです。

この女性は、イエス様から赦されたことを本当に自覚して、「私のような者はだれも相手にしないのに、相手にしてくださった。それどころではない。私を責めないで、神様の永遠の喜びといのちに入れてくださった。このお方のためには、私は何をも惜しまない」という愛のあり方をしていたのであります。それをイエス様は評価してくださったということです。

最後に五〇節を見ていただきますと、こう書いてあります。

しかし、イエスは女に向かって言われた、「あなたの信仰があなたを救ったのです。安心して行きなさい」。

この女性は人々に嘲笑されたり、肩身の狭い思いをしたり、恥ずかしい思いをしたりもしたでしょうけれど、人類の救い主としておいでになったイエス様から、「あなたの信仰が、わたしに対する真実が、あなたを救ったのですよ。もうだれもあなたを責める人はいませんから、安心して行きなさい」と言われたのです。おそらく、この人は再び夜の女となるような生涯は送らなかったでしょう。全くイエス様に生かされた新しい人生へと進んでいったであろうと、推察するに難くありません。

2　パリサイ人シモンの態度

第二のことにいきましょう。「パリサイ人シモンの態度」であります。このパリサイ人のシモンは、イエス様を喜んで迎えて食事に誘ってくれた人ですから、悪い人ではなかったと思います。ところが、このシモンの態度は、罪の女と言われて毛嫌いされていたような女性が持っていた信仰、神様への真心が欠けていました。これは決定的に、イエス様が寂しく思われたことだろうと思うのです。

パリサイ人は、イエス様から見ると敵対者でした。最後には、このパリサイ人たちのグループが先導してイエス様を十字架につけたわけですから、特にルカによる福音書を読んでいきますと、パリサイ人はイエス様に敵対する者、悪者の象徴となっているくらいです。いつでも自分たちを正しい者と見て、「俺は正しい。ほかの人はみんな間違っている」という生き方をしていた人たちでした。

ところがルカは、パリサイ人の中にもイエス様を信じる人がいた、いや、もっと言いますと、神の恩寵はパリサイ人の中にも入っていった、ということを忘れずに筆を執ったと見ることができます。聖書を注解する学者たちの中には、ここを悪く取る人もいます。パリサイ人はイエス様を訴えようとしていましたから、シモンがイエス様の落ち度を取り上げるために自分の家に招いたのではないかという学説があるのです。パリサイ人がどういう人たちであったかを念頭に置いて読みますと、そういう解釈も成り立つだろうと思います。けれども、ここをよく読んでみますと、そうではないと私は思うのです。このパリサイ人の言動、イエス様とのやり取りを見ますと、イエス様を敵視しているようなところはありません。この人は、まあ友達として、イエス様が有名な人だから、町の有力者である自分の家に来てご飯でも食べてもらおう、という程度の歓迎をしたのだろうと思います。

だから、最上のもてなしではなかったと思うのです。四四節から四六節を見てみますと、イエス様はこういうことをおっしゃっています。

それから女の方に振り向いて、シモンに言われた、「この女を見ないか。わたしがあなたの家にはいってきた時に、あなたは足を洗う水をくれなかった。ところが、この女は涙でわたしの足をぬらし、髪の毛でふいてくれた。あなたはわたしに接吻をしてくれなかったが、彼女はわたしが家にはいった時から、わたしの足に接吻をしてやまなかった。あなたはわたしの頭に油を塗ってくれなかったが、彼女はわたしの足に香油を塗ってくれた」。

お客さんとして招かれたのですから、たとえ相手がどうであっても、「きょうはありがとうございます。招いてくださって、本当に嬉しいですよ」と言うのが普通ですが、イエス様という方は本当のことをおっしゃるものですから、「この招きはいったいどういうことだったのですか」というような気持ちを込めて、こう言われたわけです。

ユダヤでは来客があると、まずそのお客さんの足をきれいにして、その座に香油を注いでくつろげるような空気を作って迎えるというのが最上の迎え方でした。ところが、シモンはそれをしなかったわけです。シモンはその地方の有力者でしたから、有名な人が来たのにただ通らせたらバツが悪いということで、対面を繕うためにイエス様を迎えたのだと思います。ですから、多少は歓迎する気持ちもあったかもしれませんが、心がこもっていなかったということです。愛の行為は完全でないと意味がないのです。

その証拠に、ルカはお医者さんですから、このときにシモンの心がどう動いたかということを心理学者が分析するように言っています。三九節を見てください。こう書いてあります。

> イエスを招いたパリサイ人がそれを見て、心の中で言った、「もしこの人が預言者であるなら、自分にさわっている女がだれだか、どんな女かわかるはずだ。それは罪の女なのだから」。

お客さんに向かって直接言うと失礼ですから、直接は言いませんでしたが、シモンは心の中でそう言った。罪の女が来たのを見て、「あっ、くだらないやつが来たな。イエスという人が預言者であるなら、人の心を見抜くはずだから、こいつがどんな者かわかるだろう」と思っていたところ、イエス様が平気でその女性のなすがままに任せて受け入れているものですから、「何だ、このイエスというのはたいしたことがないな。大預言者なんて言っているけど、この女がどんなに罪を犯してきたかも知らないのか」と心の中で言ったわけです。けれども、イエス様は、本当に人の心を読むことのできるお方でした。だから、そのシモンの心を読んで、「どちらが多く赦されたか」というたとえ話をなさったのです。シモンの心の動きを見てみますと、神様の喜ばれるような状況になかったことがわかりますね。

そのあとの四九節を見てみましょう。こう書いてあります。

するると同席の者たちが心の中で言いはじめた、「罪をゆるすことさえするこの人は、いったい、何者だろう」。

イエス様は、「この女性の罪は赦された。だからこの女性は、感謝してわたしに仕えているのです」と言ったのですが、人間の罪を赦すことができるのは神様しかいないわけです。ですから、イエス様がこの女の罪を赦すことは、神に代わって自分を神とみなしているということなのです。後に、パリサイ人はこのことを根拠にしてイエス様を訴えていくようになるわけですが、同席していた人たちがそういうことを心の中で言い始めたということであります。

シモンがどんな心でイエス様を迎えたかを見ますときに、私たちがイエス様に仕えていくために大切なのは心の動機だということを思います。ジョン・ウェスレーは、「動機において完全であるならば、その行為がどんなに描くあっても神様は喜んでくださる。それが完全な愛、キリスト者の完全だ」と言っていますが、私もまさにそうだろうと思うのです。

心がなかったら、形式的に「私は奉仕を一生懸命やります。教会で何時間やりました。家で何時間やりました。これだけお金をささげました」と言っても、それは神様のお心にかなうものではありません。「奉仕なんかすることができないほど忙しいけれども、群れのために一言祈り、献金をして、神様のお役に立とう」というような心が、本当に神様のお喜びになることだと思います。

こうして礼拝が持たれるために、みなさんが積極的に時間をささげ、労をささげていてくださることを嬉しく思っています。けれども、「仲間はずれになってはいけないから、私も奉仕に行かなくちゃ」なんていう思いからするのでは、それは不純ですね。「まあいいや。あの人が行っているから、きょうは休もう」ということでもいけないでしょう。何かイエス様のためにしたいという思いを持って、「それはできないけれども、これはできる」というあり方で仕えていくことができるとしたら、それはすばらしいことだと思います。教会の献金や奉仕において、みなさんがそういうふうにしてくださっていることを、本当に感謝しています。お互いに、心のこもったイエス様の前での歩みをしたいものだと思いますね。

私はここを読んでいて、「イエス様という方は恵み深い方だな」と思ったのですが、イエス様は一言もシモンを責めていないのです。「あなたはわたしにこういうことをしてくれなかった。でも、この女はしたよ」というような中にも、「シモン、おまえは間違っていた。おまえのやっていることは駄目だ」とは一言もおっしゃらない。心が欠けていることをシモンに認めさせようとはなさいましたが、決して責めなかった。それは、イエス様の愛の赦しが、この女性だけではなしに、シモンにも向けられていたということです。

「シモンよ、おまえには欠けているところがある。でも、おまえもこの女性と同じように罪を悔いて、神様を信じたら、この女性のように、もっともっと大きな恵みと祝福を受けることができる。そうすれば、本当に罪が赦された喜び、救われた感謝の思いを持って、すばらしいことができるようになっていく。人をたださばくだけではなくて、おまえもこの女性と同じように人を愛することができるようになるぞ」と言われたということです。

私たちはお互いに、なかなか人を愛することができにくい者です。人間というのは自己本位です。自分が一番かわいい。自分がかわいくて、自分が幸せになろうと思うのですけれども、そのために他者を蹴落とすようなことをして、かえって自分も傷つくものです。

だから、イエス様はおっしゃいました。「自分を愛するということが、一番自分を愛することではないぞ。神を愛し、神の愛したもう他者を本当に愛することができたら、おまえもまたその愛のつなぎの中に生きることができる。おまえの人生は生きがいのある、自己中心ではないものになる。だれにも通用する、神様も喜んでくださるような生涯に入ることができるぞ」と、私たちにお教えになっていると思います。実に愛の源泉は、神を信じて罪の赦しと永遠のいのちをいただいたことにあるということを、もう一度新しく自覚したい。そう思うのであります。

21　神のみことばに生きる生涯〈八章一―二一節〉

ルカによる福音書の第八章をお開きになってください。その前半のところを読んでみたいと思います。

　そののちイエスは、神の国の福音を説きまた伝えながら、町々村々を巡回し続けられたが、十二弟子もお供をした。また悪霊を追い出され病気をいやされた数名の婦人たち、すなわち、七つの悪霊を追い出してもらったマグダラと呼ばれるマリヤ、ヘロデの家令クーザの妻ヨハンナ、スザンナ、そのほか多くの婦人たちも一緒にいて、自分たちの持ち物をもって一行に奉仕した。

　さて、大ぜいの群衆が集まり、その上、町々からの人たちがイエスのところに、ぞくぞくと押し寄せてきたので、一つの譬で話をされた。「種まきが種をまきに出て行った。まいているうちに、ある種は道ばたに落ち、踏みつけられ、そして空の鳥に食べられてしまった。ほかの種は岩の上に落ち、はえはしたが水気がないので枯れてしまった。ほかの種は、いばらの間に落ちたので、いばらも一緒に茂ってきて、それをふさいでしまった。ところが、ほかの種は良い地に落ちたので、はえ育って百倍もの実を結んだ」。こう語られたのち、声をあげて「聞く耳のある者は聞くがよい」と言われた。（一―八節、傍点筆者・以下同）

良い地に落ちたのは、御言《みことば》を聞いたのち、これを正しい良い心でしっかりと守り、耐え忍んで実を結ぶに至る人たちのことである。

だれもあかりをともして、それを何かの器でおおいかぶせたり、寝台の下に置いたりはしない。燭台の上に置いて、はいって来る人たちに光が見えるようにするのである。（一五―一六節）

だから、どう聞くかに注意するがよい。持っている人は更に与えられ、持っていない人は、持っていると思っているものまでも、取り上げられるであろう」。

さて、イエスの母と兄弟たちとがイエスのところにきたが、群衆のためそば近くに行くことができなかった。それで、だれかが「あなたの母上と兄弟がたが、お目にかかろうと思って、外に立っておられます」と取次いだ。するとイエスは人々にむかって言われた、「神の御言を聞いて行う者こそ、わたしの母、わたしの兄弟なのである」。（一八―二一節）

この一区切りを通じまして、「神のみことばに生きる生涯」という題でお話をしたいと思います。私どもは生まれ変わって神の子となりクリスチャンとなっているわけですが、クリスチャンの本質は、神様のみことばを聞いてそのみことばによって生かされていくということです。そのような、みことばに生きる生涯ということを、みなさんと一緒に学んでみたいと思っています。

ルカはイエス様の生涯を描くにあたって、いろいろな工夫をしています。大きな絵を描くようにイエス様についてのエピソードを描きながら、宣教者としてのイエス様を書きつづっているわけですが、いろいろな物語とイエス様の宣教とが交互に出てくるように筆を運んでいます。

イエス様の宣教は、言葉による教えだけではなしに、奇跡を通じて、行動を通じて神の国を伝えていったということであります。御国の福音はイエス様の教えと行為とによってもたらされてきたと言うことができるだろうと思うのですが、八章の一節にもそのことが言われています。

そののちイエスは、神の国の福音を説きまた伝えながら、町々村々を巡回し続けられたが、十二弟子もお供をした。

一節から二一節までのところは、イエス様の言葉による教えが出てきます。イエス様がみことばを通じて、「神の国とはこういうものだよ。神様の恵みの支配にあずかりなさいよ」と言っておられるわけです。そして、二二節から五六節の終わりまでは奇跡がまとめられていまして、イエス様が奇跡をもって神の国の恵みをお伝えくださったことが記されているのです。このように二つの角度からイエス様を描く書き方は、ルカの常套手段とも言うことができるだろうと思います。

初めの一節から三節までは内容に直接関係がないように思われますけれども、イエス様の一行がどういう状態で全国町々にお話をして歩いたかということを記しています。イエス様のみそばには七十人のお弟子たちがおり、またその七十人から選ばれた十二人がいつもイエス様を囲んでいたわけですが、そのほかに一群の女性たちがついて来ていたと言われています（二―三節）。

おそらく、町々を歩くときには、どこへ泊まって、どこでご飯を食べるかといったことが問題になったと思いますが、この女性たちがイエス様ご一行の面倒を見ていたのだろうと思います。心から献身した人々が、イエス様とそのお弟子さんたちを支え、日常の生活の細々としたことを奉仕するためについてきたということとですが、これはルカだけが書いていることです。

ルカによる福音書を読んでいくと、ルカは男性と女性とを区別しないで、女性もまたイエス様に仕えた人々であるということを筆を尽くして言っています。二三章では、イエス様が十字架につけられたときにも、この八章に出てくる女性たちがそばにいて、イエス様のご家族とともにその十字架の死を悼んだと記されています。ルカは、女性も男性も同じようにイエス様から目をかけられて、同じように神様の恩寵にあずかりながらご奉仕をしていったことを書いているわけです。

さて、ここでイエス様はたとえ話をし、またご自分にまつわる出来事を通じて、みことばに聞くことが非常に大切だということをお示しになりました。福音は喜びのおとずれですけれども、その喜びにあずかって生きるというのは、語られた神様のみことばに対して反応しながら歩んでいくことだとおっしゃっているのです。三つの場面を取り上げてみたいと思います。第一に、「確信と忍耐をもってみことばに生きる」。第二に、「受けたみことばを語る」。そして第三に、「受けたみことばに生きる」ということです。

1　確信と忍耐をもってみことばに生きる

第一に、「確信と忍耐をもってみことばに生きる」ということであります。

四節から一五節までには、種まきのたとえが出てきます。この話はマルコによる福音書にもマタイによる福音書にも出てきますが、種をまく人がいて、その種が四つの土壌に落ちたというものです。

一つは、人々によって固く踏みならされた道端に落ちました。その種は鳥が来て持っていってしまいました。ですから、その種は全然実を結ばなかったわけです。もう一つの種は、岩がごつごつしている中にわずかな土があるような岩地に落ちました。パレスチナ・ユダヤには日本の畑のような肥沃な土地はありません。

遠くからは緑に見える畑のようなところでも、近寄ってみると石がごつごつしていて、石の中に少しの土があるような土地なのです。

この道端に落ちた種、岩地にまかれた種、いばらの中に落ちた種、よく耕された土地にまかれた種というのは神のみことばのことであり、それを受ける土地というのは人間の心の状況のことを言っています。道端というのは、固く踏みつけられた頑固な心です。神様のお声を聞いても、「信じるものか。それが何だ」という態度ですから、その人の上にいくら福音の種がまかれても、サタンが来てそれを持っていってしまうわけです。岩地に落ちた種というのは、みことばを聞いたときは「わっ」と喜ぶのですけれども、太陽が出てきて照りつけられると枯れてしまうような、熱しやすく冷めやすい人の心ということでしょう。また、いばらの中に落ちた種というのは、思い煩いの心を持ってみことばを聞く人です。みことばも聞くけれども、「ああでもない、こうでもない」、「これがこうだから、あれはああだ」というようなことをいつも思っていますから、みことばは少しも成長できず、結局実を結べないということです。そして、よく耕された土地というのは、頑固なところに鍬が入れられて、石が除かれ、雑草が除かれた土地であるということです。そこでは百倍の実を結ぶことができました。

それでは、百倍の実を結ぶことができた土地というのはどういう土地かというと、一五節を見てください。こう書いてあります。

　良い地に落ちたのは、御言を聞いたのち、これを正しい良い心でしっかりと守り、耐え忍んで実を結ぶに至る人たちのことである。

この「しっかりと守る」には、「しっかりと握りしめる」という言葉が使われています。「カテコー」という言葉ですが、「どんなことがあっても離さない」という意味です。ここでは、確信を持ってみことばを受けたら、それを離さないで、心の中にいつも蓄えておくのが「良い地」であると言われているわけです。どんなに良いお話であっても、右の耳から聞いて左の耳から抜けていってしまうということでは留まりません。みことばが実を結ぶためには、心でそれがしっかりとつかまれていることが大切なのです。

そして、心がしっかりとみことばを捕らえていくためには、忍耐が必要だと言っています。種をまいてから、その種から芽が出てきて、芽が大きくなって花が咲き、実を結ぶまでには忍耐が必要です。芽が出るには時間がいる。神の言葉という福音の種が私たちの心の中でしっかりと保たれていくためには、忍耐が必要だと思います。

私たちが花を植えるときに、「そろそろ根づいたかな」とほじくり返して、「ああ、まだついていない」と、もう一度植えて、また「もう大丈夫かな」と引っ張ってみるというようなことをしていたら、その花は枯れてしまいます。私たちがみことばを生きるときに大切なのは忍耐ですよ。特に、現代人は耐え忍ぶことがへたになっていると思います。親が子どもをしかるときも、「何をしているの。早く」というようなことを言うわけですけれども、私たちの人生に神様のみことばが根をおろし、芽を出し、花を咲かせて実を結んでいくためには忍耐が必要なのです。忍耐なしに神様のみわざを期待することはできないと思います。

聞いた言葉を逃してしまったり、鳥に取られてしまったり、世の煩いによってふさがれてしまったりしないで、忍耐をもって保っていくということですが、ここには「正しい良い心で」と書いてありますね。これはあまり良い訳ではありません。「正しい良い」というのは、両方ともギリシャ語では「良い」という意味の言葉が使われています。直訳すると「良い良い心」となるのですが、最初のほうの「良い」は「カロス」

という言葉で、「性質が良い」ということです。曲がった心やすねた心ではなくて「純粋な心で」ということですね。それから、あとのほうの「良い」は「アガソス」という言葉で、神の恩寵を表すときに使われる言葉です。私たちが生まれつきの我慢強さや忍耐力を持って、「よし、みことばを聞いた。死んでも離さないぞ」と歯を食いしばって保つということではないのです。素直にみことばを受ければ、神様の恵みによって私たちの心は耕されていきますから、神様に対する信頼を持つ心が、ここで言う「正しい良い心」なのです。

相手に対する信頼がなければ、忍耐はできません。「あの人の言うことなんか当てになるものか」と思っていたら、忍耐なんてできませんよね。でも、「あの人の言うことは大丈夫だ」とお任せして、本当にそれにより頼んでいきますと、私たちは忍耐することができるようになります。ですから、忍耐は決して一つの品性ではないのです。我慢強さとは違います。忍耐というのは、神様の恩寵によって私たちの心が穏やかに耕され、信頼を持って神様に向かうときに、種が芽を出すのを待つことができるということなのです。それが確信と忍耐による結実ということです。

2　受けたみことばを語る

第二のことにいきましょう。「受けたみことばを語る」ということです。第二のたとえは、一六節から一八節までですが、ともしびのたとえ話です。暗闇を照らすときにろうそくに火を点けますけれども、イエス様は「ろうそくの上にカバーを被せてしまったら、暗くて見えないではないか。高い台の上にろうそくを置けば、その光は暗闇全体を照らすことができる」とおっしゃいました。また、一八節では、「どう聞くかに注意するがよい」とおっしゃっています。燭台の上にともしびを置くということは、みことばをどう聞くかということを表しているのです。

それは、聞き洩らさずに一生懸命聞くということもありますけれども、ここで言われているのは、むしろ聞いた言葉に対する態度のことです。「イエス様から恵みのうちに語りかけられたみことばがあったら、そのみことばを多くの人々にわかるように話して聞かせてあげなさい」ということなのです。みことばに生きる生涯というのは、みことばを聞いて、「ああ、良かったな。慰められた」と個人的に思うだけではなしに、その言葉によってどんなに励まされたかを証しする生涯です。そのようにみことばを語ると、語られた神様からのみことばがあなた個人の中で照り輝くだけではなく、あなたと同じような悩みを持ち、あなたと同じような暗さの中にある人々が、いのちと光を受けて生きることができるようにもなる。イエス様は、それがみことばを聞いたということだ、とおっしゃっているのです。

私は昨日、六十一歳になりました。「ああ、いよいよこれで六十歳が終わりだな」という夜に、なかなか寝つけませんでしたので、しばらく床に入って黙想したり、神様に感謝をしたりしていました。六十年というのはやっぱり長いのですよ。でも、この間、よく神様が守ってくださったなと思うのです。「自分の人生のうちの四十年間は、イエス様を知って、イエス様によってどんなに生かされただろうか」と思いながら寝ようとしたのですが、それでも寝つけませんでしたので、ちょうどそのときやっていたＦＥＢＣの私の放送を聴くことにしました。この教会で話したピリピ人への手紙の一章の説教をまとめたものを放送していたのですが、それを聴いていまして、われながら「こういう話を聴ける信徒は幸せだろうな」なんて思いました。それは、私がしゃべっているからではなくて、みことばを聞いて、「ああ、神様、本当にありがとうございます」と思ったからです。私なんて自己中心で、わがままで、人のお世話になったり、人に迷惑をかけたりしていましたけれども、イエス様につかまえていただいて、今、私の説教が電波に乗って日本全国に流れています。そして、大ぜいの人がそれを聴いてレスポンスしてくださるのもありがたいことだなと思いますが、あの日はピリピ人への手紙の説教を聴きながら、「なるほど。これは本当だ。アーメン」と思ったのです。

　私が与えられたみことばを語っていたわけですけれども、その言葉を受けたときの私は、そのみことばによって慰められ、助けられ、涙の谷を行くようなときにも「イエス様こそ私のいのちであり、心である。イエス様こそ私のゴールである。イエス様こそ私の力である」と本当に思ったのです。みことばを与えられて励まされたら、今度はそのみことばを語ることが大切だと思いますね。恵みのみことばを与えられたときに、どうぞ惜しまないで、お友達に電話して、あるいは集まって、そのみことばについて語り合ってごらんなさい。そこに神様がご臨在くださって、イエス様がそこに微笑をもっておいでになって、どんなにそれを祝福してくださるだろうかと思います。集まっても人の噂をしたり、「あそこのほうがここよりも安い」なんていう話ばっかりしているのではなくて、あなたのうちに語られたみことばを隠してしまわないことです。

　イエス様は、「あかりを灯して、寝台の下に入れる人はいないのではないか。ともしびを燭台の上に置けば、全部の人がその光の恩恵にあずかるではないか」とおっしゃいました。神様があなたに恵みを与え、あなたに恵みのみことばをお与えになったのは、あなたと同じような困難や問題を抱えている者に、そのみことばがいのちとなり、助けとなり、救いとなるためだということですね。ですから、私たちは与えられたみことばを他者に語るべきだろうと思うのです。

3　受けたみことばに生きる

　第三のことにいきましょう。「受けたみことばに生きる」。一九節から二一節までのところですが、そこにこういう言葉が出てきます。

さて、イエスの母と兄弟たちとがイエスのところにきたが、群衆のためそば近くに行くことができなかった。それで、だれかが「あなたの母上と兄弟がたが、お目にかかろうと思って、外に立っておられます」と取次いだ。するとイエスは人々にむかって言われた、「神の御言を聞いて行う者こそ、わたしの母、わたしの兄弟なのである」。

ここにはイエス様の兄弟たちが出てきますが、これはヤコブとユダであっただろうと思います。あのイエス様を売ったユダではなくて、イエス様の兄弟のユダですね。それから、「イエスの母」というのはマリヤです。彼らがイエス様のところに来て、イエス様にお会いしたいと言ったようです。イエス様が種まきの話をしたり、ともしびの話をしたりして、みんなが夢中になってイエス様の言葉に耳を傾けていたわけですが、マリヤさんと兄弟たちが「会いたい」と言ってやってきたということで、一瞬人々の関心はそちらを向いたと思います。そのときにイエス様は、「神の御言を聞いて行う者こそ、わたしの母、わたしの兄弟なのである」とおっしゃったのであります。この言葉の中で大切なのは、「神の御言を聞いて行う」ということです。

このことはマルコによる福音書にも書かれているのですが、人々がイエス様の口からほとばしり出る恵みの言葉に驚きまして、イエス様に向かって、「先生、あなたはすばらしい人ですね。あなたをこの地上に産み出して、あなたにお乳をあげた人はなんと幸せでしょう」と言ったことが出てきます。イエス様は、神様のみことばに人々の関心を集中させて、神様のお声を聞かせようと思っていたのに、ふっと人々の関心が「イエス様の兄弟やお母さんはすばらしい方だろうな」という人間的なことに転じられてしまった。そのときにイエス様は、「兄弟とか、母とか、肉のつながりが大切なのではない。神のみことばを聞いて、それを行う者こそ、わたしの母であり、わたしの兄弟である」とすかさずおっしゃったのです。これがみなさん、みことばに生きるということです。ヘブル人への手紙を見ますと、イエス様は私たちの兄弟となってくださったと書いてある。何によって兄弟になるか、どのようにイエス様と兄弟の契りを結ぶかというと、みことばなのです。神の言葉を聞いてこれを行う者は、イエス様と兄弟になるということです。

これは、ある意味においては、「ヤコブよ、ユダよ。おまえたちはわたしと血を分けた肉親であるには違いないけれども、わたしの言葉を聞いてこれを行うのがわたしの兄弟だぞ」というニュアンスが秘められていたということだと思います。後年、このイエス様の兄弟のヤコブもクリスチャンになりまして、エルサレム教会の重鎮になっていくわけですし、ユダもクリスチャンになって、新約聖書のユダの手紙を書いたわけですが、イエス様はここで、この兄弟たちが救われるように、お母さんにも恵みがあるようにという心遣いをしてくださったということでありましょう。

聖書注解者のプランマー博士は、「血筋のつながりはこの世における最高のつながりだ。ところが、みことばによる霊的つながりは永遠のつながりだ」と言っています。確かに、この地上においては、親であるとか子であるとか兄弟であるとか、そういう血筋のつながりほど固い契りはありませんよね。けれども、それはこの世のことで終わるわけです。みことばによる魂のつながりは永遠であります。

イエス様はここに、「わたしの言葉を聞いて行う者、従って来る者こそ、わたしの喜ぶ者、わたしにふさわしい者だ」と言いました。イエス様のお母さんとして選ばれたマリヤは、しがない一人の妙齢の女性にすぎなかったわけです。赤ちゃんを宿す年代を迎えていた一人の乙女でした。マリヤは、「自分は卑しい者だ。ダビデの末と言うけれども、ダビデの末である女性はたくさんいる。けれども、この卑しい女に神様は心を留めてくださった」と受け取ったのであります。「マリヤ、おまえは今から身ごもって子を産むぞ」と言われたときには、人々から笑われるだろうとか、結婚をしないで子どもを産んだら、姦淫の女だと言われて石で打ち殺されるかもしれないとか、いろいろなことがマリヤの頭の中をぐるぐる回ったと思います。けれども、「神様にできないことはない」とマリヤはいっさいを置いて神様に従って、「汝の言のごとく、我に成れかし」(文語訳)とささげたのです。「神様、あなたが私に御子イエスをお宿しになるとおっしゃるのですから、誤解されるかもしれませんし、命がけになるかもしれませんけれども、あなたのみ旨ならば私は従います」と、お言葉を聞いて、行《おこな》って、マリヤは初めてお母さんになれたのです。

ここでイエス様は、「あなたがたはわたしの母のマリヤをうらやむかもしれないが、わたしの母はかつてみことばに聞き、みことばにいっさいをゆだねて従うことによって、わたしの母となったのだ。わたしの母、わたしの兄弟姉妹というのは、わたしの言葉を聞いてこれを行う者である」とおっしゃいました。しっかりとみことばを保ち、忍耐を持って実を結ぶということ。聞いたみことばを人々に伝えるということ。そして、みことばを生きるということが、イエス様とのつながりの中にある縁であるということを、私たちにお教えになったわけであります。私たち一人一人も、この神のみことばに生きる生涯を生き続けたいと、そう思います。

22　イエスの奇跡と信仰〈八章二二―五六節〉

ルカによる福音書の第八章をお開きになっていただきたいと思います。前回、その前半のところを学びましたので、きょうは後半で、二二節から読んでみます。

　ある日のこと、イエスは弟子たちと舟に乗り込み、「湖の向こう岸へ渡ろう」と言われたので、一同が船出した。渡って行く間に、イエスは眠ってしまわれた。すると突風が湖に吹きおろしてきたので、彼らは水をかぶって危険になった。そこで、みそばに寄ってきてイエスを起し、「先生、先生、わたしたちは死にそうです」と言った。イエスは起き上がって、風と荒浪とをおしかりになると、止んでなぎになった。イエスは彼らに言われた、「あなたがたの信仰は、どこにあるのか」。彼らは恐れ驚いて互に言い合った、「いったい、このかたはだれだろう。お命じになると、風も水も従うとは」。

　それから、彼らはガリラヤの対岸、ゲラサ人の地に渡った。陸にあがられると、その町の人で、悪霊につかれて長いあいだ着物も着ず、家に居つかないで墓場にばかりいた人に、出会われた。この人がイエスを見て叫び出し、みまえにひれ伏して大声で言った、「いと高き神の子イエスよ、あなたはわたしとなんの係わりがあるのです。お願いです、わたしを苦しめないでください」。それは、イエスが汚れた霊に、その人から出て行け、とお命じになったからである。というのは、悪霊が何度も彼をひき捕えたので、彼は鎖と足かせとでつながれて看視されていたが、それを断ち切っては悪霊によって荒野へ追いやられていたのである。イエスは彼に「なんという名前か」とお尋ねになると、「レギオンと言います」と答えた。彼の中にたくさんの悪霊がはいり込んでいたからである。悪霊どもは、底知れぬ所に落ちて行くことを自分たちにお命じにならぬようにと、イエスに願いつづけた。ところが、そこの山べにおびただしい豚の群れが飼ってあったので、その豚の中へはいることを許していただきたいと、悪霊どもが願い出た。イエスはそれをお許しになった。そこで悪霊どもは、その人から出て豚の中へはいり込んだ。するとその群れは、がけから湖へなだれを打って駆け下り、おぼれ死んでしまった。飼う者たちは、この出来事を見て逃げ出して、町や村里にふれまわった。人々はこの出来事を見に出て来た。そして、イエスのところにきて、悪霊を追い出してもらった人が着物を着て、正気になってイエスの足もとにすわっているのを見て、恐れた。それを見た人たちは、この悪霊につかれていた者が救われた次第を、彼らに語り聞かせた。それから、ゲラサの地方の民衆はこぞって、自分たちの所から立ち去ってくださるようにとイエスに頼んだ。彼らが非常な恐怖に襲われていたからである。そこで、イエスは舟に乗って帰りかけられた。悪霊を追い出してもらった人は、お供をしたいと、しきりに願ったが、イエスはこう言って彼をお帰しになった。「家へ帰って、神があなたにどんなに大きなことをしてくださったか、語り聞かせなさい」。そこで彼は立ち去って、自分にイエスがして下さったことを、ことごとく町中に言いひろめた。（二二―三九節、傍点筆者）

この八章の二二節から五六節までのところから、「イエスの奇跡と信仰」という題でお話をしてみたいと考えています。イエス様が行動と奇跡とによって、神の恵みの支配が来ていることをお示しになったということを見ていきたいと思っています。

ここには四つの奇跡が出てきます。第一の奇跡は、イエス様が海の嵐を静めた奇跡。第二は、ゲラサ人が悪霊を追い出された奇跡。第三は、十二年間長血をわずらった女の人が癒された奇跡。そして最後は、会堂司ヤイロの娘が死者の中からよみがえらされたという奇跡です。

この四つの奇跡に一貫している共通点は、人々がイエス様に対する信仰を働かせたときに、その奇跡が起こったということです。人々の信仰がないときには、イエス様が自らわざをなさったこともありますが、そこでイエス様が要求なさったのも、イエスを信じる信仰でした。この四つの奇跡には、信仰が深く関わっていると見ることができるのであります。

海の嵐を静めた奇跡については、弟子たちはイエス様が一緒におられたのに気がつかなかったわけですので、ここで言う信仰とは、イエス様の臨在を自覚するということです。ここでイエス様は、「あなたがたの信仰は、どこにあるのか」と言われました。イエス様を信じるということは、イエス様が一緒にいることを自覚することだというのが第一のことです。

二つ目の、悪霊につかれた人の解放では、イエス様は、「あなたの上になされた神様のわざを人々に伝えなさい」とおっしゃいました。ここでは、証しをすることによって信仰はその人のものになるという面が言われていると思います。

あるいは、十二年間長血をわずらった女の人については、イエス様は信仰を告白するように言われました。女性はこっそり衣にさわって直してもらおうとしたわけですが、イエス様はそうではいけないと思われたようです。その女性が「私が触って、癒されました」と告白したところ、イエス様は「あなたの信仰があなたを救ったのです」と言われました。信仰というのは私たちになされた神のわざを告白することだ、と言われているわけであります。

そして、会堂司ヤイロの娘が癒されたときには、イエス様は、「わたしを信じなさい。わたしに全部任せなさい」とおっしゃいました。そこから、信仰とは信頼であるということを学ぶことができると思います。

そこで、これらの一つ一つのことについて、光を当てていってみたいと思います。

1　嵐を静めるイエス

第一に、「嵐を静めるイエス」です。八章の二二節から二五節のところです。イエス様が弟子たちと一緒に舟に乗って、向こう岸に渡られたと書いてあります。この「向こう岸」というのは、おそらくカペナウムという小さな村の対岸、ゲラサのことだろうと思います。イエス様たちがそのゲラサに向かう途中で嵐が起きまして、舟が今にも沈みそうになったのですが、イエス様はお疲れになっていたのでしょう、嵐の中で熟睡していたと書いてあります。このときにイエス様はどんなに平安でいらっしゃったことだろうと思いますが、弟子たちは、「先生、このままでは死んでしまうではありませんか」と騒いだのです。すると、イエス様が海の波をおしかりになって、波が静まったということであります。

嵐というのは、突然やって来るものです。弟子たちはどんなに恐れただろうかと思いますが、イエス様というお方は天地の創造者であり、自然界をご自分の手に治めることができ、波をも治めることのできるお方だということを、弟子たちは学ばなければならなかったのです。波がイエス様に従うのを見て弟子たちは驚いたと書いてありますが、彼らはイエス様が神であることをまだ知らなかったわけです。イエス様は、ご自分が救い主であることをつかませようとして、この出来事を訓練の時としたのだろうと思います。

旧約聖書の詩篇の一〇七篇を見ますと、荒波を静めるのは神様にしかできないことだと書いてあります。

二九節と三〇節に、海の商人たちが嵐に出遭って大変なときに心から呼ばわると神様がお答えくださって、海の波を静め、彼らは「これは神様にしかできないことだ」と言って感謝したことが出てきます。イエス様がおいでになる千年くらい前の詩篇の中に、こういうことが予告されていました。クラウス・ヴェスターマンというドイツの学者は、「この奇跡は詩篇の一〇七篇の成就である」とさえ言っています。

弟子たちはこの詩篇を知っていたはずですけれども、自分たちと一緒にいるお方がどういう方であるかということに気がつきませんでした。彼らは、「イエス様が一緒にいてくださったらどうにでもなる」と信じきるべきだったのですが、いざ波が荒れてきたときに、これはもう大変だと思って、「先生、どうなったのですか。あなたも私たちも死んでしまいますよ」と言ったわけです。イエス様は海と風をおしかりになって、「静まれ」と命じられました。そのときにイエス様が弟子たちに言われた言葉が、二五節です。

イエスは彼らに言われた、「あなたがたの信仰は、どこにあるのか」。

ことがうまくが進んでいるときには、お祈りもするし、賛美歌も歌うけれども、いざ問題が起こったら、「神様がいるならどうしてこんなことになるのか」というようなことが頭を持ち上げてきて、お祈りもできないようになってしまうのが人間の弱さですね。弟子たちもそうでした。そのときにイエス様は、「あなたがたの信仰はどこにあるのか。天地の造り主であり、救い主であるわたしがあなたがたと一緒にいるではないか。ともに臨在しているではないか。そのことに気がつかないのか」とおっしゃったのです。神様の臨在への自覚的な経験としての信仰に、弟子たちを目覚めさせようとなさったわけです。

教会というのは、ある意味においてノアの箱舟のようなところです。世の中には救いがありませんが、私たちは救われて、教会の中で一緒に救いの生涯を歩んでいきます。多くの荒波や問題が私たちの周囲にはありますけれども、私たちが救いの舟に身をゆだねるときに、その荒波を乗り切っていくことができるのです。けれども同時に、舟の中に入っていても嵐で舟が揉まれることもあり得るわけです。そのときに、私たちは「神様がいないからこんなことになるのだ」と思うのではなくて、絶えず目覚めさせられて、「天地の造り主でありたもう全能の主が私と一緒においでになる。このお方が私たちの一挙手一投足を見ておいでになる。同じ舟に乗っておいでになる」という信仰に立って、ご臨在の主を仰ぎたいと思います。あなたの家庭のただ中に、このお方はおいでになります。台所にも一緒においでになる。病床にも、神様は一緒においでになります。この奇跡は、そういうことを教えていると見ることができるのであります。

2　悪霊につかれたゲラサ人

第二のことにいきましょう。「悪霊につかれたゲラサ人」であります。

イエス様がガリラヤ湖を渡った先に、悪霊につかれて凶暴になっていた人がいました。ここに出てくる人は、一人の人間の中にたくさんの霊が住んでいたようです。力があり余ってしまって非常に凶暴で家には置けませんでしたから、手かせ足かせをして墓場に鎖でつながれていたのですが、その鎖を断ち切ってしまって、暴れて歩き回っていました。

この人が、舟でガリラヤ湖を渡ってきたイエス様に出会いました。悪霊たちは、イエス様が来たとわかったときに、自分たちが地獄に追いやられては困るものですから、「この人間からは出て行きますから、豚に入って生き延びるようにしてください」とイエス様に願いました。ユダヤ人たちは豚を食べないわけですが、そこには異邦人が多くいたようで豚が飼われていたのですね。そこでイエス様が、この悪霊につかれた人に向かって「あなたはなんという名前か」と尋ねたら、「レギオンです」と答えた。「レギオン」というのは軍隊のことです。ローマの皇帝の六千人から成る連隊のことを「レギオン」と言います。だから、六千の悪霊がついていたとも考えられるわけですが、イエス様が悪霊にお命じになると、彼らは豚に入っていきました。すると、豚はびっくりして全部が崖を駆け下りていって、海に入っておぼれて死んでしまったということです。豚を飼っていた人たちは、「これはたまらん。この人に長居をされたら豚がみんな死んでしまうから、早く出て行ってくれ」と言ったということです。人間は本当に自分の都合しか考えませんから、病気の人のことなんか放ったらかしにしておいて、イエス様に出て行けと言ったという記事であります。

ある学者は、「レギオン」というのは、六千の悪霊が住んでいたということではないと考えます。当時のローマの皇帝は非常に残忍でしたから、ローマの軍隊が地方に来ると、そこの民族を全滅させてしまうような残虐な行為をして自分たちの国を広げていきました。このガリラヤ周辺のテベリヤ、その向こう側のデカポリスというところも、かつてローマの軍隊によって全滅させられた場所であっただろうと言われています。ですから、この「レギオン」と答えた人は、小さいときに、ローマのレギオンと言われる六千人の軍隊がやって来て自分たちの町を殲滅していくさまを見たのではないかということです。レギオンが人を殺すこと、血を流すことを平気でやっていく残忍な姿を見たときに、この人は精神を病んでしまったのだろうと解釈する学者がいるのです。私もその可能性はあるだろうなと思います。

さて、この悪霊につかれた人は、自分で癒されたいと思ったのではありませんでした。悪霊のほうが、イエス様を見たときに、「もう私たちをなんとかしてください」と言ったわけです。そして、イエス様はその悪霊に縛られている人を癒してくださって、彼は正気になって普通の人として生きられるようになりました。この人は喜んだと思いますね。家族や村人がローマの連中に殺されて、自分も打撃を受けていたところから、イエス様が癒して解放してくださったのです。彼は、「人間なんてレギオンだ。ローマの皇帝だ。国家の権力だ」としか思えなかったわけですが、今までどこにも見たことのない人間の姿をイエス様のうちに見ました。初めて人の温かさに触れて、自分を究極の困窮から救い出してくださったイエス様に対して、「先生、私はあなたに従って行きとうございます」とイエス様のお弟子になることを願い出たのであります。

ところが、イエス様がそのときに言ったことは、「いや、そうではない。あなたはわたしによって解放され、癒されたではないか。わたしを信じる者は癒され、わたしの恵みによって生きるということを、行ってあなたの家族に伝えなさい」ということでした。そこのところを読んでみましょう。三八節から。

悪霊を追い出してもらった人は、お供をしたいと、しきりに願ったが、イエスはこう言って彼をお帰しになった。「家へ帰って、神があなたにどんなに大きなことをしてくださったか、語り聞かせなさい」。そこで彼は立ち去って、自分にイエスがして下さったことを、ことごとく町中に言いひろめた。

（三八―三九節）

そこは「神なんかあるものか」と思っている異邦人の世界だったわけですが、この人は「神様はいるのだ。そのお方が本当に手を下してくださったら、どんなに非人間的な生涯を送っている者であっても、人間として生きることができるようにされるのだ」と、本当に喜んで町中に伝えたのだろうと思います。

みなさん、私たちもまさにイエス様の奇跡を拝した者です。私たちの魂が救われたのは奇跡です。あるいは、病が癒されたという人もいるでしょう。経済的に助けられ、何十年間も神様に支えられて生きてきた人もいるでしょう。「これは神様の奇跡だ」と思うことを、みなさんは経験なさっているでしょう。そうしたら、黙っていてはいけないのです。みなさんと同じように苦しんでいる方々、救いを求めている方々に向かって、「イエス様のところにいらっしゃい。イエス様は、あなたの罪を赦すことができる。あなたの病を癒すことができる。あなたの会社の問題にも手をつけることができる」と、周囲の人々に語り伝えようではありませんか。イエス様は、それが信仰だとおっしゃったのです。

3　会堂司ヤイロの娘の癒し

第三のことにいきましょう。「会堂司ヤイロの娘の癒し」を先に見ましょう。四〇節から四二節までと、四九節から五六節までのところです。

イエスが、帰ってこられると、群衆は喜び迎えた。みんながイエスを持ちうけていたのである。するとそこに、ヤイロという名の人がきた。この人は会堂司であった。イエスの足もとにひれ伏して、自分の家においでくださるようにと、しきりに願った。彼に十二歳ばかりになるひとり娘があったが、死にかけていた。ところが、イエスが出て行かれる途中、群衆が押し迫ってきた。（四〇―四二節）

イエスがまだ話しておられるうちに、会堂司の家から人がきて、「お嬢さんはなくなられました。この上、先生を煩わすには及びません」と言った。しかしイエスはこれを聞いて会堂司にむかって言われた、「恐れることはない。ただ信じなさい。娘は助かるのだ」。それから家にはいられるとき、ペテロ、ヨハネ、ヤコブおよびその子の父母のほかは、だれも一緒にはいって来ることをお許しにならなかった。人々はみな、娘のために泣き悲しんでいた。イエスは言われた、「泣くな、娘は死んだのではない。眠っているだけである」。人々は娘が死んだことを知っていたので、イエスをあざ笑った。イエスは娘の手を取って、呼びかけて言われた、「娘よ、起きなさい」。するとその霊がもどってきて、娘は即座に立ち上がった。イエスは何か食べ物を与えるように、さしずをされた。両親は驚いてしまった。イエスはこの出来事をだれにも話さないようにと、彼らに命じられた。（四九―五六節、傍点筆者）

イエス様は悪霊につかれたゲラサの人を癒した後に、また舟に乗ってカペナウムの港に帰ってきました。そこには多くの人々がイエス様を待っていたということですが、そのときに会堂司のヤイロという人が飛んできまして、「先生、私の娘が今病気で死にそうです。どうか助けてください」と言ったのです。

ユダヤ教の会堂司というのは、非常に身分の高い人でした。ユダヤの人々は、毎週安息日に会堂で聖書を読んだり、証しをしたり、お話をしたりしますが、それがユダヤ教の教義にもとらないように、いつも監督をしていて、アドバイスをしたり、聖書を読む人を決めたりした人が会堂司でした。ですから、非常に権威のある人たちなのです。その会堂司をしていたヤイロは、イエス様がしばしば会堂に来てお話ししていましたから、このお方がすばらしいということを聞いていたのでしょう。イエス様が奇跡をなさることも聞いていたに違いありません。イエス様はユダヤ教から異端者だと見られて迫害されるようになっていくわけですから、ユダヤ教徒であったヤイロは躊躇しただろうと思いますが、「娘を助けてください」とイエス様に願ったのですね。

ところが、イエス様がみなさんと話をしている間に、会堂司の家から人が来て、「娘さんは亡くなりました。もうお葬式の準備をしていて、泣き女も雇って泣き始めていますから、先生は来なくてもけっこうです」と言ったのです。そうしたらイエス様は、「いや、死んだのではない。眠っているのだよ」とおっしゃいました。人々は「ばかなことを言うな。死んだ者が眠っているなんて」とあざ笑ったといいますが、イエス様はヤイロのところに行って、彼を立たしめました。ヤイロは、自分の娘が亡くなったわけですから、嵐の中の弟子たちと同じように、もう信仰者であることなんか忘れてしまって、「私が代わりに死んだらいいのに」というような気持ちになっていたのです。そのヤイロに対して、イエス様がなんとおっしゃったかと言うと、五〇節。

　しかしイエスはこれを聞いて会堂司にむかって言われた、「恐れることはない。ただ信じなさい。娘は助かるのだ」。

ここで言われているのは、みことばを信じるということです。「恐れることはない。ただ信じなさい」ということですね。「ただ信じる」とは、ああだこうだと言わなくていいからお任せする、ということです。イエス様が「わたしに任せなさい」とおっしゃったのですから、イエス様にお任せさえすればいいわけです。イエス様はこの奇跡の中で、彼に対して信頼としての信仰を要求なさったということであります。

4　十二年の長血をわずらった女の癒し

さて、第四にいきましょう。「十二年の長血をわずらった女の癒し」です。四三節から四八節、ちょうど会堂司ヤイロの娘の物語の中間に挟まれています。四三節から見ていきましょう。

　ここに、十二年間も長血をわずらっていて、医者のために自分の身代をみな使い果してしまったが、

> だれにもなおしてもらえなかった女がいた。この女がうしろから近寄ってみ衣のふさにさわったところ、その長血がたちまち止まってしまった。イエスは言われた、「わたしにさわったのは、だれか」。人々はみな自分ではないと言ったので、ペテロが「先生、群衆があなたを取り囲んで、ひしめき合っているのです」と答えた。しかしイエスは言われた、「だれかがわたしにさわった。力がわたしから出て行ったのを感じたのだ」。女は隠しきれないのを知って、震えながら進み出て、みまえにひれ伏し、イエスにさわった訳と、さわるとたちまちなおったこととを、みんなの前で話した。そこでイエスが女に言われた、「娘よ、あなたの信仰があなたを救ったのです。安心して行きなさい」。

十二年間も出血が止まらないでいた女性は、きっと悩んだことでしょうね。ユダヤの国では、女性の出血は不浄とされていました。ですから、この女性は人々の前に出ることができなかったのです。しかも、ありとあらゆる医者や薬を頼んで、医者のために身代をみな使い果たしたと書いてあります。

ここで言う「医者」というのは、呪術師、悪霊追放師のことです。病人を木に結わいつけて、目が回るようにぐるぐると回して、パッと止めて、「ほら、悪霊が出た。治っただろう」なんていうようなことをやったり、後ろからわっと脅かしたり、水をかけて驚かすというようなことが、癒しとして行われていたのです。そういうことで治ると思われていたわけですが、この女性は身代を傾けても治らなかったのです。

この女性は、イエス様が人々を癒すと聞いたときに、「もしかしたら自分も癒されるかな。イエス様の着物の縁にでもさわったら治るのではないか」と思いました。それだけイエス様を信頼したということでしょうが、イエス様に後ろから近寄って、さわったのです。信仰というものは、神様にさわらなければ駄目なのです。「イエス様はすばらしいなあ。あ、イエス様が私の前を通り過ぎた」なんていうのは、どんなに近くに来ていてもさわったことにはなりません。この女性は、心に思ったことを行動に移して、イエス様にさわったら癒されたのです。本当の信仰というのは、イエス様に触れるということです。

今朝もアレクサンダー・マクラレン博士の講解を読んでいまして、新しく恵まれたのですが、マクラレン博士はこう言うのです。この女性には信仰がありました。だから、心の中に「み衣の裾にさわったら治るだろうな」と思ってやってみたのですが、この女性はこっそり行って、こっそり治してもらって、こっそりどこかに行こうとしていました。けれども、イエス様はそれではいけないとおっしゃったのです。この女性の信仰は未完了でした。不完全だった。その信仰が本当の信仰になるために、イエス様は告白を要求なさったのです、と。

この女性は、こっそりだれにもわからないようにさわったのですが、イエス様に「だれかさわったな」と言われて、隠しきれなくなりました。「隠しておいたら大変だな。しかられるかな」と思ったのでしょうが、おそるおそる進み出て、「先生、実はあなたにさわったら癒されると思って、さわってみたのです。本当に癒されて、ありがたいことです」と申し出たのですね。そうしたらイエス様は、「あなたの信仰があなたを救いました。さあ、安らかに立ち去りなさい」と言ってくださった。信仰がなかったのではありません。信仰があって、そのために癒されたのですが、そのままこっそり過ごそうと思ったときに、イエス様は「そうではないぞ。神様のしてくださったことについて、心の中でありがたいと思っているだけではなくて、口をもって、おまえの行動をもってそのことを表すべきだ」と教えられたのです。

この女性は、告白としての信仰ということをイエス様に教えられて、完成していただきました。それに従ったときに、イエス様は、「あなたの信仰があなたを救ったのです」とおっしゃって、この女性を解放してくださったのです。この女性が何も言わないで帰ってしまったら、イエス様とは永遠に言葉を交わさなかったかもしれません。けれども、イエス様と言葉を交わして、イエス様に「大丈夫だ」と言われて、それから一生、いや永遠と言ってもよいでしょう、ことあるごとにイエス様にお祈りをし、イエス様のことを思い出しただろうと思います。告白があって、そこから神様との交わりが始まっていったことを見ることができます。

きょう取り上げた四つの奇跡を見ますと、イエス様は、嵐を静めたもうた奇跡を通して、「わたしの臨在をいつも自覚することが信仰だ」とお教えになりました。悪霊につかれたゲラサの人に対しては、「信仰とは、この身になったことを証しすることだぞ」とお教えになりました。会堂司のヤイロに対しては、「信仰とは、生ける神様にお任せすることだ。信頼だぞ」と教えられました。そして、十二年の長血をわずらった女に対しては、「信仰とは、わたしの前に、わたしのわざを口で告白することだ」ということをお示しになりました。

今日も、イエス様は同じように奇跡を行うことができる方です。ですから、私たちもまた、このお方がいつも一緒にいることを自覚しながら、「主よ、あなたがそうしてくださったら証しをしましょう」と喜んで従い、主に信頼し、言葉をもって告白していこうではありませんか。献身に、奉仕に、献金に、私たちがしていただいたことを表していくという、そういう信仰の告白が、神様のみわざを私たちに拝させてくださるだろうと、そう思うのであります。

23　十二使徒の派遣〈九章一―六節〉

ルカによる福音書の第九章をお開きになってください。一節から読んでみます。

それからイエスは十二弟子を呼び集めて、彼らにすべての悪霊を制し、病気をいやす力と権威とをお授けになった。また神の国を宣べ伝え、かつ病気をなおすためにつかわして言われた、「旅のために何も携えるな。つえも袋もパンも銭も持たず、また下着も二枚は持つな。また、どこかの家にはいったら、そこに留まっておれ。そしてそこから出かけることにしなさい。だれもあなたがたを迎えるものがいなかったら、その町を出て行くとき、彼らに対する抗議のしるしに、足からちりを払い落しなさい」。弟子たちは出て行って、村々を巡り歩き、いたる所で福音を宣べ伝え、また病気をいやした。
（一―六節、傍点筆者）

ここから、「十二使徒の派遣」という題でお話をしたいと思います。イエス様が十二名の直弟子を選んだことを学びましたが、その十二名の使徒たちがイエス様から遣わされて、イエス様の代わりに伝道に出て行ったということです。

イエス様は、神の国、神の恵みの支配を、たとえ話や言葉をもってお教えになっただけでなく、病人を癒したり、奇跡を行ったりして、行動をもって神としてのみわざを現されました。神様を信じる者には、神の国とは言葉だけではなくて、そのような力が働くのだということをお示しになりながら、伝道を続けていったわけです。

ルカによる福音書の九章においては、引き続きイエス様は教えと行為によって神の国を宣べ伝えていかれるのですが、イエス様のあとを受け継ぐ者として、弟子たちが遣わされて行きます。この弟子たちも、やはりイエス様と同じように言葉をもって神の国を宣べ伝え、イエス様と同じように神様の不思議なしるしのわざをすることによって、神の力を示す者として遣わされました。ですから、ここでは十二人の弟子たちがイエス様の代わりをしているように見ることができます。それは、イエス様がこの世を去った後のために、弟子たちにご自分の宣教のメッセージをおゆだねになったということだと思うのです。

イエス様の最初のお弟子さんたちは漁師でした。ルカによる福音書の五章において、その漁師たちが網と舟とを置いてイエス様に従って行ったことを見ました。また、その後にイエス様の評判が高くなりまして、そのお話のすばらしさや、行われる奇跡や、罪人や友なき者を訪ねて行くイエス様のお姿に感動した多くの人々が、イエス様の周りを囲むようになっていきました。そしてイエス様は、六章においてその大ぜいの者の中から十二人をお選びになったのでした。これは「山上の垂訓」の山の上であったと言われますが、イエス様は徹夜の祈りをもって、十二人の弟子たちを選んだということです。イエス様がどんなみ思いで、ご自分のわざをバトンタッチする者たちを起こされたかを深く考えさせられました。それがまさにキリスト教会の出発点であったということを、みなさんと一緒に学んだわけです。

そのようにして選ばれた弟子たちが、ここから遣わされて行くわけですが、二つの点に注意をしてみましょう。第一は、「イエスの宣教の継承」です。イエス様が宣べ伝えることを受け継ぐということですね。これは十二弟子に言われたことですが、しかし、今日の私たちクリスチャン一人一人にも言われていることだと思います。第二は、「イエスの存在への同化」ということです。イエス様というお方と一つになることが、イエス様のやっていたみわざを行う上で大事だということです。

1 イエスの宣教の継承

まず、「イエスの宣教の継承」ということであります。この十二人のお弟子たちは、イエス様のみわざを継承していく者として選ばれました。ここでイエス様は、「さあ、今までわたしが言葉と奇跡とをもって福音を伝えてきたが、今度はおまえたちが行ってごらん。自分の口で神様のことを語り、おまえたちが神様を信じることによって、神様の不思議な力を現してごらん」と、十二人の弟子たちをお遣わしになりました。そのときに、イエス様はただ、「わたしはここにいるから、おまえたちは行ってきなさい」と言われたのではありません。一節のところに、こう書いてあります。

それからイエスは十二弟子を呼び集めて、彼らにすべての悪霊を制し、病気をいやす力と権威とをお授けになった。

ここでイエス様は、弟子たちに「わたしは見ているから、さあやってみろ」といきなりおっしゃったのではなくて、まず彼らにイエス様の教えを語ることのできる言葉をお与えになりました。そして同時に、「すべての悪霊を制し、病気をいやす力と権威とをお授けになった」と書いてあります。イエス様が病人のために祈ると病人が癒され、悪霊が追い出されたことを学びましたが、その力と権威とをお授けになったのです。

こんなことは世界の歴史が始まって以来、初めてのことでありました。旧約聖書においては、モーセやエリヤといった預言者たちが、不思議な力を神様から与えられて行動し、不思議なみわざをしたと記されていますが、イエス様が語ったように語り、イエス様が行ったように行うことができるようにされたのは、この十二人のお弟子が初めてでありました。

イエス様は、自分の弟子たちを三年間訓練なさいましたが、ただ見よう見まねで、「頑張ってわたしについて、わたしのことを学びなさい」とおっしゃるのではなくて、悪霊を制し、病気を癒すことのできる権威と力とをお授けになったのです。元手を与えないで、「さあ、行って、やってみろ」とおっしゃったのではなくて、「おまえたちはいろんな人々に出会うであろう。いろんな必要が訴えられてくるであろう。そのときに、神の恵みの支配の宣教が妨げられないために、もし病人がいて福音を聞くことができないと言うならば、その病気を癒してやりなさい。悪霊につかれてしまって、自分ではどうしようもできなくて、福音なんか聞くどころではないという人がいたら、悪霊を追い出してやりなさい」ということで、権威と力をお与えになったのであります。

ここで言う「権威」は、もちろん神様が持っておられる権威ですが、この「力」は、実際にわざを行っていく力です。「デュナミス」という言葉が使われています。ノーベル賞の創設者であるノーベル博士はダイナマイトを発明しましたが、「ダイナマイト」というのは聖書の「デュナミス」というギリシャ語から採った言葉です。ここでイエス様が、「すべての悪霊を制し、病気をいやす力と権威とをお授けになった」と言うときに、その「力」はデュナミス、人間の想像を絶する神の力が弟子たちという器を通じて働くということであります。

私は今日も同じだと思うのです。「イエス様のために証しをしよう。イエス様のために伝道をしていこう」というときに、本当に祈ったら、どんなに困難であっても、イエス様は伝道や証しができるような道を開いてくださるだろうと思います。教会には弟子たちと同じように、神のみわざを行うことのできる力と権威とがゆだねられていると思います。みなさんが祈ってくださっているその祈りに、神様は答えてくださいます。みなさんの家庭の問題、親の問題、子どもの問題、夫婦の問題、社会の問題、学校の問題、いろいろありますけれども、祈禱会に集まって、「こういうことについて祈ってください」という求めに応じて祈るときに、それらの祈りは一つとして地に落ちたことはなかったでしょう。

　私たちが祈るときに、私たちの思うようにいくことばかりではありません。時には失望してしまうような結果のこともあります。しかし、人間は近視眼的ですから、そのところしか見えませんけれども、神様の目から見ると、人間の考えとは違う結果になることもあるのです。時が経っていくうちに、私たちの祈りを神様がどんなに喜んで、神様のご栄光が現れるように聞いてくださったかがわかることがありますよね。神様は私たちの思いにまさって、私たちが心を合わせて祈る祈りにいつでもお答えくださるということを見るわけであります。

　それは、世の中の一般に人々には与えられていない恩寵です。現代の教会にも、十二人の弟子たちに与えられた力が、権威が、与えられていると思います。ですから、みなさんの生涯においていろんな問題に出遭うことがあるかもしれませんが、祈りをもって、与えられている伝道の資本、与えられている力の根源を、自らのうちにいつも活かしていただきたいと思います。祈りにおいて花を咲かせ、実をならせていただくような、そういう宣教をしたいものです。

　そのように権威と力を与えられた弟子たちは、イエス様と同じように宣教をしていきました。ただ教えを伝えて、「神の国が来ていますよ。みなさん悔い改めて福音を信じなさいよ」と言うだけでは終わりませんでした。「神の国に対して決断をしなかったら、自分たちは永遠の滅亡に行く。この神の国の恵みをいただいて、悔い改めて、『主よ、いっさいをおゆだねします』と言ったら、永遠のいのちが与えられるぞ」というメッセージに対して、どういう決断をするかによってその人の永遠が決まってしまう。そのような挑戦、チャレンジをもって、弟子たちは伝道をしていったことを見るわけであります。

2　イエスの存在への同化

第二のことにいきましょう。「イエスの存在への同化」ということです。このイエス様のみわざをなさせていただくには、イエス様というお方と一つにならなければなりません。イエス様がまっすぐ向いているのに、右を向いたり左を向いたりしているようでは駄目ですね。イエス様と本当に一つになっていかなければ、イエス様のみわざを継承することは到底できないのです。

教会が何百人いようがイエス様のお心と一つになるならば、イエス様はその群れを通じて神様の栄光を現してくださいます。「いや、教会が栄光を現しても、それがなんだ」と言う人がいるかもしれませんけれども、そうではありません。あなたがた一人一人が教会ですから、教会が栄光を現すということは、一人一人の家庭の中に、個人の中に、属する小社会の中に、同じように神様のみわざがなされていくということです。

人は、「私がこれだけ努力したから、こういうふうにできたのだ」とすぐに言いたくなるものです。けれども、超自然的な、この世を超えた力と恵みが私たちに宿って、イエス様と同じような働きをするためには、イエス様と一つになることが大切でしょう。イエス様はそのことを弟子たちにお命じになっています。そこを見てみましょう。三節からです。

言われた、「旅のために何も携えるな。つえも袋もパンも銭も持たず、また下着も二枚は持つな。また、どこかの家にはいったら、そこに留まっておれ。そしてそこから出かけることにしなさい。だれもあなたがたを迎えいれるものがいなかったら、その町を出て行くときに、彼らに対する抗議のしるしに、足からちりを払い落しなさい」。（三―五節）

イエス様はこんなことをおっしゃったのです。お弟子さんたちを遣わすときに、「さあ、離れて遣わされて行くのだから、電車賃を持って行きなさい。お米もたっぷり持って行きなさい」とは言われなかったのです。「お金を入れる袋も持つな。二枚の下着も持つな。つえもパンも持つな」とおっしゃいました。

これはどういうことをお教えになったかといいますと、イエス様というお方自身が、ほとんど着の身着のままでおいでになった方でありました。イエス様は、「空の鳥にはねぐらがある。狐には穴がある。しかし、人の子には枕するところさえない」というような、この地上においては自らを切り詰めた生涯をお送りになりました。今日の私たちは、持ち物からいっても、住んでいるところ、食べるもの、着るものからいっても、イエス様にまさるようなものをたくさん持っていますよね。持ちすぎるほど持っているくらいで、もし持ち物が人の生活のさいわいさを表すならば、イエス様ほど不幸な人はいなかっただろうと思うのです。ところがイエス様は、そういうことに全然支配されないで、心の中にある、父なる神様から与えられた神のいのちをもって、喜びをもって、ご奉仕にあたられたのであります。この地上に人間としておいでになったときに、イエス様だって人の子ですから、おいしいものを食べればおいしいと思ったでしょうし、きれいな着物を着たらきれいだなとお思いになったことでしょう。けれども、「もっと困っている者、もっと苦しんでいる者がいる。いや、豪華絢爛なお城に住んでいる者や、政治家であっても、宗教家であっても、本当にわたしの言うものを持っていなかったら幸せではない」ということをご存じで、ご自分のことには頓着せず、父なる神様だけを信頼して、宣教の生涯をお送りになりました。

ここに、イエス様によって多くの人々が救われていき、不思議なわざがなされていったことの秘訣が教えられていると思うのです。「いいか。あなたがたはわたしの名代として遣わされて行く。そのためには、わたしと同じようになってごらん。銭だとか、くつだとか、つえだとか、そういうものを持たずに行きなさい」と言われたわけですが、それは要するに、「神を信頼しなさい」ということなのです。「つえにより頼んだら大丈夫だ。お金があったらなんとかなる」というようなことに、私たちの信頼の根拠を置くのではなくて、神を信頼するということをおっしゃりたかったのだと思います。「空の鳥にはねぐらがある、狐には穴があるが、人の子には枕するところさえない。けれども、わたしを見てごらん。父なる神様をどんなときにも信頼しているわたしに、父は一度でも恥をかかせたことはなかった。そして、わたしのなすわざは、実は父がこの地上においてなさるべきわざをなしているのだ」というのがイエス様の生き方でありました。

もちろん、私たちがこの地上で生きていくのに、社会を否定して、「米なんか食べるな」なんてことは言いませんが、ここでは弟子道の厳しさということが言われているのです。みなさん、覚えてください。信仰の生涯においては、本当に神を信頼するという厳しさがなかったら、私たちの信仰は生きたものにはならないのです。人を感動させるとか、神の恵みのうちに導いていくためには、あなた自身が父なる神に対する信仰において厳しさがなければいけません。「こんなことは祈らなくてもできるだろう。これは祈らなくても大丈夫だ」とか、神様なんかあっちに置いてしまって自分の計算を一生懸命に立てて、「こうやったらうまくいく。さあ、やるか」というようなことを、クリスチャンはしてはならないでしょう。これは基本的態度ということです。つえを持つこと、旅費を持つことそのものが悪いと言っているのではありません。弱い人間は、少し何かを手にするとそれにより頼んでしまって、造り主であり、救い主であるお方をいつの間にか忘れてしまいます。それならば、持つべきではないということです。

イエス様は、生き方の中心において信頼すべきお方は神おひとりであるという信仰に立ち、弟子たちにもそれをお求めになりました。弟子たちはこのイエス様のお勧めに従って、行く先々において神様が守ってくださることを確信して伝道することができたと思います。

他人の顔色を見ながら、「ここでこんなことを言ったって駄目だろう。こう言ったら悪いかな」なんていうことを考えるのではない。もちろん、相手に対する配慮は必要でしょう。思いやりは必要ですけれども、他人の顔色によって左右されて、他人がどう見てくれるかということばかりを気にしているような生涯とは違って、弟子たちは神様の使者として大胆にご用をすることができたと思うのです。

イエス・キリストと同化するということです。神様は教会に力を、権威を与えてくださいますから、真の意味においてイエス様のみわざを継承する教会でありたいものですね。イエス様よりも派手に何かをやろうとか、イエス様がやった以外のことをやるような教会にはなり下がりたくないと思います。いろんな活動が必要でしょうが、イエス様が生きたように、イエス様のみわざを継承していく学院教会でありたいと思うのです。「いつでもご臨在の主が私とともにおいでになる。私の主導権はいっさい、ご臨在の主にお渡しする」という確信のうちに、私たちの伝道も進めていきたいと思います。

24　メシヤとしてのイエス〈九章七―二七節〉

ルカによる福音書の第九章の続き、七節から読んでみましょう。

さて、領主ヘロデはいろいろな出来事を耳にして、あわて惑っていた。それは、ある人たちは、ヨハネが死人の中からよみがえったと言い、またある人たちは、エリヤが現れたと言い、またほかの人たちは、昔の預言者のひとりが復活したのだと言っていたからである。そこでヘロデが言った、「ヨハネはわたしがすでに首を切ったのだが、こうしてうわさされているこの人は、いったい、だれなのだろう」。そしてイエスに会ってみようと思っていた。

使徒たちは帰ってきて、自分たちのしたことをすべてイエスに話した。それからイエスは彼らを連れて、ベッサイダという町へひそかに退かれた。ところが群衆がそれと知って、ついてきたので、これを迎えて神の国のことを語り聞かせ、また治療を要する人たちをいやされた。それから日が傾きかけたので、十二弟子がイエスのもとにきて言った、「群衆を解散して、まわりの村々や部落へ行って宿を取り、食物を手にいれるようにさせてください。わたしたちはこんな寂しい所にきているのですから」。しかしイエスは言われた、「あなたがたの手で食物をやりなさい」。彼らは言った、「わたしたちにはパン五つと魚二ひきしかありません、この大ぜいの人のために食物を買いに行くかしなければば」。というのは、男が五千人ばかりもいたからである。しかしイエスは弟子たちに言われた、「人々をおおよそ五十人ずつの組にして、すわらせなさい」。彼らはそのとおりにして、みんなをすわらせた。イエスは五つのパンと二ひきの魚とを手に取り、天を仰いでそれを祝福してさき、弟子たちにわたして群衆に配らせた。みんなの者は食べて満腹した。そして、その余りくずを集めたら、十二かごあった。

イエスがひとりで祈っておられたとき、弟子たちが近くにいたので、彼らに尋ねて言われた、「群衆はわたしをだれと言っているか」。彼らは答えて言った、「バプテスマのヨハネだと、言っています。しかしほかの人たちは、エリヤだと言い、また昔の預言者のひとりが復活したのだと、言っている者もあります」。彼らに言われた、「それでは、あなたがたはわたしをだれと言うか」。ペテロが答えて言った、「神のキリストです」。イエスは彼らを戒め、この事をだれにも言うなと命じ、そして言われた、「人の子は必ず多くの苦しみを受け、長老、祭司長、律法学者たちに捨てられ、また殺され、そして三日目によみがえる」。それから、みんなの者に言われた、「だれでもわたしについてきたいと思うなら、自分を捨て、日々自分の十字架を負うて、わたしに従ってきなさい。自分の命を救おうと思う者はそれを失い、わたしのために自分の命を失う者は、それを救うであろう。人が全世界をもうけても、自分自身を失いまたは損したら、なんの得になろうか。わたしとわたしの言葉とを恥じる者に対しては、人の子もまた、自分の栄光と、父と聖なる御使との栄光のうちに現れて来るとき、その者を恥じるであろう。よく聞いておくがよい、神の国を見るまでは、死を味わわない者が、ここに立っている者の中にいる」。（七―二七節、傍点筆者）

この一区切りを通じまして、「メシヤとしてのイエス」という題でお話をしたいと思います。「メシヤ」というのはヘブル語で、「救い主、救世主」ということです。もともとメシヤは、「油を注がれたもの」という意味です。ユダヤの国におきましては、王様が王位に着くときや、祭司が神様の御用にあたる前に、あるいは預言者が神様の言葉を伝える前に、油を注がれて神様の力に満たされて御用をするという風習がありました。その「油を注がれたもの」のことを「マーシーアハ」という言葉で表しまして、それが「メシヤ」という言葉になったわけであります。イエス・キリストというのは、「イエス」が名前で、「キリスト」が名字だと思っている人がいますが、そうではありません。これは、「キリストとしてのイエス」ということなのです。「イエス」というのがお名前です。「キリスト」というのは、「メシヤ」というヘブル語をギリシャ語に訳した言葉です。ですから、「メシヤとしてのイエス」、「救い主としてのイエス」という意味になります。

さて、イエス様は弟子たちにイエス様の権威を持たせて派遣なさいました。弟子たちはイエス様のみわざを継承する者としてそのわざに励んだわけですが、九章全体を見ていきますと、イエス様がいかにも事細かに心を用いながら弟子たちを訓練なさっている姿を見ることができます。弟子たちを訓練するときにもっとも大切なことは、このイエスが単なるナザレの大工ヨセフの息子ではなくて、キリストである、メシヤである、救い主である、ということをつかませることであったと思います。

今日、私たちが弟子訓練であるとか、信徒として成長するとかということにおいても、「聖書を読みなさい。祈りなさい」といろんなことが言われますが、もっとも大切なことは、「イエス・キリストこそ私の救い主である。彼は私の罪のために十字架で死んでくださり、私の永遠のいのちのために復活してくださった。まさにイエスこそはキリストである」という信仰の告白を、いつも心の中に深く持つことだと思うのです。それを除いて、クリスチャンとして聖書を読んだとか、お祈りをしたとか、奉仕をしたとか言ってみたところで、たいしたことはないでしょう。「あのナザレのイエスは、私の救い主である」という信仰を持って、そのお方に自らをゆだねていくことが肝要だということを、ここに見ることができるのであります。

さて、七節から一七節の間を見ていきますと、一〇節から一七節のところには、いわゆる「五千人の給食」が出てきます。男子が五千人だといいますから、女子や子どもを入れるともっと多かったと思いますけれども、大ぜいの人々が五つのパンと二つの魚で腹いっぱいに満たされて、そのくずを集めたら十二のかごに満ちたという奇跡がなされたところです。そして、一九節と二〇節には、ピリポ・カイザリヤで弟子たちが初めて、「イエス様はキリストである」と告白したことが出てきます。これは、イエス様がメシヤであるということを単に理解しただけではなくて、神様に教えられてそう告白したということです。二一節から二七節までのところには、メシヤとしてのイエス様が受難なさる、十字架を負われて世界の罪のために苦しまれる、ということが予告され始めた出来事が記されています。

私はここを繰り返し読んで特に感じたことは、ルカが「メシヤとしてのイエス様」を描こうとしたということです。ルカはイエス様の生涯を歴史としてつづっていくときに、「イエスはメシヤである」という見方をもって、ここのところをつづったと見ることができます。

そこで、三つの点に注意をしてみたいと思います。第一は、「メシヤの祝宴の予表」ということです。「祝宴」とは「結婚式」と言ってもよいでしょう。救い主の祝いのむしろの予表であるということ。第二は「ペテロのメシヤ告白」ということです。そして第三は、「メシヤの受難と十字架」ということについて、みなさんと一緒に学んでみたいと思います。

1　メシヤの祝宴の予表

第一に、「メシヤの祝宴の予表」ということです。旧約聖書には、やがて世界にメシヤがおいでになり、神の国が実現したときに、潤沢に整えられた神の国の食事をもって神の民たちを満ち足らせてくださると告げられています。五千人が五つのパンと二つの魚で養われたのは、その一つの現れであったと見ることができるのであります。

新約聖書を読んでいきますと、マタイ、マルコ、ルカ、ヨハネという四つの福音書に、この五千人の給食のことは出てきます。どの著者も省かないで載せている。ですから、これは非常に重要だということです。共観福音書には、イエス様のなさった行いやお話の中で二回出てきたり、三回出てきたりするようなものがあります。けれども、四つの福音書が全部記しているものは、そんなにたくさんはありません。四つの福音書の著者たちがイエス様の五千人の給食の奇跡をどう受け取ったか、そしてどのように読者にこれを悟らせたかったかを見ることは、大切なことだと思うのです。

私はここを読んでみまして、どうもこのルカの記事はマタイやマルコとは違う、一つの意図をもって書いているのではないかなと思います。文章を書くときに、どこにどういうことを書くかによってその重要性がわかったり、大事なところが強調されたりすることがあります。今読んだところで一番強調されているのは、ペテロが「イエス様は救い主です」と告白したところだと思います。そして、その告白は突然やって来るのではなくて、ルカはイエス様の奇跡の中にメシヤ性が現されていると語っていると、私は読みました。ルカはメシヤというものをきちんと理解しながら、ここを書いたのだと思うのです。

ハワード・マーシャルという学者が、この箇所をメシヤの祝宴と見るべきだと言っています。五つのパンと二つの魚で五千人が養われたというのは、単に奇跡がなされたということではないと言うのです。「五つのパンと二つの魚で五千人が食べられるなんて、そんなことがあるものか」と言う人々もいます。英国のバークレーという学者は、本当にパンが増えたのではないと言っています。「みんな本当はお弁当を持ってきていた。自分のことだけ考えて、うっかり『お弁当を持っている』なんて言うと分けてあげなければいけないから、自分は自分でしっかり持っていようと思っていたのだ。ところが、イエス様の言葉があんまりすばらしいので、その話を聞いているうちに、『これは自分だけで持っていてはいけないな』と、みんなが出す気になった。持っていたものを出したのだから、それも奇跡だ」というような言い方をしています。

けれども、これはそんなことではないと思うのです。小島伊助先生はおっしゃいました。「『五つのパンと二つの魚で五千人の人が養われた』というこの記事は、聖書のみことばによって養われたことのない人にはわからない」と。私は本当にそうだと思います。これはイエス・キリストが、まさに飢えている群衆に対してなさった奇跡であると見ることができます。

そのことは旧約聖書のイザヤ書に予告されているのです。やがて世界にメシヤが来たときに、その世界の救い主はメシヤの祝宴を開いて民をもてなしてくれるであろうということが、イザヤ書の二五章の六節以下に書いてあります。ちょっと読んでみます。

> 万軍の主はこの山で、すべての民のために肥えたものをもって祝宴を設け、久しくたくわえたぶどう酒をもって祝宴を設けられる。すなわち髄の多い肥えたものと、よく澄んだ長くたくわえたぶどう酒をもって祝宴を設けられる。また主はこの山で、すべての民のかぶっている顔おおいと、すべての国のおおっているおおい物とを破られる。主はとこしえに死を滅ぼし、主なる神はすべての顔から涙をぬぐい、その民のはずかしめを全地の上から除かれる。これは主の語られたことである。（六―八節）

やがて世界にメシヤがおいでになったときに、メシヤの祝いのむしろが開かれて、そこに神から選ばれた者がすべて集められて祝宴にあずかることが予告されています。「久しくたくわえたぶどう酒をもって」といいますから、宴会の中でも最高の宴会ですね。

旧約聖書をよく読んでいる人は、意味がわかっただろうと思うのです。おそらくイエス様のお弟子の中でも、この意味がよくわかった人は少なかったと思いますが、ヨハネはよく理解していました。ヨハネは、後にヨハネによる福音書の六章におきまして、「五つのパンと二つの魚で五千人の人々が養われたというのは、イエス様が単に奇跡をしたということではない。イエス様という方は、モーセにまさる奇跡をなす、神の民を救うことのできるお方として来たのだ。モーセがあの荒野において、神様からマナを与えられて四十年の間神の民たちを養ったように、イエス様は『我こそ世のいのちのパンである。すべて我を食するものは生くべし』とおっしゃったのだ」と記しています。

ルカはこの奇跡を見たときに、「世界にメシヤが来たらこういうことが起こると予告されていることが、今イエス様によって起こっているではないか」と思ったのであります。人々が飢えていたときに、イエス様はご自分の言いたいことを言って、神の国を伝えることだけに熱心になっていたのではありません。日が暮れかかってきて、食べるものに飢えて、「ぼつぼつお話なんか聞いていられないな」と人々がざわめいていたころに、メシヤは神に従って来る者を飢えたままで帰すことをなさいませんから、たった五つのパンと二つの魚を祈って祝福して、飢えかかっている民を満たしてくださったのであります。

今日でも同じだと思います。肉体も大切ですが、私たちの心は病みやすいものです。弱りやすいものですよ。偉そうに勉強だとか、努力だとか、良い行いをするとかいっても、なんと私たちは弱い者でしょうか。この弱い私たちの魂に必要なのは、魂の糧です。魂の食べ物です。メシヤであるイエス様は、このお方に従って来る者に対して、五つのパンと二つの魚どころではない、神ご自身のいのちを分け与えて、生きることができるようにしてくださる方です。このお方が、今日教会においでになるイエス・キリストご自身であるということを、ここから読むべきでしょう。

今朝も聖霊によってこのみことばが語られることで、みなさんが「ああ、そうだ。今私は人生のこういう問題で苦しんでいる。この問題が私に引っかかっている。この問題で満足がない」と思っていることに対して、「そうか。おまえはそれをわたしのところに持ってこないか。食べ物を食べたあとに元気が出てくるように、わたしはおまえの魂を支えることができるぞ」と言ってくださっているということであります。

2　ペテロのメシヤ告白

第二のことにいきましょう。「ペテロのメシヤ告白」です。一八節から二〇節までを読んでみます。

> イエスがひとりで祈っておられたとき、弟子たちが近くにいたので、彼らに尋ねて言われた、「群衆はわたしをだれと言っているか」。彼らは答えて言った、「バプテスマのヨハネだと、言っています。しかしほかの人たちは、エリヤだと言い、また昔の預言者のひとりが復活したのだと、言っている者もあります」。彼らに言われた、「それでは、あなたがたはわたしをだれと言うか」。ペテロが答えて言った、「神のキリストです」。

マタイによる福音書には、「汝は活ける神の子キリストなり」と書いてありますが、ここではちょっと省略された形で、「神のキリスト」とペテロが告白したと書かれています。

イエス様は、弟子たちを訓練して五千人の人々を養った後、彼らを連れてずっと北の方にお上りになりました。ヘルモン山のふもと、ピリポ・カイザリヤというところに行って、ここでも弟子たちを訓練なさいました。弟子たちを訓練するにも、人々が大ぜいいたら訓練することができないということで、ひそかに弟子たちを連れて北の方に上られたわけです。そこでイエス様は、「世間ではわたしのことをどう言っているか」と尋ねました。バプテスマのヨハネではないか。天から火を下した預言者エリヤが再来したのではないか。昔の偉い預言者が生き返ったのではないか。いろいろなことが言われていました。

バプテスマのヨハネではないかとか、エリヤでないかと言われていたというのは、たぶんヘロデ王が一番そのように思って心配していたのではないかと言われています。九章の七節から九節までを読みますと、イエス様があまりにすばらしいお話をしたり、奇跡をしたりするものですから、ヘロデ王は、「自分がヨハネの首を切ったのに、そのヨハネが生き返ったのではないか」とびくびくしていたことが書かれています。それがそのまま民衆の中に広まっていって、「イエス様というお方はバプテスマのヨハネではないか。昔の預言者の復活ではないか」と言われていたのだろうと思います。

ところが、このときにイエス様が「おまえたちはなんと言うか」と聞きましたら、ペテロは、「ええ、よく知っていますよ。あなたはナザレの大工ヨセフの息子のイエスさんでしょう」とは言いませんでした。ペテロは、「あなたは神のキリストです。メシヤです」と告白したのであります。これはえらいことだと思いますね。人々は、イエス様のことをナザレ村の大工の息子だと思っていたわけです。その人がいいお話をするから、不思議なことをするからといって、その人が神である、メシヤであるなんて、人間にはなかなか言いきれないのです。イエスがキリストであるということは、神の御霊に助けられなければだれも言うことができないことです。

みなさん、クリスチャンとは何かということです。イエス様は救い主である、メシヤであると信じるのがクリスチャンです。世界で最初に生まれたクリスチャンはだれだったかというと、このペテロです。しかもそのペテロは十二人のお弟子の代表として言ったのですから、ペテロとともに選ばれた十一人も、世界で最初のクリスチャンとなった人だと言うことができます。十二人の弟子たちが、「イエスはメシヤである」と告白をしたということであります。

3　メシヤの受難と十字架

第三のことにいきましょう。「メシヤの受難と十字架」ということです。二一節から読んでみます。

イエスは彼らを戒め、この事をだれにも言うなと命じ、そして言われた、「人の子は必ず多くの苦しみを受け、長老、祭司長、律法学者たちに捨てられ、また殺され、そして三日目によみがえる」。それから、みんなの者に言われた、「だれでもわたしについてきたいと思うなら、自分を捨て、日々自分の十字架を負うて、わたしに従ってきなさい。自分の命を救おうと思う者はそれを失い、わたしのために自分の命を失う者は、それを救うであろう。人が全世界をもうけても、自分自身を失いまたは損したら、なんの得になろうか。わたしとわたしの言葉とを恥じる者に対しては、人の子もまた、自分の栄光と、父と聖なる御使との栄光のうちに現れて来るとき、その者を恥じるであろう。よく聞いておくがよい、神の国を見るまでは、死を味わわない者が、ここに立っている者の中にいる」。（二一—二七節）

ここでイエス様は、ペテロが「あなたは神のキリストです。メシヤです」と答えたときに、「そのことはだれにも言ってはいけない」とおっしゃいました。なぜ言ってはいけないかといいますと、この「メシヤ」という言葉は、イエス様の時代には軍事的・政治的な意味を持っていたからです。当時イスラエルはローマの属国になっていましたから、ローマの皇帝が治めていました。皇帝が一番偉いわけですから、人々は、皇帝の上にメシヤという世界を統一する王が来ると言うのは控えていたわけです。ペテロは本当の意味で「イエス様はメシヤですね」と言ったのですが、ローマの皇帝に、「イエスは政治的にこの国をひっくり返して、違う国を建てるのだな。軍備を整えてローマに反逆するのだろう」と思われてはならなかったのです。イエス様は十字架の贖いを全うするまでは大切なお体でありますから、彼らを戒めて、「このことをだれにも言ってはいけない」とおっしゃったのであります。

イエス様は、ご自分のことを「メシヤ」と言う代わりに、「人の子」と呼びました。繰り返し出てきます。まず二二節に、「人の子は」とあります。それから二六節に、「わたしとわたしの言葉とを恥じる者に対しては、人の子もまた」と書いてある。「人の子」というのは、英語では the Son of Man ですから、「人間の子どもとしてのイエス様」ということではなくて、「メシヤ」のほかの言い方なのです。黙示文学という、やがて世の終わりはこうなっていくということを、この世を超えた象徴で表す手法があります。旧約聖書のダニエル書やゼカリヤ書、エゼキエル書がそうですが、そのダニエル書の七章一三節以下で、メシヤのことを「人の子」と呼んでいます。「人の子」という言葉は、弟子たちがイエス様に向かって言うときには一度も出てきません。いつでも、イエス様がご自分のことを言うときに使われる言葉なのです。

そのイエス様が、ペテロが「あなたは世界を救うお方です」と言ったときに、「わたしはこれからエルサレムに上って、捕らえられ、はずかしめられ、十字架につけられて殺されるであろう。けれども三日目によみがえるぞ」という受難の予告をなさったのであります。マタイによる福音書を見ますと、ペテロはイエス様がそうおっしゃったときに、「先生、そんなことがあってはいけません」と言ったものですから、イエス様に「サタンよ。おまえは神のことを思わないで人のことばかり思っている」としかられたということが出てきますが、ここでイエス様は受難の予告をすることによって、ご自分がメシヤであることをお示しになったのです。

ユダヤ人たちは、メシヤは栄光のうちにやって来て、武力をもって全世界を統一すると思っていました。ところが、イザヤ書には、「本当のメシヤとは、しもべのかたちをとって、人間となってこの世界に来る。そして人類の罪を負うて、罪の身代わりに死ぬのだ。そしてメシヤは、死を打ち破って復活される方だ」と言われているわけです。イエス様は二二節で、「人の子は必ず多くの苦しみを受け」とおっしゃっています。この「必ず」という言葉はルカに独特のもので、ギリシャ語では「デイ」という言葉です。これは英語なら「マスト」と訳すべき言葉で、「そうならなければならない。神がそのようにお定めになっているから」ということを表す、深い意味を持った言葉なのです。

そして、イエス様は引き続いて、メシヤであるイエス様を信じていこうとする者は、メシヤであるイエス様だけに十字架を負わせてはいけないと言われました。

> それから、みんなの者に言われた、「だれでもわたしについてきたいと思うなら、自分を捨て、日々自分の十字架を負うて、わたしに従ってきなさい。自分の命を救おうと思う者はそれを失い、わたしのために自分の命を失う者は、それを救うであろう」。（二三―二四節）

イエス様は、「己を捨てて、日々自分の十字架を負って従ってきなさい」とおっしゃいました。私たちはよくここを引いて、「十字架を負います」と言いますが、十字架を負うとは、「自分を捨てる」ということです。「十字架を負う」というと、たくさん奉仕をしたり、たくさん献金をすることだと思うかもしれません。確かにそうです。奉仕も献金も、そういうところから出てきますけれども、一番大切なことは己を捨てるということです。己を捨てなければ、奉仕も献金もお祈りもできないと思います。「人のいやがることも喜んでします」などとよく言うでしょう。けれども、それは人のいやがることを喜んでしているから十字架を負っているのではなくて、己を捨てるから人がいやがることも喜んでするることができるのです。

己というのは本当にしつこいので、どんなことを言ってみても、「結局は自分だ」と自分が神様になってしまって、人の言うことなんか聞けないというようなことがあるわけです。イエス様は、そういうものがあったら幸せではないとおっしゃいました。私たちは、何でも自分の思ったとおりになって、いやなことが一つもないことが幸せだと思うわけです。しかし、イエス様は、「自分の命を救おうと思う者はそれを失う」とおっしゃったのであります。みなさん、知ってください。「己を救おうとする者は己を失う」。これは聖書中の聖書です。あなたの家庭でも、「どこかの家よりも私の家が幸せになるように。なんと言っても私が大事だ」と言ったら、あなたはそこから自分を失います。つかなくてもよい嘘をつかなければならなくなる。しなくてもいいことをしなければならないという、偽善が出てくる。

最近も「自分を救おう。私が全部やるのだ」と財産を築き上げてきた政治家たちが牢獄に入っていくのをご覧になったでしょう。しかも、牢獄に入ってもまだ己を捨てることができませんから、「悪いのは法律であって私ではない」なんて言う。みなさん、そこには救いはありませんよ。だれかのように、蔵に何百億円貯めてあっても、銀行に何百億円入れてあっても、永遠のさばき主でありたもうきよい神様の前に立つときに、平安と希望を持って世を去ることはできないでしょうね。神に造られた人間の魂は、だれでもそのことを知っているのです。そのことが怖いのです。だから自分を慈しむのです。だから自分を中心にするのです。

けれども、イエス様は、「わたしのために己を捨てる者は、己を救うことができるぞ」とおっしゃった。誤ったユダヤ人たちは、「メシヤが来れば、私たちをローマの国から解放してくれて、税金だって納めなくてよくなるし、今度は逆にローマの連中を征服して、私たちは世界の王になれる」と思っていました。ところが、そうではない。メシヤというのは何をしてくださるかというと、私たちに己を捨てることのできる道を示す。このメシヤと一つになるときに、本当に己を捨てることができるのです。イエス様はこの永遠不変の大真理を、ここで弟子たちにおっしゃったのであります。

これは聖書中の聖書と言って間違いのないメッセージだと私は思います。イエス様は、「人が全世界をもうけても、己の命を損したら何の益になるだろうか」とおっしゃいました。人間の欲望というのは、野放図にしていたら、全世界を自分のものにしたところで、「今度は月も得よう。星も得よう、太陽も自分のものにしよう」となっていくのです。そうして全世界をもうけたって、己を損失したら何になりますか。銀行に何百億円もうなっていても、自分を失ったら何になりますか。知ってください。これが福音です。永遠のいのちを与えられて、このお方によって私は生かされている。このお方のために何でもすることができる。逆に、このお方は私のためにすべてを捨ててくださった。富める永遠の栄光の方が貧しくなって、この地上に来て私の罪を全部背負って、十字架にまで行って死んでくださって、私の罪を贖ってくださって、私を解放して永遠のいのちに生きるようにしてくださった。みなさん、これがメシヤ、イエスのお姿であります。

25 メシヤの変貌と使命〈九章二八―三六節〉

ルカによる福音書の第九章をお開きください。二八節から三六節までのところをお読みします。

これらのことを話された後、八日ほどたってから、イエスはペテロ、ヨハネ、ヤコブを連れて、祈るために山に登られた。祈っておられる間に、み顔の様が変り、み衣がまばゆいほどに白く輝いた。すると見よ、ふたりの人がイエスと語り合っていた。それはモーセとエリヤであったが、栄光の中に現れて、イエスがエルサレムで遂げようとする最後のことについて話していたのである。ペテロとその仲間の者たちとは熟睡していたが、目をさますと、イエスの栄光の姿と、共に立っているふたりの人とを見た。このふたりがイエスを離れ去ろうとしたとき、ペテロは自分が何を言っているのかわからないで、イエスに言った、「先生、わたしたちがここにいるのは、すばらしいことです。それで、わたしたちは小屋を三つ建てましょう。一つはあなたのために、一つはモーセのために、一つはエリヤのために」。彼が、こう言っている間に、雲がわき起こって彼らをおおいはじめた。そしてその雲に囲まれたとき、彼らは恐れた。すると雲の中から声があった、「これはわたしの子。わたしの選んだ者である。これに聞け」。そして声が止んだとき、イエスがひとりだけになっておられた。弟子たちは沈黙を守って、自分たちが見たことについては、そのころだれにも話さなかった。（傍点筆者）

この箇所から、「メシヤの変貌と使命」という題でお話をしたいと思います。ルカによる福音書の九章において、ルカはメシヤであるイエス様を中心として筆を進めています。きょう読んだところには、イエス様の姿変わりのことが出てきます。これはイエス様の神たる性質、ディヴィニティーが現された「神性の顕現」であると学者たちは言うわけですが、私もそうだと思います。二〇節で、ペテロがイエス様のことを「あなたはメシヤです」と告白しましたが、その告白に答えるようにして、今度は神様がイエス様を山の上に導かれまして、イエス様の神たるご性質の片鱗を表すようにして、イエス様のお姿が変わられたということであります。ある意味において、これはペテロの信仰に対するイエス様のご承認であり、ペテロたちに新しくこれを確証させたのであると見ることができると思います。

このとき、特にペテロ、ヨハネ、ヤコブという三人のお弟子が山の上に行ったのですが、この弟子たちはイエス様と別れた後、何十年もの間伝道をしていくわけです。この山の上でイエス様の姿変わりに出会ったことは、彼らの信仰の生涯を支え抜きました。ペテロは、殉教をする直前に迫害に遭っている教会を励まして、「私たちはあの山の上でイエス様の栄光を見た。イエス様を信じる者は、やがてあの栄光に輝く姿と同じ姿に変えていただくことができる時が来るのだ。救いが成就する時が来るのだ」と言って、この世を去っていきました。またヨハネは、イエス様が天にお帰りになってから六十年後にヨハネによる福音書を書いたのですが、「言《ことば》は肉体となりて我らの中《うち》に宿りたまへり、我らその栄光を見たり、実《げ》に父の独子《ひとりご》の栄光にして、恩恵と真理とにて満てり」（文語訳）と言いました。これは、この変貌の山において見たイエス様のお姿が、彼のうちに刻印されていたということだと思います。そして、ヤコブは早いうちに殉教しましたけれども、イエス様のために命を惜しまないで殉教にも従うことができたのは、この変貌のイエス様を見たことに支えられていたからだというのが、多くの伝記者たちによって言われるわけであります。

このイエス様の姿変わりは、ただ弟子たちに「わたしは神だぞ」とお見せになったということだけではありません。二九節に「祈っておられる間に、み顔の様が変り」と書いてありますように、祈りつつ神様と交わっていくときに、私たちもまた変貌を経験することができるということを教えていると思うのです。

そこで、二つの点に注意をしてみましょう。一つは、「メシヤの変貌」ということ。もう一つは、「メシヤの使命」ということであります。

1　メシヤの変貌

第一に、イエス様の変貌ということであります。二八節、二九節を見ますと、イエス様の姿が変わられたということが書いてあります。二九節を見てください。

祈っておられる間に、み顔の様が変り、み衣がまばゆいほどに白く輝いた。

彼らは、イエス様のことをナザレの大工の息子と思っていたわけです。ところが、そのイエス様が神様とお祈りをしている間に、この世の人間とは違う、神様でしかないであろうと思われるような姿に変わっていったということです。

ここには、「み顔の様が変り」と書いてあります。この記事はマタイにもマルコにも出てきますが、マタイとマルコを見ますと、ここで「メタモルフォー」という言葉を使っています。それは、生物学的に毛虫がサナギになってチョウに変わるというような意味の言葉です。ルカはお医者さんですから、当然そういう生物学的な言葉を使うと思うのですが、それを使わないで「ヘテロン」という言葉を使っています。それは、

「ヘテロジニアス」という言葉がありますが、「異質的な」という意味です。イエス様のみ顔が変わったということは、毛虫がチョウに変わるような物質が物質に変わるということではなくて、この世のものとは質を異にする姿になられたのだということであります。日本語では、「気高く、きよい姿になった」などとも言われていますけれども、そういう言葉でも表現できないことが起こったのです。この地上にはどこにも見ることができないような、イエス様が神様のみ前で持っていた栄光の姿を現されたのが、この変貌ということなのであります。

私たちは、ナザレの大工だと思っていたイエス様が神様の栄光に輝かれたと聞いて、「変貌だ。トランスフィギュレーションだ」と言うわけですけれども、フランスのゴーデーという聖書学者は、「そんなことを言うのはおかしい」と言うのです。「イエス様は、山の上で神様のお姿に変わられたのではなくて、あれが本当の姿なのだ。人間となって、大工の息子として生活されたことがむしろ変貌であって、山の上で変わられたのはもともとのイエス様のお姿であった」と言っています。

まさにそういう出来事が起こったわけですが、弟子たちはどんなに驚いたことでしょうか。ペテロという人は慌てんぼうですから、何を言っているのかわからなかったと書いてあります。

ペテロは、イエス様のことを普段からすごい先生だと思っていたことでしょう。奇跡はするし、すばらしいお話もする。ところが、ここで神様のお姿になられたことを見たときにびっくりしてしまって、「先生、もうこの山を下りるのをやめましょう。ここにお社《やしろ》を建てます。一つはモーセのために、一つはエリヤのために、一つはあなたのために建てますから、ここでイエス様も鎮座なさってください」と言ったわけですが、彼は自分が何を言っているのかわからなかったというのです。まあ、それほどの出来事が起こったということですね。

実は、この変貌はメシヤの変貌であったということを思います。イエス様は単なる人間としてではなくメシヤとしておいでになったことが、この変貌において確実にされたのだと思うのです。三五節を見てください。こう書いてあります。

　すると雲の中から声があった、「これはわたしの子、わたしの選んだ者である。これに聞け」。

「これ」というのはイエス様のことです。イエス様という方は、神様の子、神様の選んだ者であるということが言われているのです。天の父なる神様が、「あなたがたの人生は、このイエスに聞いていったら間違いはありませんよ」とお声をかけてくださった。私は、このことが変貌山において重要なことであったと思うのです。イエス様が洗礼を受けたときにも、御霊が鳩のごとくに降《くだ》って、上から声がかかりました。「これはわたしの愛する子、わたしの喜ぶ者である」と言われています。これは、詩篇の第二篇に出てくる「王なるメシヤの預言」から引かれた言葉です。そして、「わたしの選んだ者である」というのは、イザヤ書の四二章一節に出てきます「しもべなるメシヤの預言」です。やがて世界を救うメシヤが来るけれども、そのメシヤは、まずしもべなるメシヤとして人々に仕えて、いのちを与えて、十字架を全うするというのが、イザヤ書四二章の預言なのです。

　ユダヤ人たちは、この二つのメシヤ預言に悩みました。彼らはそれを理解できませんでしたから、「やがて栄光のメシヤが来る」ということだけをとって、「しもべなるメシヤ」、人に仕えるメシヤなんていうものはわかりにくいから切り捨てていたのです。けれども、イエス様のお姿が山の上で変わったときに、ユダヤ教の教育を受けてきたヨハネやヤコブやペテロも、「まさにこのお方こそ王なるメシヤであり、同時にしもべなるメシヤとしておいでになったのだ。このお方に聞いたら間違いがない」ということがわかったのであります。

私は、今日でもそうだと思います。いろんな問題があるときに、その解決のために祈ることも大切です。お祈りが聞かれて、病が癒されることも大事でしょう。けれども、もっともっと大切なことは永遠のいのちです。「私は救われた。よし私の肉体が蝕まれることがあっても、経済的に困難があっても、私からこの永遠のいのちを奪いうるものはどこにもない」ということを、祈りの中で神様との関係において確信させられるということが、クリスチャンの信仰において一番重要なことなのです。奉仕をすることも重要ですけれども、何よりもこの経験が大切なのです。弟子たちがそうであったように、私たちもイエス様の前に静まってお祈りをして、「ああ、イエス様こそ本当に私を罪からお救いくださった方だ。私の身代わりとしてあの十字架についていてくださったしもべなるメシヤだ。このお方はやがて栄光のメシヤとしておいでになって、私の救いを完成してくださるのだ」と、イエス様にいつでも出会いたいと思います。それが、「これに聞け」ということです。

そのようにするときに、今度は私たちのうちに変貌が起きてきます。私たちが姿変わりをすることができる。祈りに輝いている人、信仰に輝いている人がいますよね。そうです。私たちが神様のお声を聞いて、「イエス様こそ私の救い主です。主よ、ありがとうございます。主よ、あなたのために生きます。生かしてください」とひざまずいて言うときに、私たちの生涯に変貌が起こってくるのです。パウロは、「栄光から栄光に進んで、やがて主と同じかたちに化せられる」と言いましたが、そういう出来事が起こってくるということです。

2　メシヤの使命

第二のことにいきましょう。「メシヤの使命」です。さて、イエス様のお姿が変わったわけですが、イエス様は、「どうだ、わたしは神だぞ。ペテロ、ヤコブ、ヨハネ、わかったか」とおっしゃったのではありませんでした。他人に言うことのできない重荷を持って山に行かれたのです。それは、世界の人類の救いということです。どのようにしたら人類が救われるかについて、大きな重荷と憂いと悲しみとを持って、イエス様は山の上に登られました。イエス様は、姿変わりをしようと思って山の上に行ったのではなくて、祈るために行ったのです。

ですから、イエス様は十二人の弟子を全員連れては行きませんでした。十二人の中から特に「この人たちだったらわたしの心がわかってくれるな」という者を三人だけ選んで連れて行ったのです。それがペテロとヤコブとヨハネです。イエス様は、弟子たちに救いのことも話したし、十字架のことも話したし、使命のことも話していましたから、「この者たちがわたしの重荷を一番わかってくれるだろう。この三人が一緒に行ってくれたら、本当にわたしの重荷を負ってよく祈ってくれるだろう」と思って連れて行ったわけです。

ところが、この三人はどうしたかというと眠くなって寝ていたのです。三二節には、「ペテロとその仲間の者たちとは熟睡していたが」とあります。この弟子たちは、人類を救おうというイエス様の苦しい思いがわからないで、熟睡していました。なんという弟子たちかと思いますが、これが人間の姿ですね。ついさっき、「汝は生ける神の子キリストなり」と言ってイエス様からほめられて天にも上る気持ちであったペテロが、イエス様を放ったらかして熟睡していたのです。みなさんがだれかにものを頼んで、「今この人が大変だから、癒されるために祈ってくれ」とか、「商売が大変だから、このために人材が供給されるように祈ってくれ」と言ったときに、「ああ、わかった」と言いながら眠っていたら、本当にいやになってしまうでしょう。私だったら、「おまえらクビだ」と言いますよ。イエス様は、自分が命を捨てて十字架につかなければならないことがわかっていましたけれども、死というのは罪のない方には関係ないことです。そのお方が死に近づいて行くときに、どんなに苦悩されたことでしょうか。「せめて弟子たちにはわかってもらえるだろう」と思ったら、わかってくれない。イエス様は孤独の中で、どこまでも祈りを進めていったのです。父なる神様は、そのイエス様の祈りの姿を決して放っておかれませんでした。まるで緊急動議のようにして、彼はモーセとエリヤとをそこに遣わしたのであります。

さあ、この二人がイエス様と三人で話していたということです。それはどういうことかといいますと、モーセは申命記の中に、「やがて世界に救い主が来る。その救い主は、私のような預言者である」と書いたのでした。それがイエス様ですから、父なる神様はモーセに、「モーセ、おまえはもう一回あの地上に行ってきなさい。わたしのひとり子イエスが今あの地上に行っている。それはおまえが何千年か前に、『我がごとき預言者』と言ったメシヤだから、行ってごらん」と命じたのです。モーセは「はい」と言って飛んできたのだと思いますね。そして、エリヤが来たというのは、ユダヤ人の伝承において、「栄光のメシヤがおいでになる前に、メシヤの道備えをする人としてエリヤがもう一度来る」と言われていたことです。マラキ書の三章の一節に、「視《み》よ我《われ》わが使者《つかひ》を遣はさんかれ我面《わがかほ》の前に……」という言葉があるのですが、それはエリヤのことだと言われています。ですから、エリヤも神様から呼び出されまして、「あの山に行きなさい」と言われて来たわけです。

しかも、神様はそういう意味でモーセとエリヤを遣わしただけではないだろうと思うのです。ほかにも、イザヤもいたし、ダビデもいたし、旧約に偉い人はいっぱいいるわけです。ヨシュアもエノクもノアもいるけれども、神様はそういう人を遣わさないでモーセとエリヤを遣わしたのであります。モーセやエリヤがどういうことをした人かというと、民を罪から救いに導いた人なのです。

モーセは、自分の同胞がエジプトのパロ王のもとで奴隷のようにこき使われて、そのまま行ったらユダヤ人は全滅してしまうだろうというときに神様から命令を受けて、神様の前に祈ってその二百万の民を奴隷の生活から救い出した人です。この救われた民が素直に神様に従って行ったかというと、そうはいきませんでした。神様は、民が従わないためにとうとう業を煮やして、「この民たちを滅ぼしてしまうぞ」とおっしゃったのですが、モーセは破れの狭間に立つようにして、「神様、あなたはなんていうことをおっしゃるのですか。あなたは『この民をエジプトから救い出して、カナンの国に導き入れよ』と私に言ったのに、この民を滅ぼすのですか。私はそんな神様だとは知りませんでした。それでは、あなたの持っている永遠のいのちか何か知らないけれど、その中にある私の名前なんて削ってください。そんな神様とはお別れだ」と祈り抜いたのであります。そのときは神様から見ると、神様が負けてくださったのです。神様がへこまされまして、「そうか、わかった。おまえの言うように、わたしはおまえとともに行こう」とおっしゃいました。神様は、自分がへこまされた覚えがありましたから、「これだったらメシヤであるイエスの相談相手になるだろう」とモーセをお遣わしになったのであります。

また、みなさんはエリヤのことをご存じでしょう。国中がバアルとアシタロテという偶像に流されて、もう神様を信じる人はだれもいないように見えたときに、エリヤは神様の前に、「神様、なぜ私をいじめるのですか。私一人だけがあなたに従ってきたのに、なんで悪者が私の命を求めるのですか」と言ったくらいでした。神様はそのエリヤの祈りにお答えになって、天から火を下してイスラエルの人々が「ヤハウェこそ神である」と信じて神に立ち帰るようにしてくださいました。

ですから、モーセとエリヤだったら、どのように自分の民を救うことができたかということについて覚えがあったということです。聖書というのはえらいものだと思いますが、この三人が語り合った内容が書いてあります。三〇節のところを見てください。

> すると見よ、ふたりの人がイエスと語り合っていた。それはモーセとエリヤであったが、栄光の中に現れて、イエスがエルサレムで遂げようとする最後のことについて話していたのである。（三〇―三一節）

何を話していたかというと、人類の救いのことです。イエス様は、モーセに聞いたのではないかと思います。「モーセよ、あなたがあのパロのもとから民を救い出したときにはどうだったのか」。モーセはイエス様の前にひざまずくようにして、「イエス様、とんでもない。私のしたことなんか単なる模型で、そんなものはちっぽけなことです。あなたがなさるのは全人類のことですから」と言ったのではないでしょうか。また、エリヤにも聞いたでしょう。「エリヤ、おまえはどういうふうにやったのか」。「私は駄目な人間ですけれども、とにかくイエス様、祈りによってしまいましたよ」というような話をしたのではないでしょうか。イエス様も、そんなことは知っているのですが、「ああ、よしよし」とお聞きになったのでしょうね。

そして、特にここで合議したのは、「エルサレムで遂げようとする最後のこと」であったと書いてあります。これはマタイとマルコの変貌の記事には出てこないのです。こんな大切なことがルカにしか出てこない。ルカはイエス様がメシヤであるという深い確信を持って書いていますから、この言葉をどうしてもここに入れたかったのだろうと思います。

この「エルサレムで遂げようとする最後のこと」というのは、ギリシャ語の原文で見てみますと、「遂げようとする最後のこと」という言葉はなくて、「エクソドス」という言葉が使われています。「エクソドス」というのは、「道から出る」ということです。「脱出」とか、あるいは逆に「出発」と訳したりする言葉です。直訳すると、「エルサレムにおいてどのようにしてイエス様が今の状況を脱するか」を話し合っていた、ということなのです。また、「エクソドス」という言葉は、「出エジプト」を表す言葉でもあります。このときにはヘブル語の旧約聖書からギリシャ語に訳された七十人訳聖書が読まれていましたから、人々が「エクソドス」という言葉を聞きますと、「ああ、これは出エジプトのことだな」と、だれもがわかったと思います。

民がモーセに率いられて救い出されたのが出エジプトであったわけですが、あのときに民たちを救いに導いたのは何であったかというと、モーセではなくて小羊でした。神様はモーセに向かって、「おまえたちの人数で食べきれるだけの小羊をとりなさい。今晩、エジプト中の長男がみんな滅ぼされて殺されるが、ユダヤ人たちの長男が殺されてはならないから、小羊を殺して、その血を玄関に塗っておきなさい。そして、家の中にいる人たちは、その羊を焼いて頭も足も内蔵も全部食べなさい」とおっしゃいました。そのことから過越の祭りが始まったわけですが、本当の意味でイスラエルの人々がエジプトから救い出されたのは、モーセの力以上に、モーセに神様が示した小羊の力なのです。その小羊の血の力が、彼らを滅びの使いから助け、小羊の肉が彼らにいのちを与えたのです。それが出エジプトの出来事です。

ですから、イエス様がこの変貌山で「エクソドス」について話していたというのは、「モーセよ、わたしはあなたがやったような出エジプトをエルサレムでやるのだぞ。わたしが神の小羊として屠られる。そうしたら、わたしの血潮を受けた者が永遠の滅亡に行かないで、救われる道が開かれる。そして、わたしは復活する。復活したわたしのいのちを受ける者は、永遠に生きることができるようになるぞ」という話をされたのでしょうか。これが、「エルサレムにおいて遂げようとする最後のこと」です。実に意味の深いことであると思います。

ちょうど受難週でしたが、まさにこれは受難週にふさわしい言葉だと思います。エジプトでイスラエルの人々が、小羊の血を玄関に塗って助けられたように、私たちの小羊であるイエス・キリストの血潮によって、私たちは永遠の滅びから救い出されて、罪から赦されて、汚れからきよめられて、この地上の生涯を歩むようにされているということです。エジプトでイスラエルの人々が小羊の肉を食べたように、イエス様を食べてしまうくらいにイエス様と深く交わるということです。それくらいにイエス様との交わりを深く持つということです。

神様は、「汝らこれに聞け。間違いはない」とおっしゃいました。これはすばらしいことです。みなさん、今日の世界に、「これに聞け。間違いはないぞ」と言うことができるものは一つもありません。現代の日本がどんな国家状況であるか、一つとして光なんかないように思います。もちろん、有名な大学を出て、富を成すことができる人もいるでしょう。それでも、魂に関して、永遠のいのちに関して、こうすれば間違いはないというものは、この世界にはありません。

けれども、神様は、「汝らこれに聞け」とおっしゃいます。「間違いはない。王なるメシヤである。しもべなるメシヤとしておいでになる。あなたがたはこれに聞きなさい」とおっしゃる。このお方のお声を聞いていくときに、私たちのうちに姿変わりが起こってくるのです。「どうもあの人はこのごろ違うな」と思ったら、お祈りをしているなんてことがあるでしょう。その姿変わりは隣の人にも移っていきます。

みなさん、この地上のものはなくなっていきます。過ぎ去っていきます。私たちもまた、この地上を去る時が来るのです。けれども、私たちは永遠のことを考えなければいけません。「汝らこれに聞け」。

26　イエスの決意と弟子たち〈九章三七—六二節〉

ルカによる福音書の九章の三七節から終わりまでのところを通じまして、「イエスの決意と弟子たち」という題でお話をしたいと思います。イエス様がこのところで、「十字架について世界の人類の救いを全うしよう」という決意をなさったということと、イエス様がそのように決意なさったときに、弟子たちがどのような状況にあったかということを見てみたいと思います。

イエス様がすばらしい方でしたから弟子たちもそれにふさわしい者であったかといいますと、どういたしまして、本当にこの先生にしてこの弟子がいるのかと思われるような弟子でありました。東と西が遠いように、イエス様の心から離れていた弟子たちでした。イエス様がエルサレムに行って十字架につけられるときでさえも、イエス様を捨てて逃げてしまうような弟子たちでした。けれども、イエス様が天にお帰りになってから、彼らが祈り待ち望んでいるときに神の御霊が臨みまして、聖霊によって、彼らは本当にキリストの弟子として整えられ、完成されたのであります。聖霊が臨んだからといって、手のひらを返したように人間が変わってしまうわけではないと思いますけれども、しかし神はそのみわざを完成なさるお方でした。本当に箸にも棒にもかからない弟子たちですが、神様は彼らをゆっくりとお導きになって、ついに神の御霊をお与えになって、イエス様にふさわしい弟子たちとしてくださったということを、聖書から見ることができるのであります。きょうは、「イエスの決意と弟子たち」ということを一緒に考えてみたいと思っています。

前回は、変貌山のお話をいたしました。三七節から六二節までのところは、その変貌山においてイエス様がモーセとエリヤにお会いしたことの余韻がずっと残っているような書き方がされています。イエス様のご決意に関しては、あの山の上でお会いしたモーセの考え方や生き方を踏襲なさるようにして、いや、モーセが模型で示して見せたものを、その本体をもって実現させるかのようにして、イエス様は行動なさったと見ることができます。学者たちはこれを、イエス様のご生涯における「モーセ・モチーフ」と呼んでいます。そのことに注意をしながら、二つの点を拾ってみましょう。

1　イエスのエルサレム行きの決意

第一に、「イエスのエルサレム行きの決意」ということであります。

五一節に、「さて、イエスが天に上げられる日が近づいたので、エルサレムへ行こうと決意して、その方へ顔をむけられ、自分に先立って使者たちをおつかわしになった」とあります。ここでまず、イエス様が天に上げられる日が近づいてきたと書いてあります。「天に上げられる日」というのは、メシヤが救いを完成すると天にお帰りになる、イエス様の十字架において救いが完成し、復活によって死が征服されて、イエス様が栄光を受けるために天にお帰りになる日、ということです。十字架と、復活と、昇天という三つのことを含んだ言葉であると受け取るべきだと思いますが、その日が近づいてきたということです。

ここは確かに、日本語で言うと「近づいた」ということなのですが、ギリシャ語原文においては、「シュムプレーロー」という言葉が使われていまして、「その日が満ちつつあったので」という意味です。ルカは、地上におけるイエス様のひと足ひと足の歩みも、天の父なる神の愛のご計画に従っていると信じていました。ですから、ただ「だんだん近づいて来て、さあどこかへ行くぞ」ということではなくて、神のご計画の時が満ちつつあったというのが、聖書の本当の言葉の意味なのです。

「天に上げられる」ということは、人類の救いが完成されて栄光をお受けになるためにイエス様が天にお帰りになるということですが、その救いはどこから始まっていくかというと、イエス様の十字架からでありますます。イエス様が十字架に釘づけにされる場所が、エルサレムでありました。ですから、イエス様はエルサレムなんかへ行かなければよかったのですが、変貌山でモーセとお話しになったときに、「モーセよ、おまえが出エジプトをさせたように、わたしも人類を出エジプトさせようとしているのだよ」とおっしゃって、エルサレムを強く念頭に置かれたわけであります。

五一節を見ますと、「エルサレムへ行こうと決意して」とあります。エルサレムへ行くということは、ただ旅行するということではなくて、決意なさったということです。イエス様は、エルサレムに行ったら必ず敵が自分を待っていて、捕らえて磔《はりつけ》にして殺すであろうとわかっていらっしゃいました。弟子たちは何回かそのことを予告されていましたが、あまりよくわからなかったようです。イエス様は、「世界の人類が救われるためには、メシヤであるわたしが人類の罪を負うて、その罪の処罰を受けるためにエルサレムに行かなければならないのだ」と決意なさったということであります。十字架というのは、たまたま運悪くローマの兵隊に捕らえられて磔にされてしまったということではなくて、神の永遠から永遠のご計画の中にあったことであって、イエス様もまた、「わたしがしよう」と決意なさったことなのです。

また、「その方へ顔をむけられ」とあります。おそらくイエス様は、きりっとした顔をされたのだと思います。その人の顔がその人の全体をも変えていくような雰囲気を作り出すことがありますが、まさにこのときのイエス様は、「さあ、十字架につくことが人類の救いのためだったら行くぞ」ということを、きりっとした顔で決意されたのだろうと思うのです。旧約聖書のイザヤ書を見ますと、イザヤは、「やがて世界に来る救い主は、ご自分が成し遂げる救いのわざのために、み顔を火打石のように固くして使命に向かっていくであろう」と預言しています。ある聖書学者は、「ここはイザヤ書の中に出てくる神のしもべとしての救い主メシヤの預言が成就したのだ」と言いました。そのお姿を見て、弟子たちもびっくりしたのではないかと思います。いつもおだやかな、「野の花を見よ。鳥を見よ」とおっしゃるようなイエス様が、救いのためにきりっとなさって進んでいく姿は、弟子たちにも緊張感を与えたであろうと思うのです。

ここはまだ、ルカによる福音書の九章です。ルカによる福音書は二四章まであるわけですから、物語の筋からいうと、こんなに早くイエス様がエルサレムに行ってしまったら困りますよね。小説を書く人だったら、エルサレムにおいてイエス様が苦悩なさるというようなことは、最後にどんでん返しとして、あるいは結論として出てくるように書くでしょう。読者にとっては、「あと十五章のうち、最後の五章がエルサレムのことだとして、残りの十章をどうやって過ごすのだろうか」と思うくらいですが、ルカは、イエス様のこれからのすべてのお話の内容も、あるいは奇跡も全部、エルサレムにおいてイエス様が遂げようとする十字架が、どういう意味を持っているのかということの重要性と「時」の緊迫感の中で描いていくのであります。

ですから、み顔を固くエルサレムに向けてからのイエス様は、一途にエルサレムに向かっていくお方として書かれているわけでありまして、十字架と復活をやさしく説明するようにして、エルサレムへの道すがらイエス様のお話や奇跡がなされていきます。そういう思いでルカによる福音書を見ていきますと、「エルサレムに行く途中で」「エルサレムに向かう途中で」「エルサレムに上るときに」というような言葉が何回も繰り返して出てきます。ルカが受難のことを先備えしながら筆を進めていることがわかります。これはイエス様にとって非常に重要なことであったと思うのです。

そして、弟子たちはどうだったかといいますと、四四節のところを見てください。こう書いてあります。

「あなたがたはこの言葉を耳におさめて置きなさい。人の子は人々の手に渡されようとしている」。しかし、彼らはなんのことかわからなかった。（四四、四五節）

イエス様のご決意を見ても、どういうことなのか弟子たちにはわかりませんでした。イエス様は、「わたしはこれからエルサレムに向かって行って、多くの人々からさげすまれて、はずかしめられて、裁判を受けて十字架につけられるのだ」とおっしゃったのですが、弟子たちは、「まさか、そんなことはないだろう。重い皮膚病の人をひと言葉で癒し、足のなえた人を立たせ、目の見えない人を癒したもうお方が、そんな敵の手に渡されて十字架につくなんていうことはないだろう」と常識的に考えていたのです。ところがイエス様のご使命は、奇跡をして人々を驚かせて、「わたしが神だぞ」と騒ぐことではなくて、人類の罪の身代わりとしてエルサレムで十字架につくことでした。そのご使命が、ここで決意されたということであります。

2　弟子たちの姿

第二のことにいきましょう。「弟子たちの姿」です。まず、三七節から四三節までを見てください。

翌日、一同が山を降りて来ると、大ぜいの群衆がイエスを出迎えた。すると突然、ある人が群衆の中から大声をあげて言った、「先生、お願いです。わたしのむすこを見てやってください。この子はわたしのひとりむすこですが、霊が取りつきますと、彼は急に叫び出すのです。それから、霊は彼をひきつけさせて、あわを吹かせ、彼を弱り果てさせて、なかなか出て行かないのです。それで、お弟

> 子たちに、この霊を追い出してくださるように願いましたが、できませんでした。イエスは答えて言われた、「ああ、なんという不信仰な、曲った時代であろう。いつまで、わたしはあなたがたと一緒におられようか、またあなたがたに我慢ができようか。あなたの子をここに連れてきなさい」。ところが、その子がイエスのところに来る時にも、悪霊が彼を引き倒して、引きつけさせた。イエスはこの汚れた霊をしかりつけ、その子供をいやして、父親にお渡しになった。人々はみな、神の偉大な力に非常に驚いた。

イエス様たちが山を降りて来ると、息子が悪霊につかれてしまった人が出迎えて、「私の息子を見てやってください」とイエス様にお願いしたということであります。弟子たちは山の上で恵まれてきたあとですから何でもうまくいくと思いまして、イエス様がいつも病人を癒すように自分たちもやってみたのです。ところが治らなかった。

預言者エリシャの物語の中に、これと同じような話が出てきます。エリシャの弟子にゲハジという人がいましたが、彼は先生のあとをいつもついて行きましたから、先生がやることを見よう見まねで知っていました。そこで、子どもが死んだときに、その子どものところに行ってエリシャがするようにしたのですが、子どもは生き返らなかった。ところがエリシャ先生が行って祈ると、その子どもが生き返ったということが、旧約聖書に書かれています。イエス様の弟子たちも、同じようにイエス様が人を癒すのを見ていたわけです。イエス様が手を置いて祈ったならば、弟子たちも手を置いて祈るようなことをしたのかもしれません。けれども、悪霊は出て行きませんでした。

使徒行伝を見ますと、パウロがこういう力を与えられて、祈って手を置くと悪霊が出て行って病が癒されたということが出てきます。周りの魔術師やほかの人々がまねしようと思いまして、パウロがやるように手を置いて祈って、「悪霊よ、出て行け」と言いましたら、悪霊が「パウロは知っているけど、おまえは何者だ」と言って悪霊につかれている人をますます悪くしたという記事があります。

そのように、弟子たちがまねしても治らなかったということですが、イエス様は、「おまえたちはなんと信仰がないのか。形ではないぞ。形だけ従っても、それでわたしの子だということはないぞ」とおっしゃいました。弟子たちがここでイエス様から第一に知らされたことは、信仰を持つということでした。「信仰がなかったら、わたしの世界のことは何もわからない。わたしのわざは何もできないよ」とおっしゃった。

イエス様は、最後の晩餐において、「我を信ずる者は我がなす業《わざ》をなさん。かつ之よりも大《おおい》なる業をなすべし」（文語訳）と弟子たちに約束をくださいました。みなさん、私たち人間が神に対してとりうる最高の態度は、「神を信じる」ということです。神様は、私たちが少しはだれかよりましになったとか、きのうの自分よりもきょうの自分が少し進歩した、というようなことを喜ばれるのではない。本当の意味で神が喜ばれることは、神を信じることなのです。マタイによる福音書の同じ記事を見ますと、弟子たちがあとで、「先生、どうして私たちは追い出すことができなかったのでしょうか」と聞いたところ、イエス様が、「この類は祈りと断食とによらなければいづることあたわざるなり」とおっしゃったと書いてあります。「祈りだ。信じて、本当に信じきって神に祈ったならば、わざは進む」とおっしゃったのです。

ここに、使命を持ってエルサレムに向かおうとするイエス様の前には、弟子たちは本当に役に立たない、形式を重んじているだけの姿であったことを見ることができます。

弟子たちの二つ目の姿は、四三節から四五節までのところに出てきます。もう一度、四五節を見ましょう。

しかし、彼らはなんのことかわからなかった。それが彼らに隠されていて、悟ることができなかったのである。また彼らはそのことについて尋ねるのを恐れていた。

弟子たちは、エルサレムに行くというイエス様の決意の目的がわからなかったのです。「何をしにエルサレムに行くのか」と思っていた。イエス様が「わたしはエルサレムに行って十字架につけられるのだよ」と言っても、聖地巡礼だと思っていたかもしれません。弟子たちはイエス様の心から離れていました。私たちはそうでありたくはないですね。本当にイエス様の心がわかるものでありたいと思います。

四五節の終わりには、「また彼らはそのことについて尋ねるのを恐れていた」とあります。彼らはみんな、知ったかぶりをしていたのです。十二人の弟子たちは、知りもしないくせに「知っています」という顔をしていました。もしイエス様に、「何をしにエルサレムに行くのですか。十字架につくというのはどういうことですか」と聞こうものなら、ほかの弟子から「何だ、あいつはまだそんなことも知らないのか」なんて思われるのがいやですから、いいところを見せようとして背伸びをしていたのです。これは、ただイエス様にしかられるのがいやだとかいうことではありません。「幼稚なことを聞いて、ほかのやつに笑われはしまいか。そうしたら恥ずかしいな」ということがあったのです。本当に、どこまで卑しいのかと思いますが、聞くことさえ恐れていたということです。

どうかみなさん、私どもは神の前にはそのままの姿でいたいと思います。奉仕をするときにも、お祈りをするときにも、何をするときにも、そのままがよいと思います。ちょっといいところを見せようと思うと疲れてきます。ちょっと背伸びをしますと長続きしません。人間というのはどうしても自分中心になりがちですから、イエス様に中心になっていただかないと、だれが見てもわかるような人生を送ってしまう。弟子たちはこういう姿であったことを、私たちは学ばなければなりませんし、弟子たちに「おまえたちはそんなものだぞ」ということをとことんまで知らせようとしていた、教師としてのイエス様のお姿をここに見ることができるように思います。

弟子たちの姿の三つ目のことは、「傲慢」です。四六節からこう書いてあります。

> 弟子たちの間に、彼らのうちでだれがいちばん偉いだろうかということで、議論がはじまった。イエスは彼らの心の思いを見抜き、ひとりの幼な子を取りあげて自分のそばに立たせ、彼らに言われた、「だれでもこの幼な子をわたしの名のゆえに受けいれる者は、わたしを受けいれるのである。そしてわたしを受けいれる者は、わたしをおつかわしになったかたを受けいれるのである。あなたがたみんなの中でいちばん小さい者こそ、大きいのである」。（四六―四八節）

背伸びをして、知ったかぶりをして、イエス様に聞くことさえ恐れていたくせに、だれが一番偉いかと議論したというのです。それも、あからさまにではなかったようです。こそこそと、イエス様に聞かれないように小さな声で、「それはそうと、この中でだれが一番偉いのかな」とやったらしい。イエス様は彼らの心の思いを見抜いたと書いてあります。

私は、今週も自分に当てはめてここを読んでいました。「ああ、私もそういう人間だな。イエス様はそれを見透かしていらっしゃるのだな」ということを知りました。みなさん、人間というのは、本当は自分の姿を知りたくないものです。けれども、聖書は鏡のようなもので、私たちの本当の姿を知らせてくれるのです。そのときに、「ああ、弟子たちはあんなことを言って、ばかなやつらだな」なんて言わないで、「はい、私もそうです」と読むべきだと思います。キェルケゴールはそういうふうに読んだといいます。

このときの弟子たちは、本当にイエス様の心を知らなかったわけですが、イエス様はこのところで、こう言っています。四八節を見てください。

「だれでもこの幼な子をわたしの名のゆえに受けいれる者は、わたしを受けいれるのである。そしてわたしを受けいれる者は、わたしをおつかわしになったかたを受けいれるのである。あなたがたみんなの中でいちばん小さい者こそ、大きいのである」。

いいですか、みなさん。秘訣を教えます。世界で一番偉い人というのは、幼子のように純粋にイエス・キリストを受け入れる人です。これが世界で一番偉い人なのです。

「ああ、俺は受け入れているから一番偉いな」なんて、舌の根も乾かない先からそういうふうに思ってはいけないでしょう。私たちは確かにイエス様を受け入れています。それでは、本当の意味で受け入れているでしょうか。本当にイエス様に従っているでしょうか。イエス様が「ここに行きなさい」と言えば、本当に行くでしょうか。「奉仕をしなさい」と言われたら、本当に奉仕するでしょうか。私はよく「奉仕ではない。献金ではない。信仰だ」と言いますが、それはみなさんが誤解をしないだろうと思うから言っているのです。献身だって、献金だって、奉仕だって必要なのです。それが私たちの信仰の現れだと思います。

神が「偉い」と喜んでお受けくださる人は、イエス様を心のうちに受け入れる人です。イエス様を受け入れるには、傲慢では受け入れられないのです。「イエス様は私の罪のために十字架にかかって、この私を救ってくださって、よみがえって永遠のいのちを与えてくださった」と、本当にイエス・キリストを信じるなら、イエス様を受け入れているということになるでしょう。人と比べなくてよいのです。神様から、「おまえが一番偉いと思っているよ」と言われるような者でありたいと思いますね。それが弟子たちにはできていなかったということです。

弟子たちの姿の四番目は、「誤れるエリート意識」です。四九節からのところを見てみましょう。

するとヨハネが答えて言った、「先生、わたしたちはある人があなたの名を使って悪霊を追い出しているのを見ましたが、その人はわたしたちの仲間でないので、やめさせました」。イエスは彼に言われた、「やめさせないがよい。あなたがたに反対しない者は、あなたがたの味方なのである」。（四九―五〇節）

自分に先立って使者たちをおつかわしになった。そして彼らがサマリヤ人の村へはいって行き、イエスのために準備をしようとしたところ、村人は、エルサレムへむかって進んで行かれるというので、イエスを歓迎しようとはしなかった。弟子のヤコブとヨハネとはそれを見て言った、「主よ、いかがでしょう。彼らを焼き払ってしまうように、天から火をよび求めましょうか」。イエスは振りかえって、彼らをおしかりになった。そして一同はほかの村へ行った。（五二―五六節）

イエス様とその一行は旅をして、サマリヤを通って行きました。このサマリヤという村は、イスラエルの民と異邦人との混血で、純粋なイスラエル人とは対立している人々が住んでいました。サマリヤ人とユダヤ人は犬猿の仲だったのです。そこをイエス様たちが通ったときに、「イエスなんてユダヤ人だ」ということで、歓迎しようとはしなかったのですね。

それでイエス様の弟子たちは頭にきたのです。ヨハネとヤコブは、「昔エリヤが天から火を降《くだ》して真の神なることを示したように、今あなたに従わない連中を真っ黒焦げにしてしまいましょうか」なんて言いました。自分たちは何様だと思っているのでしょうか。「俺たちはこれでもイエスの弟子だぞ。その人たちを滅ぼしてしまえ」というようなことを思っていたのです。

そうすると、イエス様は「おしかりになった」と書いてあります。「俺たちはイエスの弟子だ。俺たちの言うことを聞かない者、イエス様に聞かない者なんて滅ぼしてしまえ」という誤ったエリート意識に立てこもって、イエス様を十字架につけたユダヤ人たちと全く同じような姿になっていたのです。「天から火でも降しましょうか」なんて、弟子たちがまるでエリヤ気分になっていたということです。五七節

ここの最後のところでイエス様が弟子たちにおっしゃったことは、「全き服従」ということです。五七節から読んでみましょう。

道を進んで行くと、ある人がイエスに言った、「あなたがおいでになる所ならどこへでも従ってまいります」。イエスはその人に言われた、「きつねには穴があり、空の鳥には巣がある。しかし、人の子にはまくらする所がない」。またほかの人に、「わたしに従ってきなさい」と言われた。するとその人が言った、「まず、父を葬りに行かせてください」。彼に言われた、「その死人を葬ることは、死人に任せておくがよい。あなたは、出て行って神の国を告げひろめなさい」。またほかの人が言った、「主よ、従ってまいりますが、まず家の者に別れを言いに行かせてください」。イエスは言われた、「手をすきにかけてから、うしろを見る者は、神の国にふさわしくないものである」。（五七―六二節）

イエス様は弟子たちに、徹底した服従をお求めになりました。この物語の背景にも、エリヤ・エリシャの伝承があるだろうと言われます。エリシャが、「先生、あなたの持っている分を私にください」とエリヤに言ったとき、エリヤは、「私にどこまでもついて来なさい」と言いました。それからエリシャはエリヤについて行くわけですけれども、そのときにエリヤに向かって、「先生ちょっと家にあいさつに行かせてください。別れを告げてきますから。それからあなたの弟子になります」と言ったのでした。

ところが、ここでイエス様は、「手をすきにかけてから、うしろを見る者は、神の国にふさわしくないものである」とおっしゃいました。「農夫がすきに手をかけて耕そうとしているのに、その手をやめて家に帰ってしまったら、そういう者は神の国にふさわしくないよ」と言われたのです。

「死人を葬ることは、死人に任せておくがよい」というのは簡単なことで、先の「死人」は実際に死んだ人のことです。そして、後ろのほうの「死人に任せておくがよい」は霊的に死んだ人、まだイエス様を知らない人々のことを言っているのです。「そういうことは未信者に任せておいたらよいだろう。今は急務だ。あなたは神の国を告げるようにしなさい」と言って、「全き服従」をするようにおっしゃったのであります。

このところから、弟子たちの五つの姿を見てきました。不信仰な弟子たち。イエス様のお心がわからない弟子たち。傲慢な弟子たち。誤ったエリート意識に立てこもった弟子たち。服従することが中途半端であった弟子たち。イエス様の弟子たちは、こういう人々でありました。

けれども、この人々をイエス様はお召しになって、みそば近くに置いて、赤ちゃんをミルクから育てていくように弟子たちをお育てくださいました。そして、ついにあのペンテコステにおいて聖霊が天から降ったときに、弟子たちは見事につくり変えられて、イエス様の継承者として全世界に出て行ったのです。それは、イエス様が優秀な後継者を選んでいたということではありませんでした。イエス様は、「誤れるエリート意識に立ってはいけない。わたしを受け入れる者が、本当にわたしの心がわかる者だ」とおっしゃって、弟子たちに全き服従を要求されたのです。

私は、こういう素材を選んでくださったイエス様が本当に好きです。大好きです。今の五つのことを挙げて、私は弟子たちをなじったり、どうこう言おうなんて少しも思いません。なぜならば、この弟子たちの五つの点は、全部私のことでもあると思うからです。こういう五つの点のいくつかは、普通の世の中だったら、就職試験に行っても「ああ、あなたなんか駄目だ」と言われるでしょう。けれども、イエス様はこういう者たちをあえて選んでくださったのです。エルサレムに行く道すがら、弟子たちに語り、弟子たちと寝起きをともにして、なおわからない弟子たちをつくり上げていくイエス様がおいでになるということを、兄弟姉妹よ、知ってほしいと思います。

この話を聞きますと、「ああ、私もそうだ。イエス様のご決意のわからないような者だ」とお思いになるかもしれません。「先生は私にいやみを言っているのではないか」と思われる方もきっといると思います。けれどもみなさん、ここに立っていてくださるお方に目を留めることが大切です。そして、聖霊を受けましょう。あのペンテコステにおいて、弟子たちは聖霊を受けたときに、全く変えられた者となって主の栄えを現すことができました。世人がいろいろ言うかもしれない。同じクリスチャン同士であってもどうだかわからない。自分でも自分を、「私はクリスチャンなんて言っても駄目だ」と思うかもしれない。それでも、みなさんどうぞ、このお方を本当に心に受け入れて、このお方に祈り求めて、神の御霊に満たしていただこうではありませんか。私たちは欠陥があるにせよ、成長していく者として、イエス様のお心のわかる弟子にしていただきたいと思います。

27　七十二人弟子の派遣〈一〇章一―二四節〉

新約聖書のルカによる福音書の第一〇章をお開きになってください。最初に一節から一六節までを読んで、あとでまた一七節から二四節のところを読むことにしたいと思っております。

その後、主は別に七十二人を選び、行こうとしておられたすべての町や村へ、ふたりずつ先におつかわしになった。そのとき、彼らに言われた、「収穫は多いが、働き人が少ない。だから、収穫の主に願って、その収穫のために働き人を送り出すようにしてもらいなさい。さあ、行きなさい。わたしがあなたがたをつかわすのは、小羊をおおかみの中に送るようなものである。財布も袋もくつも持って行くな。だれにも道であいさつするな。どこかの家にはいったら、まず、『平安がこの家にあるように』と言いなさい。もし平安の子がそこにおれば、あなたがた祈る平安はその人の上にとどまるであろう。もしそうでなかったら、それはあなたがたの上に帰って来るであろう。それで、その同じ家に留まっていて、家の人が出してくれるものを飲み食いしなさい。働き人がその報いを得るのは当然である。家から家へと渡り歩くな。どの町へはいっても、人々があなたがたを迎えてくれるなら、前に出されるものを食べなさい。そして、その町にいる病人をいやしてやり、『神の国はあなたがたに近づいた』と言いなさい。しかし、どの町へはいっても、人々があなたがたを迎えない場合には、大通りに出て行って言いなさい、『わたしたちの足についているこの町のちりも、ぬぐい捨てて行く。しかし、神の国が近づいたことは、承知しているがよい』。あなたがたに言っておく。その日には、この町よりもソドムの方が耐えやすいであろう。わざわいだ、コラジンよ。わざわいだ、ベツサイダよ。おまえたちの中でなされた力あるわざが、もしツロとシドンとでなされたなら、彼らはとうの昔に、荒布をまとい灰の中にすわって、悔い改めたであろう。しかし、さばきの日には、ツロとシドンの方がおまえたちよりも、耐えやすいであろう。ああ、カペナウムよ、おまえは天にまで上げられようとでもいうのか。黄泉にまで落とされるであろう。あなたがたに聞き従う者は、わたしに聞き従うのであり、あなたがたを拒む者は、わたしを拒むのである。そしてわたしを拒む者は、わたしをおつかわしになったかたを拒むのである」。（一―一六節、傍点筆者）

このところと、後の二四節までのところを通じまして、「七十二人弟子の派遣」という題でお話をしたいと思います。

以前、イエス様が特別にお選びになった十二使徒と言われる人々の派遣のことを学びましたが、それ以外に七十二人の人々がいたようです。ほかにも一般の群衆がイエス様を囲んでいただろうと思われますが、この七十二人の弟子というのは、生涯を直接伝道のためにささげた十二使徒ともちょっと違います。十二使徒は、今日で言う牧師や説教者になるべく選ばれた人であると見ることができると思いますが、この七十二人の弟子は、いわば一般の信徒として証しを立てていく人々に相当するだろうと思うのです。

きょうのところは、イエス様がご自分の宣教のために多くの働き人を要しているとおっしゃって、その七十二人の者を二人一組にしてお遣わしになったという記事です。ここから、私たちクリスチャンがどうあるべきかを学ぶことができると思います。私たち一人一人も、教会から遣わされて、それぞれの家庭に、職場に、学校に行っているわけですから、七十二人の弟子たちが神の国を宣べ伝えるためにどのように派遣されたかを学ぶことは、たいへんに益があると思います。

さて、一節を見ますと、「その後、主は別に七十二人を選び、行こうとしておられたすべての町や村へ、ふたりずつ先におつかわしになった」と書いてあります。二人を一組にして七十二人が送り出されたということですが、この七十二という数字には、ユダヤ人たちの間で特別な意味があります。ユダヤの国においては、七十二というのは全世界民族を表す数字なのです。

イエス様が生まれる少し前、ヘブル語で書かれていた旧約聖書が初めてギリシャ語に翻訳されました。この翻訳の聖書は「セプチュアギンタ」といいまして、日本語では「七十人訳聖書」と言います。伝承では、ヘブル語とギリシャ語のよくできる人が七十二人選ばれて、それぞれの部屋に閉じこもって翻訳をして、持ち寄ったらぴったり合っていたから、それが最初の翻訳として公認されたと言われています。またユダヤの人々は、バベルの塔において人間が神様の怒りに触れて言葉が乱されたときに、七十二の言語に分かれたと思っていました。

ですから七十二人というのは、「世界を向こうにまわす」ことを表すわけであります。イエス様の周りには大ぜいの人がいたと思うのですが、そのうちから特別に七十二人を選んで、「私の働きは、これから全世界に向かって開始されていくのだ」ということをシンボリカルに示されたのです。たまたま七十二人だったのではなくて、イエス様は、「わたしの言う永遠の救いは、全世界に宣べ伝えられるべきものである」ということを、自覚なさっていたと見ることができます。

今日、私たちは七十二人しかいないわけではありませんけれども、その本質は、イエス様のご使命を果たすべく、全世界に向かって選ばれたのが私たちクリスチャンであると思うのです。

そこで、この二つの区切りから、一つずつ学んでみたいと思います。まず、第一の区切りのところから、「神の国のメッセージよりの挑戦」ということを学んでみましょう。

1　神の国のメッセージよりの挑戦

イエス様は、ここでお弟子さんを遣わすときに、「神の国は近づいていると言いなさい」とおっしゃいました。この神の国のメッセージというのは、ただ「神の国は来ていますよ．みなさん、神様を信じてください」と言えばよいということではありませんでした。この神様のメッセージは、それを聞いた人が決断を迫られるものなのです。神の国のメッセージは、いつでも私たちに対するチャレンジであるということです。

今朝、私が宣べ伝えている説教も、みなさんにとって、私自身にとってもそうでありますが、神様からのチャレンジです。挑戦なのです。挑戦されて、放っておいたら何にもなりません。「ああ、そう」と馬耳東風で過ごしたら、やっぱりそこで終わってしまいます。神様が私たちに愛のチャレンジをしていてくださるのですから、チャレンジに対しては応答すべきだと思います。説教者自身も、またそれに対して応答すべきだと思いますが、絶えず応答を要求しているというのが、イエス様の教えの性質であると思うのです。

イエス様は、「神の国は近づいていると宣べ伝えなさい」とおっしゃったということですが、「神の国は近づいている」という訳は非常に緩慢な気がします。英語では、アット・ハンド、すでに手の中にあるという言い方がされていますが、ここで使われているギリシャ語の「エンギゾー」という言葉は、「神の国はすでに来ている」ということを意味しています。

「神の国」というのは、神様の恵みの支配するところということです。みなさんが謙虚に心砕かれて、心の中にイエス様をお迎えするならば、そこにすでに神の国が始められているのです。ですから、イエス様がおいでになったことによって、それまでになかったような神様の恵みの支配がすでに来ていて、その愛の恵みのチャレンジに対してお応えしなければならないというのが、イエス様の宣教だと思います。

イエス様は非常に緊迫した派遣の仕方をなさいました。二人を一組にして、「財布なんか持って行くな。小道具を入れる袋なんか持って行くな。途中で人に会ってもあいさつなんかするな。神の国が来ているというのは、緊急動議を要するような神様からの恩寵の支配の宣言なのだ。だから、路銀をたくさん持って行って、『一つ旅行でもしようか』というようなことではないぞ」とおっしゃったのです。弟子たちはこのご命令をどのように受け取ったでしょうか。「これはいつものイエス様と違うぞ」という感じを受けたでしょうね。

「お金なんて持って行くな」と言われますと、どうやって食べていくのかと思いますが、当時の中近東には、見知らぬ客が来たときにはその客をもてなす風習がありました。ご馳走でもてなすということでなくてもよいのですが、よそから来た者が宿を請うたときには宿を貸すということをしていたのです。イエス様は、ある意味においてはそのことに依存していらっしゃいました。「人々にもてなしを受けて、その家のために平安を祈って、この神の国を伝えて歩きなさい」とおっしゃったのです。

また、「途中で会ってもあいさつするな」というのは、知らん顔をすることではありません。これは、家に入って行って、「俺は神の国の使者たぞ」なんて威張ってはならないということです。古代中近東のあいさつは、正式にやると長いのです。何メートルまで来たら立ち止まって、友だちに紹介してもらって、口上を言って、水をもらって、手を洗って、足を洗って、それから何歩進んで何を言うと、正式にやると一時間かかるそうです。そんなことをやっていては、肝心要《かなめ》の神の国を伝えることができなくなってしまうので、イエス様は張りつめた態度をもって宣べ伝えることをお勧めになったのです。

これは、私たちにとってもそうです、神様の恵みを伝えようというのは、「そのうちあの人に伝えよう」なんて思っていますと、気が抜けてしまうのです。そこには何もチャレンジしてくるものがない。私たちが恵みを経験して、「これを証しするべきだ。これは他人に伝えてあげなさい」と神様に示されたら、電話でもいいし、ハガキ一枚だって出せるでしょう。パッと行《おこな》ったら、あなたの証しは周囲に生きて届くのです。「まあ、いいや。洗濯をしてから」なんて言っていたら、洗濯が済んで「さあ、やろうかな」と思ったところで、「待てよ、あそこで大安売りだったから行ってみよう」なんてやっているうちに忘れてしまうのです。そんなことをしていて気の抜けたような証しを聞かせたって、だれにも届きはしません。私たちが神の恵みを伝えるというのは、緊急動議を神様から授けられたと思って立つべきだと私は思うのです。

さて、イエス様は神の国を宣べ伝えるときに、いつでも三つのポイントを伝えていました。まず、「世界にやがてメシヤ・救い主が来ると、旧約聖書に預言されている。その預言が今成就している」ということ。それから、「神の国が来ている。神の恵みの支配がすでに来ていますよ」ということ。そして、「悔い改めて、今までの生活をやめて、神様のほうに心をしっかり向けて信仰の生活を歩みなさいよ」とおっしゃいました。イエス様の説教は福音書の中にたくさん出てきますけれども、イエス様のお話のポイントはこの三つしかないのです。イエス様は何十というたとえ話をしていますが、そのお話のどこを切っても出てくるのは、「旧約聖書の約束が成就した」、「神の恵みの支配が来ている」、「悔い改めて信じなさい」ということなのです。

また、イエス様はお話だけではなく、奇跡も行いました。足のなえた人が立つとか、病人が癒されるとか、自然界の波が静まるというような奇跡をなさった。実はその奇跡も、旧約聖書に「やがて世界にメシヤがおいでになると、その救い主は自然界をも支配するような、人間の常識と理性とを超えたわざをなさるであろう」ということが預言されていましたから、旧約の預言の成就を表すのです。

それに、イエス様は、「わたしの指で悪魔を追い出すことができたならば、そこにすでに神の国が来ているよ」とおっしゃいました。あるいは弟子たちが、「先生、神の国というのはどこにあるのですか」と聞いたら、「神の国とは、ここにある、あそこにあるというものではない。あなたがたのただ中に神の国があるではないか」とおっしゃった。T・W・マンソンの言うように、それは、イエス様こそ神の国の中心だということです。イエス様は神の恵みの支配を送り届けてくださった方ですから、イエス様のおいでになるところが神の国であると言うことができると思います。今日でもそうです。教会だって、まだ完成はされていませんけれども、イエス様が霊的に存在しておられます。教会は神の国の霊的実現を見ているわけです。ですから奇跡は、神の国がすでに来ていることを表していると見ることができるのです。

奇跡を見たら、「ああ、私のような罪人であっても神様に近づきたい。神様、私の罪を赦してください。あなたのものとして受け入れてください」と、悔い改めと信仰をもって神様を信じることが大切です。ですから、言葉による教えだけでなく奇跡による教えも、旧約の成就と、神の国が来ていることと、悔い改めと信仰という三つの点を主張しているわけです。それが、イエス様の宣教でした。これは専門用語で「ケリュグマ」というのですが、それが言葉とわざとによってなされたということであります。

イエス様は弟子たちを遣わされるときに、「平安があるように」と言いなさいと命じられました。「平安」という言葉が三回も繰り返されています。五節のところで、「どこかの家にはいったら、まず、『平安がこの家にあるように』と言いなさい」、六節に「もし平安の子がそこにおれば、あなたがたの祈る平安はその人の上にとどまるであろう」とあります。この「平安、シャローム」は救いということです。イエス様が宣べ伝えている神の国の挑戦に対してお答えする者に、この平安、救いが与えられるというのがここの意味なのです。

さらに、弟子たちはただ「神の国が来ているよ」と言っただけではなくて、実際に奇跡をやってみせました。多くの人たちが弟子たちによって癒されたようです。イエス様が悪霊を追い出す権威を弟子たちにお与えになったのです。ですから、弟子たちが遣わされて行った町々において、弟子たちのみわざを見た人たちは、悔い改めて神様を信じるべきでした。ところが、このときにイエス様は、こうおっしゃっています。

わざわいだ、コラジンよ。わざわいだ、ベツサイダよ。おまえたちの中でなされた力あるわざが、もしツロとシドンでなされたなら、彼らはとうの昔に、荒布をまとい灰の中にすわって、悔い改めたであろう。しかし、さばきの日には、ツロとシドンの方がおまえたちよりも、耐えやすいであろう。ああ、カペナウムよ、おまえは天にまで上げられようとでもいうのか。黄泉にまで落とされるであろう。（一三―一五節）

どういうことかといいますと、ここに挙げられている町では奇跡がなされたということです。一三節に、「おまえたちの中でなされた力あるわざ」とありますが、この「力あるわざ」というのはギリシャ語では「デュナミス」という言葉が使われていまして、「奇跡」と訳される言葉です。ですから、「奇跡のわざがなされたのに、どうしてあなたがたは信じないのか。もし、わたしやわたしの弟子たちがする不思議なわざを見たら、あの堕落して滅ぼされたソドムとゴモラの人であっても、悔い改めてわたしを信じただろう」とおっしゃったのです。ソドムとゴモラは、死海の南のほうの一部だろうと言われていますが、今でも草木一本生えないところです。倫理的にも、社会的にも、道徳的にも、宗教的にも、もうこれ以上の乱れはないだろうというくらい乱れたところで、それが神様の怒りにあって滅ぼされてしまったわけです。イエス様は、「このわたしのわざを見たら、ソドム、ゴモラの人であっても悔い改めてわたしを信じただろう。それなのに、なぜおまえたちは信じないのか」と責めたのであります。

奇跡というのは、ただ不思議なことをしてみせて、「わたしは神様だから、こんなことができるぞ」なんてやってみせたということではありません。神様からの恵みのチャレンジなのです。イエス様は奇跡を通じて、「信じる者には、このようなことができる。こういうことが起こってくるぞ」ということをお伝えになったのです。そして、心を頑なにして、不思議なことは見たいけれどもイエス様は信じないという人たちに対して「やがて神のさばきの日に、この人たちはソドムやゴモラよりもひどい目に遭うだろう」とおっしゃったのであります。

ここで、「コラジン」、「ベツサイダよ」、「カペナウム」という町の名前が出てきます。カペナウムは、イエス様が伝道をなさった三年間、ほとんどここを中心に伝道したところです。ベツサイダは「漁師の町」という意味で、ペテロたちが生まれたところです。ところが、カベナウムもベツサイダも、今は荒野になってしまっています。神様の不思議なわざを見ていながらそれを信じなかったために、これらの町は崩壊してしまったのです。

また、「わざわいなるかな、コラジンよ」とありますが、コラジンはルカによる福音書にしか出てきませんので、実際にあった町ではないのではないかと言われていましたが、最近この町が考古学隊によって発掘されました。ギリシャ文明の影響を受けて、真の信仰を捨てて滅んでいったような町ですが、立派な神殿や偶像の跡があるのです。山の中腹にもかかわらず文化的に栄えた町だったのですが、今日では全く廃墟になっています。

イエス様が「さあ、みなさん、神の恵みの支配が来ています。わたしを受け入れて、罪を悔い改めて神様を信じなさい。そうしたら平安がありますよ」と恵みのメッセージをもって、不思議なわざまで見せてくださったのに、彼らはそれを拒みました。その拒んだ町は廃墟になって、二千年経っても人が寄りつかない場所になっているということです。私はコラジンに行くといつも、神の言葉が二千年の風雪に耐えて、歴史的な真実を証明しているいることを思わされます。聖書の預言の正確さ、イエス・キリストの言葉の力強さを、そこで見せられるわけです。

イエス様の言葉は、いつでも恵みのメッセージです。恵みを運んできてくれます。それを聞いたら、「ありがとうございます。私には受ける資格がありませんけれども、私もそうしてください」と神様の前に出るべきだというのが、イエス様のメッセージの持っている主張なのです。みなさんだって、自分の周囲に困っている人がいたら、頼まれなくても「こうしてあげようか」という思いを持って訪ねて行くでしょう。そのようなみなさんの好意ある恵みの訪問を、「いや、そんなのはいりませんよ。かまわないで放っておいてください」と断られたら、どんな気持ちがするでしょうか。相手に対して持っていた好意は踏みにじられて、寂しい思いをしますよね。イエス様も、イエス様の弟子たちも、そうだったのです。

イエス様のメッセージは恵みのメッセージですから、罪があったら悔い改めて、「イエス様、あなたのものになります」と身を投げ出すときに、本当にそのメッセージのとおりの人生が始まっていきます。神の恵みが伝えられていながら、その恵みに入ることができないのは、神の恵みに欠陥があるのではありません。伝道者の言うことが足りないのではない。あなたの証しが足りないのではない。伝えられた者が、それに対して心砕かれて、謙虚に神様を見上げるという思いが足りないから、神の恩寵がそこに入っていくことができないのです。

神様は全能のお方です。どんなこともすることのできる方ですけれども、みなさんの心の扉を蹴破って、「おまえたちは恵まれろ」と恵みを注ぐことはできないお方です。もしそんなことができたら、神様は人間を自分の思うとおりになさるでしょう。神様は、私たちをご自身と同じかたちに似せて、神様を愛することができるように、自分から進んで決断して神様に向かうことができるように造られたのです。イエス様は「人もし我が声を聞いて戸を開かば我は彼の中に入りて彼と共に食し、彼もまた我と共に食せん」とおっしゃっていますように、私たちが自主的に心の扉を開いてお迎えすることを待っているのです。それが恩寵の世界、それが信仰の世界です。一生懸命聖書を勉強して、賛美歌が歌えるようになって、とうとうお祈りができるようになるということではなくて、宣べ伝えられている神様の恵みに対して、本当に謙虚になって、自分の罪深さを認めて、「こんな者でも、神様、あなたの恵みにあずかれますか。よろしくお願いします」と進み出ることを、神の国のメッセージは要求しているのであります。

2　イエスの見る目

第二のことにいきましょう。「イエスの見る目」ということです。私は、イエス様の見る目を与えられたいなと思うのです。私たちの目で見るものはたかが知れています。けれども、イエス様の目で見ることができるような世界を見るようになりたいと思うのです。一七節から読んでみましょう。

> 七十二人が喜んで帰ってきて言った、「主よ、あなたの名によっていたしますと、悪霊までがわたしたちに服従します」。彼らに言われた、「わたしはサタンが電光のように天から落ちるのを見た。わ

たしはあなたがたに、へびやさそりを踏みつけ、敵のあらゆる力に打ち勝つ権威を授けた。だから、あなたがたに害をおよぼす者はまったく無いであろう。しかし、霊があなたがたに服従することを喜ぶな。むしろ、あなたがたの名が天にしるされていることを喜びなさい」。

そのとき、イエスは聖霊によって喜びあふれて言われた、「天地の主なる父よ。あなたをほめたたえます。これらの事を知恵のある者や賢い者に隠して、幼な子にあらわしてくださいました。父よ、これはまことに、みこころにかなった事でした。すべての事は父からわたしに任せられています。そして、子がだれであるかは、父のほかに知っている者はありません。また父がだれであるかは、子と、父をあらわそうとして子が選んだ者とのほか、だれも知っている者はいません」。それから弟子たちの方に振りむいて、ひそかに言われた、「あなたがたが見ていることを見る目は、さいわいである。あなたがたに言っておく。多くの預言者や王たちも、あなたがたの見ていることを見ようとしたが、見ることができず、あなたがたの聞いていることを聞こうとしたが、聞けなかったのである」。（一七―二四節）

七十二人の弟子が二人一組になって遣わされて行きまして、彼らはイエス様から権威を与えられていましたから、行った先で驚くべきわざがなされました。イエス様のいのちを与えられて行きましたから、イエス様が貧しい人、悩める人々を助けたように、彼らもそういう人を助けることができたのです。

さあ、喜んだのは弟子たちです。いわゆる宣教の成功を見たわけです。自分たちの見ている前で病人が癒され、人々が救われていくのを見て、彼らは喜んで帰って来たのです。ですから、一七節と二〇節と二一節に、「喜んで」という言葉が四回も繰り返されています。彼らは有頂天になって、得意満面で帰って来て、イエス様に報告をしたのであります。「イエス様、悪霊まで私たちに服従しました。病気なんか治ってしまうのですよ」と言ったわけです。

それを聞いたイエス様は、「おまえたち、悪霊がおまえたちに従ったなんて、そんなことで喜ぶな。わたしはサタンが稲妻のごとくに天から落とされるのを見た。おまえたちの追い出した悪霊の親玉であるサタンが天から追放されるのを見たぞ」とおっしゃいました。ウィリアム・バークレーは、イエス様は弟子たちが傲慢になってはいけないから、こうおっしゃったのだろうと言います。しかし、それは亜流的な解釈でしょう。イエス様がここで「サタンが追放されるのを見た」とおっしゃったのは、神の国の福音が勝利から勝利に向かって前進する整えができたのだと言っているのです。イエス様は後にヨハネによる福音書の一六章三三節で「我すでに世に勝てり」とおっしゃるわけですが、弟子たちの伝道の成果を見たときに、その確信を深めたのだろうと思うのです。

弟子たちはイエス様の見ている天の世界ではなくて、地上の世界だけを見ていました。そこでイエス様は、「地上の成功を見ていると、人間は必ず傲慢になるから、上を見なさい。神様の世界を見ることができたら、傲慢になる隙なんかない。あなたがたは悪霊を追い出したと言うけれども、サタンがもう天から落とされているのだから、そこに目を留めたら、悪霊が出て行くなんていうことは当たり前のことと思えるようになるよ」とおっしゃったのです。そして、「悪霊があなたがたに服したことを喜ぶのではなくて、あなたがたの名前が天の永遠のいのちの文に記されていることを喜びなさい」と言ったのです。弟子たちがせっかく得意満面で帰って来たのに、イエス様は水をかけるようにして、「目のつけどころはそこではないぞ。上だ。上を見るのだ」と言われました。

人間というのは、見える世界、聞こえてくる世界のことだけで動かされていたら、にっちもさっちも行かない世界に閉じ込められてしまう存在です。けれども、神の国が来ているというのは、肉眼の目で見えないもう一つの霊の世界が無限大に私たちの前に広がって、神の恩寵が満ち満ちている世界がそこにあるということです。イエス様は、そこに彼らの目をつけさせようとなさったのです。

弟子たちには、そのことがわかったのです。少なくともわかった顔をしたようです。二一節を見ますと、「そのとき、イエスは聖霊によって喜びあふれて言われた」とあります。聖書には、イエス様が喜んだということはあまり書いてありません。ところが、ここでは聖霊によってイエス様が喜びにあふれたとあるのです。弟子たちが「自分の人生はこの地上で終わるのではなくて、永遠のいのちの文に記されたのだ」とわかったことが、イエス様の喜びだったのです。「ああ、三年間この連中と同じ釜の飯を食べながらやってきたけれども、ついにわかったか」ということで、聖霊に満たされて、喜んでおっしゃいました。「天地の主よ、あなたはこの目に見えない偉大な神の恩寵の恵みの世界を、世の知識ある者や学者や権威者に現したのではなくて、幼子のような者に現してくださいました」。

クリスチャンの生涯は、地上で見たり聞いたり、さわったりできる世界だけでは生きていけません。そのことを知らなかったら祈りはできないでしょう。「神様、どうかこの叫びを聞いてください」という祈りをどこに訴えるかというと、見えない世界の恵みを司るお方に向かって祈るわけですから、その世界のことが現実に見えてこなかったら、祈りは嘘っぽくなってしまうでしょう。

イエス様がここでおっしゃろうとしたことは、まさにそういうことです。弟子たちは見えるようになりました。小さな子どもがときどき、大人がドキッとするような真理をスパッと言ってのけるようなことに出遭うことがありますよね。私たちが本当に砕かれて、謙虚になって、幼子のようになっていくところに、神の国の恵みの世界はわかるものとなっていきます。

ですから、二三節のところに、こう書いてあります。

それから弟子たちの方に振りむいて、ひそかに言われた、「あなたがたが見ていることを見る目は、さいわいである。あなたがたに言っておく。多くの預言者や王たちも、あなたがたの見ていることを見ようとしたが、見ることができず、あなたがたの聞いていることを聞こうとしたが、聞けなかったのである」。（二三―二四節）

旧約聖書には多くの預言者がいます。ヨナタンであるとか、ヨエルであるとか、アモスであるとか、ホセアであるとか、たくさんの預言者が出てきます。弟子たちがわかった世界とは、そういう預言者や王様たちでさえも見てはいなかった世界だということです。みなさん、それが新約の恵みですよ。

パウロは、「此の奥義は汝らの中に在《いま》すキリストにして栄光の望なり」（文語訳）と言いましたが、イエス様の目をいただいて、この地上から目を上げることがいつもできるようにされるということです。この地上の荒れ狂う世界、誘惑と失敗と苦味と、私たちを蹴落とそうとする悪魔が跋扈《ばっこ》しているようなこの世界に対して、私たちには何の力もありません。けれども、この永遠無限の世界を見ることによって、そこから供給されてくる力によって、家庭の問題、個人の問題、自分ではどうにもすることのできない自分自身の問題にも打ち勝って進んでいくことができるのです。この七十二人の弟子の派遣は、私たちがそのような存在であると教えています。

28　隣人としてのサマリヤ人〈一〇章二五―三七節〉

ルカによる福音書の第一〇章をお開きになってください。二五節から読むことにいたします。

するとそこへ、ある律法学者が現れ、イエスを試みようとして言った、「先生、何をしたら永遠の生命が受けられましょうか」。彼に言われた、「律法にはなんと書いてあるか。あなたはどう読むか」。彼は答えて言った、「『心をつくし、精神をつくし、力をつくし、思いをつくして、主なるあなたの神を愛せよ』。また、『自分を愛するように、あなたの隣り人を愛せよ』とあります」。彼に言われた、「あなたの答は正しい、そのとおり行いなさい。そうすれば、いのちが得られる」。すると彼は自分の立場を弁護しようと思って、イエスに言った、「では、わたしの隣り人とはだれのことですか」。イエスが答えて言われた、「ある人がエルサレムからエリコに下って行く途中、強盗どもが彼を襲い、その着物をはぎ取り、傷を負わせ、半殺しにしたまま、逃げ去った。するとたまたま、ひとりの祭司がその道を下ってきたが、この人を見ると、向こう側を通って行った。同様に、レビ人もこの場所にさしかかってきたが、彼を見ると向こう側を通って行った。ところが、あるサマリヤ人が旅をしてこの人のところを通りかかり、彼を見て気の毒に思い、近寄ってきてその傷にオリブ油とぶどう酒とを注いでほうたいをしてやり、自分の家畜に乗せ、宿屋に連れて行って介抱した。翌日、デナリ二つを取り出して宿屋の主人に手渡し、『この人を見てやってください。費用がよけいにかかったら、帰りがけに、わたしが支払います』と言った。この三人のうち、だれが強盗に襲われた人の隣り人になったと思うか」。彼が言った、「その人に慈悲深い行いをした人です」。そこでイエスは言われた、「あなたも行って同じようにしなさい」。（二五―三七節、傍点筆者）

今朝は、有名な「よきサマリヤ人」と言われるところを通じて、「隣人としてのサマリヤ人」という題でお話をしたいと思います。サマリヤ人は、ユダヤの国の人々からは嫌われ、見下げられていた人々でした。そのようなサマリヤ人のたとえ話を通じて、私たちの隣人とはだれなのかというイエス様の教えに耳を傾けたいと思います。

今日の時代は、私たちが予想したり計画したりするとおりにはいかない世界です。そして、そこにおいて私たち一人一人がどんなに傷を受けてしまっているかと思うのです。しかも、個人的に傷つくだけではなしに、社会がそういう状況であるために世界全体が病んでいると言うことができると思います。ジョン・ウェスレーは十八世紀のイギリスの国において、クリスチャンが神様を捨て神様から離れている状況を見ましたときに、「罪を犯すということは、病んでいることである。神様から離れているということは、健全なものを失ってしまった、病んだ状況に置かれているということだ」と言って、イエス・キリストこそが本当の癒し主であることを力強く説いていったのです。

この「よきサマリヤ人」のたとえを読みますと、「私たちもこのよきサマリヤ人のように、愛のわざをしなければならない。困った人がいたら、その人のところに近寄って行って、その人を助けてあげよう」と思いやすいものです。もちろん、それは間違ってはいないと思います。悪いことをするよりも、良いことをするのは大切であろうと思います。けれども、イエス様のたとえ話は、ただそこに登場している人物や出来事のうわべだけを簡単になぞるのではなくて、深く掘り下げていきますと、「神の国、神の恵みの支配がすでに始まっている」ということが必ず出てきます。ですから、このたとえ話も、「困っている人を見たら助けてあげなさいよ」という、単なる善行を行えという命令や教えではありません。それ以上のことを読み取らなければならないだろうと思うのです。

まず律法学者が来て、イエス様に「永遠の命を受けるにはどうしたらよいのですか」と聞きました。イエス様が、「どうしたらよいと聖書に書いてあるか」と逆に問いますと、その青年は「先生、主たる神を愛することです。また、同じように隣人を愛することです」と答えました。するとイエス様は、「あなたの答えは正しい」とおっしゃって、このたとえ話をなさったのであります。

あるところに傷ついた人がいたのですが、旧約聖書を立派に守って神様に仕えているという祭司も、神殿で賛美を歌い、いけにえをささげるレビ人も、その傷ついた人を見過ごして行きました。そういう神に近いと思われる人々は向こう側を通って行ったけれども、ユダヤ人には退けられているようなサマリヤ人が、その傷ついている人のところにやって来て、介抱してあげました。しかも、自分の家畜に乗せて宿屋に連れて行って、「私はまた帰って来るから、それまでにこの人を見てほしい。足りなかったらお金も出します」と、まことに行き届いたケアをしたのです。

イエス様はこのお話をして、「あなたの隣人はだれだと思うか」と聞かれました。すでに始まっている神様の恵みの支配を心に受けるときに、私たちは「愛のわざをしろ」と命令されてそこに行くのではなくて、私たちの心が自主的に神様の愛に動かされて、神様の欲したもうところを行うことができるというのが、神の国の恵みであります。他人のために奉仕をする、良きわざをすることは損失ではなくて、自分が何かをすり減らすことではなくて、神の恩寵の中に置かれていくことだと、イエス様はお教えになったわけです。

そのことを心に留めて、三のポイントを拾ってみたいと思っております。第一は、「隣人となれ」ということ。第二は、「サマリヤ人の共感」。第三は、「よきサマリヤ人になれ」ということです。

1　隣人となれ

第一に、「隣人となれ」ということであります。

律法学者の青年は、イエス様から「おまえの言っていることは正しい。行って行いなさい」と言われたときに、ギクッとしたと思うのです。「自分は行っているような、いないような、いや、やっぱり行っていないのではないか。この方の質問に答えることはできるけれども、そのように生きていないのではないか」と思ったのでしょう。彼は自分の立場を弁護しようと思って、イエス様に「先生、隣人とはだれですか」と問うたのです。

そのときにイエス様は、「この人が隣人だ」と言ったのではありませんでした。あるいは、「あなたの隣人を捜しなさい」と言われたのでもなかったのです。三六節を見てください。こう書いてあります。


「この三人のうち、だれが強盗に襲われた人の隣り人になったと思うか」。


イエス様は、「だれが隣人となったと思うか」とおっしゃったのです。要するに、この律法学者に向かって、「あなたは、あなたの周囲に住んでいる人の隣人になりなさい」と言われたわけです。

「隣人がいて私を助けてくれたらいいな」と考えるとしたら、このイエス様のお話はわからないだろうと思います。私たちは「私は本当に傷ついて悩んでいるのだから、だれかよい隣人がいないかな。隣人になれなんて言われても、そんなことができるものか」と思いやすいものですが、それは間違いです。イエス様は、「あなたの隣人とはだれか」という問いにはお答えにならなかった。「あなたは、あなたの周囲にいる人の隣人になりなさい。助け人になりなさい」とおっしゃったのです。

みなさん、私たちは「むしろ私こそ傷ついているのだ。私こそ助けられたい。隣人がいてほしい」と思うような存在です。ところがイエス様は、「あなたは、あなたの周囲にいる者の隣人になりなさい」とおっしゃるのです。これが、この物語の大切な点です。私たちは、自分が中心になって、「助けられたいのは私だ。助けるどころではない」と言うのではなくて、イエス様の恵みによって、周囲に存在する者を助けてあげたいという思いを持ちたいと思いますね。

2　サマリヤ人の共感

第二のことにいきましょう。「サマリヤ人の共感」ということです。三三節から三五節までのところを読んでみますと、他人から見て神様に近いと言われるような、牧師のような人や、聖歌隊のクワイヤーのような人は通り過ぎてしまったと言われています。その傷ついている人は、彼らの国の人だったわけです。ユダヤ人は、「私たちは神様にあって家族だ」と思っている人々です。けれども、「自分たちは家族だ」と教えて普段そのように振る舞っている人が、傷ついているユダヤ人を見過ごしにしたのです。傷ついた人に本当に近づいたのは、ユダヤ人とは犬猿の仲にあったサマリヤ人だったということです。

サマリヤ人は、ユダヤの人々が神様からおしかりを受けて、紀元前五八六年にバビロンに捕らえ移されたときに、バビロンに行かないで残っていた人々です。彼らはそこに残っているうちに混血してだんだん異教文化に染まってしまった人々で、生粋のユダヤ人たちからはさげすまれていました。だから、サマリヤ人とユダヤ人とは交渉をしなかったのですが、強盗に遭って傷ついて、半死半生でいるユダヤ人に近づいたのは、そのサマリヤ人であったということです。サマリヤ人は、ユダヤ人から差別され、心の痛みを負っていました。今日でも差別問題は国際的な課題になっています。差別をされるのは本当につらいことですね。そのような痛みを持った人が、傷ついたユダヤ人に共感をもって、近寄って行って介抱してあげたのです。

みなさんは、差別されるとか、えこひいきされるといった経験があるでしょうか。自分が何かを特別にしてもらったということは、ちょっと嬉しいかもしれません。けれどもその陰で、特別にしてもらえなかった人の心の痛みというのはどんなものでしょうか。

サマリヤ人は、そういうふうに差別されていた人、心の傷を負った人、痛みのただ中に置かれていた人でした。「神の恵みは、神に選ばれたユダヤ人だけにある」と思っていた特権階級の人や、宗教的に熱心な人々は、傷ついている自分の同朋を助けなかった。けれども、このサマリヤ人は、自分たちを差別している者であっても、「痛いだろう。大変だろう」という思いを同じ人間として持って、近づいて行ったということであります。自分が傷ついている者、自分こそ助けが本当に必要だというところを通った人でなければ、他人の痛みに思いが至らないと思います。

私は、礼拝で説教をするだけではなくて、教会員のみなさんに個人的な問題がありますと、電話でお話をしたり、来ていただいて祈ったり、行ってお祈りをしたりしています。私がそのときにいつも思いますことは、「神様の愛とはこういうことだ」とどんなに秩序正しく話しても、苦しみを負っているみなさんの足しにはならないだろうということです。あるいは、せっかく悩みを持って相談に来ておられるのに、私の非力でそれにお答えすることができないかもしれません。けれども私は、みなさんが問題を持ち、戦いを持っておいでになるときに、「本当に共感をもって、この人の言うことがわかりますように、神様助けてくださ い」という祈り心でみなさんと接するように心がけてきました。

みなさんから見ますと、小林先生に「そういうときには、こうしたらいい」と言ってほしいという期待を持っておいでになる方もいるかもしれません。「この問題については、あの人のところに行ったらなんとかなりますよ」と助言してほしいと思っていたら、案外その期待には答えてもらえなかったという不満も、みなさんの中には残っているかもしれません。けれども、私は神様に祈りながら、好意をもって相手を受け入れることを心がけています。私と会ってくださるみなさんは、苦しいときには、つじつまのあった解決策を言われるよりも、私の顔が笑っていたとか、厳しかったとか、目の奥を覗かれるような気がしたとか、そんなことを気になさるでしょう。そういうときに、「神様がこの方を助けてくださるように。私がこの人の思いをお受けすることができるように」という思いをもってその人の前に立ちますと、そこで勇気が与えられるのです。私は手品師ではありませんし、神様ではありませんから、何か具体的な問題の解決が与えられてよかったということはできないのですが、お祈りをして、みなさんとの好意に満ちた対話の中で、神様が必ず働いてくださることを確信してお別れするのです。そうすると、あとで「あのとき祈っていただいて、こうだった」ということが起こってきますね。

まさにそういうことが、今の心理学のカウンセリングの中でもっとも大切なことになっているのです。私たちが周囲の方と接するときに、こっちの言うことだけを言って、「ああ、せいせいした」というようなことではなくて、好意をもって相手を受け入れて、相手の言うことを聞こうという思いになることが、今日の学者たちが問題にしている点でもあるということであります。

そのように犬猿の仲にあるユダヤ人に共感して、ともに痛んで、苦しみをもってそこに近づいて行ったサマリヤ人こそ、ユダヤ人の本当の友であり、助けであったということです。

3　よきサマリヤ人たれ

第三のことにいきましょう。「よきサマリヤ人たれ」ということです。「隣人とはだれか」ということではなくて、「あなたは隣人になれますか」ということが大切なわけですが、ここに出てくるようなサマリヤ人は、当時のサマリヤの国中を捜しても一人もいなかったはずです。残念ながら、ユダヤ人の中にそういう人がいなかっただけではなくて、サマリヤの人々を訪ねてもこんなよきサマリヤ人はいなかっただろうと思います。実はイエス様は、よきサマリヤ人がイエス・キリストご自身であることをお示しになったのです。

イエス様は仕えられるためではなく、仕えるためにこの地上に来てくださいました。しかも、人が救われるために自分の命を捨ててくださったのであります。神でいますお方が人間になって、差別待遇を受け、誤解をされ、傷つき、私たちと同じような苦悩をお受けになりました。このイエスの姿こそ、まさに真のよきサマリヤ人であったということを、私たちは見逃すわけにはいきません。

イザヤ書の五三章を見ますと、「世界にお生まれになる救い主は、見るべきうるわしきすがたなく、彼はわれわれの不義を負い、われわれの罪を負い、われわれのために打たれる。彼の打たれた傷によってわれわれは癒されたのだ」と書いてあります。イエス様のおいでになる七百五十年前に、イザヤはこのことを喝破していたのであります。当時の人々は、やがて世界においでになるメシヤは、ローマの権勢を打ち破って、栄光の国を建て、自分たちを絶対に大丈夫なところに導いてくれる方だと考えていました。けれども、神の言葉は、「メシヤは自分のためではなく、人々のために悲しみを負い、病を負うて木の上に打たれて、さらし者にされる。サマリヤ人の受けた差別どころではない。彼らの受けた中傷どころではない。はずかしめどころではない。私たちのすべての罪を負うて、私たちの痛みを負うて、あの十字架の上に打たれてくださる。このお方の打たれた傷によってわれわれは癒されたのだ」と言っているのです。

愛する兄弟姉妹よ、イエス様は、「隣人となりなさい。サマリヤ人の共感を持ちなさい。よきサマリヤ人でありなさい」とおっしゃっていますが、傷を受けた私たちは、本当のサマリヤ人であるイエス・キリストにお会いし、このイエス・キリストを信じることで、彼の打たれた傷によって癒されるのです。これは逆説です。これが、聖書の言う救い主が私たちのために開いてくださった救いの道なのです。

ですから、イエス様はただ私たちに、「ない袖を振ってよきサマリヤ人のようになれ」とおっしゃったのではありません。「あなたもまた傷ついている。だがわたしの傷によって癒されたのだ。癒されたのなら、あなたの周囲にいる者をも癒すことができるではないか」とおっしゃっているのです。私たちは、積極的に自分の生まれつきの能力で隣人となることはできないでしょう。人間は自分がかわいいものです。いろんなことを言ってみても、結局は自分が中心です。自分が破れ果てて傷ついているときには、「だれかなんとかしてくれないか。隣人になってくれる人はいないか」と、だれしもが求めることです。けれども、イエス様は私たちの傷を負って、その傷を神によって解決し、お癒しくださったのです。私たちは、ただ「イエス様によって癒されてよかった。教会に行って救われてよかった」ということだけではなくて、自己充足のために生きるのではなくて、積極的にあなたの周囲の方々の隣人となろうではありませんか。イエス様は、「あなたこそ癒されたサマリヤ人であって、他者を癒すことのできる者になったのである」と言ってくださっているのです。

私は、この学院教会がそういう教会であってほしいと本当に願っています。この教会に入りきることのできない人々が満ちて、人々でひしめくとしても、それが何でしょうか。みなさんの周囲にいる人の隣人になってあげなさい。「どうやったら助けることができるかな」と、道徳倫理的なレベルでそれをするのではなくて、何か努力をするのではなくて、私の本当の苦しみ、本当の嘆き、本当の傷を癒してくださったのは、自ら打たれて私たちの傷になってくださったイエス様ご自身であることを知りたいと思います。私たちに癒されない傷は一つもありません。

イエス・キリストは、今朝もみなさんに、「あなたの傷は何だ。あなたはどこが痛んでいるのか。どこに助けが必要なのか」とおっしゃって、あなたの傍らにおられるはずです。このイエス様を受け入れて、「主よ、私はここをこうしていただきたいのです。私をこうしてください」と祈るときに、このお方のいのちが私たちに与えられるでしょう。そして、私たちもまた、周囲にいる者たちに対して、よきサマリヤ人として歩むことができるでしょう。そう確信してやみません。

29　イエスの喜ばれるもてなし〈一〇章三八―四二節〉

ルカによる福音書の第一〇章からお話をしたいと思います。三八節からお読みいたします。

一同が旅を続けているうちに、イエスがある村へはいられた。するとマルタという名の女がイエスを家に迎え入れた。この女にマリヤという妹がいたが、主の足もとにすわって、御言に聞き入っていた。ところが、マルタは接待のことで忙がしくて心をとりみだし、イエスのところにきて言った、「主よ、妹がわたしだけに接待をさせているのを、なんともお思いになりませんか。わたしの手伝いをするように妹におっしゃってください」。主は答えて言われた、「マルタよ、マルタよ、あなたは多くのことに心を配って思いわずらっている。しかし、無くてならぬものは多くはない。いや、一つだけである。マリヤはその良い方を選んだのだ。そしてそれは、彼女から取り去ってはならないものである」。

（三八―四二節、傍点筆者）

このマルタとマリヤの姉妹のお話を通じまして、「イエスの喜ばれるもてなし」という題でお話をしたいと思います。イエス様は、私たちからもてなしをお受けくださる方です。私たちはイエス様によって恵みのもてなしをいつも受けているわけですけれども、同じようにイエス様もまた私たちから、喜びのもてなしをお受けくださる方であるということを考えてみたいと思っています。
「ある村」はベタニヤであると言われていますけれども、そこにマルタとマリヤという二人の姉妹がいました。お姉さんがマルタで、妹がマリヤ。イエス様がその家に行きましたときに、お姉さんのマルタは、イエス様にご馳走を作って差し上げようと思って、一生懸命せわしなく働いていました。妹のほうはイエス様の足もとに座り込んで、お話をじっと聞いていたということです。そのうちに、忙しいお姉さんのマリヤは、だんだんと心が穏やかではなくなりまして、つかつかとイエス様のところにやって来て、「先生、私ばっかりこんなに一生懸命働いて、妹はあなたのもとでこうやってお話を聞いていますが、あなたはそれをなんとも思わないのですか」と言いました。イエス様はそのとき、「マルタ、おまえの気持ちもわからないことはないけれども、わたしをもてなしてくれるおまえたちの気持ちの中で、このマリヤのわたしに対する態度はとても良いものだと思うよ。むしろ、マリヤは良いほうを選んだのだ」とおっしゃったのです。

私たちはここを読みますと、「私はマルタにはなりたくない。マリヤになりたい」とすぐに思いますよね。「私がマリヤでございます」と言える人は少ないのではないかと思います。「あれ、もしかして私はマルタではないかな。一生懸命働いているけれども、何か実が残らないのではないかな。マリヤのようになりたいな」というふうに思う人が多いだろうと思うのです。けれども、イエス様はここでマルタとマリヤを峻別して、「マルタのようではいけない。マルタは忙しく奉仕ばかりしていて信仰が駄目だった。マリヤが絶対に良いからマリヤのようになりなさい」とおっしゃったのではないのです。「無くてならぬものは多くはない。いや、一つだけである。マリヤはその良い方を選んだのだ」というのは、「何か唯一絶対のものがあって、他のものは駄目だ」というふうに読みやすいのですけれども、ここのたとえはそういう永遠普遍の唯一絶対についてのお話ではないということです。

これは、イエス様がベタニヤの貧しい家の二人の姉妹によってもてなされることを、心からお受けになったという出来事であります。イエス様は何でもできる方であります。私たちがどんな問題に出遭ったとしても、祈っていきますときにイエス様はその祈りに答えて私たちをもてなしてくださいます。ですから、私たちは「恵みの饗宴」とか「もてなされる」ということを聞きますと、それは神様が私たちをそうしてくれることだと思うわけです。もちろん、そうなのです。けれども、その私たちをもてなしてくださる神様は、私たちのほうから感謝の思いで神様をおもてなししようということを、拒むことはなさらないお方です。そういう意味において、私たちはお世話になるばかりのクリスチャンではなくて、イエス様に喜んでいただけるような、おもてなしのできる、成長したクリスチャンになりたいと思います。

そこで、二つのことに触れてみましょう。第一は、「マルタとマリヤの動機」ということです。第二は、「信仰者に内在するマルタ性とマリヤ性」ということです。

1　マルタとマリヤの動機

まず、「マルタとマリヤの動機」ということを見てみましょう。

この二人は、イエス様がおいでになるということを聞きまして、「なんとかしてイエス様に喜んでいただこう。イエス様を喜んで家にお迎えしよう」と考えました。

マルタは、おそらく料理の上手な人だったと思います。イエス様がおいでになるというときに、「よし、いつも料理をしているけれども、イエス様は何が一番お好きだろうか。あれがお好きかな」と狙いをつけたのでしょう。普段はあまりしないような料理をして、イエス様をもてなそうとしたと思うのです。その動機たるや、純粋ですばらしいものではないでしょうか。「イエス様が来るのか。それなら昨日の残りがあるから、あれを蒸し返してやろうか」なんていうことではないわけです。「私に最高のことをしてくださるイエス様がおいでになるから、最高のものをもってイエス様をお迎えしよう」。これはすばらしい動機ですね。

マリヤもそのことを聞きました。マリヤは、お姉さんのようにかいがいしく働くことができる人ではなかったようです。人はみな個性が違いますから、私たちはよくできる人を見ると、「あの人のようになりたい」と思いますが、まず私たちは自分でなければいけないと思います。自分は自分だということです。このマリヤは、お姉さんが料理のことはしてくれるからということで、常日ごろ感じている疑問をイエス様に聞いてみようと思ったわけです。ですから、この二人の動機は、二人ともイエス様とお会いすることを楽しみにして、千載一遇の好機としてそれを用いようということだったと思うのです。

マルタが選んだ、「イエス様をおもてなししよう」という動機は、本当に立派なものですし、これはイエス様の喜ぶところであります。イエス様は、「奉仕なんか駄目だ。奉仕なんかいらないのだ。信仰が第一だ」とおっしゃったのでは決してないことを知っていただきたいと思います。

イエス様は、マタイによる福音書の二五章で、あるたとえ話をなさいました。一人のクリスチャンが天国に行ったら、イエス様に「あなたはわたしが飢えているときに食べさせ、わたしが渇いているときに飲ませ、わたしが裸でいるときに着させてくれたな。こちらの良きところに入りなさい」と言われました。ところが、地上において傲慢に歩んでいたもう一人の男は、天に行ったところ、「あなたは、わたしが裸であったときに着せず、飢えているときに食べさせず、渇いているときに飲ませなかった。ここはあなたの来るところではない」と言われたということであります。

そのときにイエス様は、「此等のいと小さき者の一人になしたるは、即ち我に為したるなり」（文語訳）とおっしゃいました。自分の周囲にいる裸の人に着せ、渇いている人に飲ませ、お腹のすいている人に食べさせてあげた。それらはイエス様にしたことだということです。この前のところで、「よきサマリヤ人」のお話をしましたけれども、「私はあなたの隣人になりましょう」と言って、着せ、飲ませ、食わせたことを、イエス様は「それはわたしにしたことだよ」と迎えてくださるのです。

ですから、マルタがイエス様ご自身に喜んでいただこうとして、ご馳走をもってイエス様をお迎えしたことは、どんなにイエス様の喜びであっただろうかと思います。「此等のいと小さき者の一人になしたるは」とおっしゃったイエス様は、「このわたしに面と向かってそんなにご馳走してくれるか。ありがとう」とおっしゃったと思うのです。

ところが、その動機は良いのですけれども、一生懸命働いているうちに、一品料理だけではなくてあれもこれもとたくさん料理を作るようになって、「ああ、あれがない、これがない。こうしよう、ああしよう。あの人が来て手伝ってくれたらいいのに」と、いろんなことで頭の中が錯綜してきたのです。これは私たちにもよくあることですね。もともとの動機は良かったのに、いつしかその事柄の中に身を沈めてしまって、イエス様に喜んでいただこうという肝心な目的はどこかに行ってしまって、目で見えるところ、手で触れる世界にしか生きられなくなってくるときに神様を見失って、私たちの心は入り乱れてきます。四〇節を見ますと、「マルタは接待のことで忙がしくて心をとりみだし」とあります。本当はイエス様に喜んでいただこうと思っていたのに、つい怒鳴ってしまいました。イエス様のところに来て、「イエス様、妹にも手伝わせてくれませんか。私だけこんなに働いて、あなたはなんとも思わないのですか」と言ったわけですね。

そのときに、イエス様はこうおっしゃいました。

　主は答えて言われた、「マルタよ、マルタよ、あなたは多くのことに心を配って思いわずらっている」。

（四一節）

イエス様は、「おまえはわたしを一生懸命もてなそうとしてくれたけれども、料理のことを考えているうちに、いつの間にかわたしなんか見えなくなってしまったのだろう。多くのことに心を配って思いわずらっている。それは、わたしの喜ぶところではないよ」とおっしゃったのです。マルタは、動機は良かったのですけれども、お皿や料理のことだけが自分を支配するようになってしまいました。ところが、妹のマリヤは、イエス様からお話を聞こう、イエス様とのお交わりをいただきたいという気持ちをずっと持っていたのです。これもまた、イエス様の喜ばれるところであると思うのです。

そしてイエス様は、マルタがマリヤをそしるようなことを言ったことに対して、こうおっしゃいました。

「……しかし、無くてならぬものは多くはない。いや、一つだけである。マリヤはその良い方を選んだのだ。そしてそれは、彼女から取り去ってはならないものである」。（四二節）

マリヤをかばうようにして、「マルタよ、マルタよ。おまえは心を乱して、多くのものを必要としているように見えるけれども、たった一つでいいのだよ」と言われたわけです。「無くてならないものは一つだけだ」というのは、永遠絶対普遍の真理というようなことを言われたのではありません。これはギリシャ語の原文で読んでみますと、料理のことなのです。「たくさんのお皿はいらない。ただ一つの料理でいいのだよ」という言葉です。ですから、「良い方を選んだ」というのは、「マリヤのもてなしの料理は、わたしと交わることだけだったけれども、そのほうがよかったよ。彼女からそれを取り去ってはいけないよ」とおっしゃったのです。

動機は良くても、私たちはいろんなことで心が乱れて、イエス様を見失ってしまうものです。お皿のこと、料理のこと、助け手のこと、いろんなことがあるかと思いますが、イエス様をもてなすためには、目的に向かってまっすぐに、イエス様から目を離してはいけないだろうと思いますね。

2　信仰者に内在するマルタ性とマリヤ性

第二のことにいきましょう。「信仰者に内在するマルタ性とマリヤ性」ということです。イエス様はここで、「マルタのようになってはいけない。マリヤのようになりなさい」とおっしゃったのではないということです。たかが料理のことかもしれませんけれども、そのことを通じてイエス様は、私たちがどう生きていくべきかということをお教えくださっているのです。私たちクリスチャンは、イエス様に喜んでいただこうという思いを心の内側にみんな持っています。ところが、その私たちの心には、マリヤ性とマルタ性という二つのあり方が内在していることを、ここで教えられねばならないと思っています。

確かに私たちは、みことばを聞いて信じるだけではなく奉仕が必要です。奉仕にまで実を結ばせなかったら、みことばを聞いたことにはならないだろうと思います。同時に、奉仕に夢中になっていて、みことばを聞くことを忘れてしまったら、奉仕が奉仕になりません。それでは、マルタとマリヤの性格を一緒に合わせたらよいかというと、そういうことではないのです。イエス様は、「あれも、これも」ということではなくて、基本的に大切なことがあって、それができたら結果として外側のことが出てくるということをお教えになったのです。

だれしも心の中に、マルタ性とマリヤ性がありますけれども、マリヤ性、マリヤが選んだような道が基本的に重要だということです。プライオリティーを持つべきなのです。マリヤがイエス様のもとにすわってみことばを聞いたというこのことが、クリスチャンにとって、イエス様に喜んでいただこうという生涯の中でもっとも大切なことなのです。

　ですから、三九節にはこう書いてあります。この口語訳の訳は、たいへんに良い訳だと思います。

　　この女にマリヤという妹がいたが、主の足もとにすわって、御言に聞き入っていた。

「足もとにすわって」というのは、「弟子入りをする」ということです。イエス様の弟子たちは、みんな足もとにすわってお話を聞きました。ユダヤの国では、ラビの教えを聞くには、足もとに寝そべって話を聞いたのですが、マリヤはそのようにイエス様からお言葉を聞こうとしていたということです。

　しかも、「御言に聞き入っていた」と書いてあります。じっと耳をすませていたのでしょうか。目をつぶっていたかもしれませんが、みことばに聞き入っていた。聖書のみことばを読み、みことばに沈潜することです。「ほかの仕事がすんだらやろうか」というのではなく、まず聖書の前に座して、神様がみことばを通じて語りかけてくださることを自覚できるまで読み続ける。みことばに聞き入るというのは、そういうことです。

　聖書では、信仰は神様のお言葉を聞かなければ絶対に生まれてこないと言っています。これは一般的な宗教とは違いますね。何でもいいからお題目を唱えればいいということではない。「わからなくてもいいから、一回でも多く言ったほうが蓮の花の一枚ぐらい上に行ける」なんていうことを言いますが、そういうこととは種類が違う。みことばを読んで、それは神様が語ってくださったことだと受け取るときに、信仰がわいてくるのです。何でもないところに信仰は決してわいてこない。ちょっと開いてみましょう。ローマ人への手紙の一〇章の一七節です。

したがって、信仰は聞くことによるのであり、聞くことはキリストの言葉から来るのである。

信仰というのは、眠っていたらピカッと与えられたなんていうことではない。白い着物を着ている人が夢枕に立ってご託宣を言ったなんていうことでもないのです。聖書のみことばに聞き入って沈潜するときに、神の御霊が心の中に信仰をつくり出してくださいます。信仰というのは私たちの一心発起や努力ではないし、決断でもないのです。みことばに聞こうとするときに、神様が私たちの心の中に、みことばによってつくり出してくださるのが信仰です。

ですから、「みんなとのつき合いのほうが先だから、礼拝は時々にしようか」なんて、そんなことをしてはいけませんよ。ただ日曜日だからいつものように礼拝するというだけではなくて、神様のみことばに聞き入るということが大切です。私自身が、説教をしながら、私に語ってくださる神様のお声を聞こうとして、聞いたことを語ることができるようにという思いで、いつも講壇に立っています。私たちクリスチャンの生涯における信仰の原点です。これを除いて、生ける信仰は絶対に培われていきません。「教会なんか行かなくても、聖書を読んでいればいい。お祈りしていればいいでしょう」なんて言う人もいます。けれども、やってみたらそうはいきませんよ。聖書がはっきり言っていることは、「信仰は聞くことによるのである。聞くことはキリストの言葉によるのである」ということです。これが信仰の原則です。

マリヤはそれをやってのけたわけです。イエス様はそれをご覧になって、「マリヤは本当に私の心がわかってくれた。きょうこの家でわたしをもてなしてくれているけれども、マリヤのご馳走が一番だな」というふうにお感じになったと思います。みことばに聞くということがまず大切です。それから奉仕をするということです。そうすれば、マルタ性は良い動機だけ残って、妹をそしったり、イエス様をそしるようなところが消えていくのです。

どんなに学者で専門的な知識を持っている人でも、イエス様のみことばを聞くことからしか信仰は始まらないのです。学問をするとしても、聖書のみことばを読み、神様が私たちに語ってくださることに聞き入らなければなりません。そういう経験をもって奉仕にあたることです。もし、マルタが「先生、なんとも思いませんか」なんて言わないで、マリヤのような気持ちで黙って料理をしてイエス様に持って来たら、それもイエス様は喜んでお受けになったと思います。マルタが目に見えるところや、耳で聞いているところに動かされてイエス様がわからなくなったのは、みことばに聞くことが乏しくなったからなのです。ですから、どうぞ心して、イエス様に喜んでいただけるようなおもてなしをしたいと思います。

イエス様は、四二節の終わりに、「マリヤはその良い方を選んだのだ」とおっしゃいました。マルタの選んだものも本当は良かったのですが、彼女は途中からイエス様を見失ってしまったということです。「良き方を選べり」というのは、ギリシャ語ではたいへんにおもしろいテンスの書き方でして、「選んだ」という言葉は中間態で書かれています。日本語でも英語でも、能動態と受動態があります。能動態というのは、「私が何々をする」ということです。自分が他者に何かをするということを表します。そして、「だれだれにしてもらう」とか、何かをされるということは、受動態といいます。ギリシャ語にはその中間があるわけです。「やってもらってする」というような言い方でしょうか。これは非常に難しくて、英語でも日本語でも訳しきれません。

マリヤは自分で良いほうを選んで、イエス様の足もとにひざまずいてみことばを聞いたのですが、それはマリヤが能動的に選んだというだけではなくて、神様の恵みによって選ばされたということなのです。神様が選んでくださったことに対して、自分も選んだということ。そういう言い方で、良いほうを選んだと書いてあります。それは、神様に一から十まで信頼しなければできないことですね。まず、神様が私に選ばせてくださる道があり、それを私は選ぶということです。

私たちのうちには、マルタ性があります。マルタのように、一生懸命にやってイエス様に仕えたいという思いがあります。あるいは、マリヤのように信仰第一でいこうという思いがあります。私たちが第一にみことばに聞くというマリヤの態度をとるときに、マルタ性は輝いてきます。マルタのすることは、一つとして無駄なことではなくなっていきます。パウロは言いました。「私はすべての人よりも多くイエス様のために働くことができた。これは私の力ではなくて、私にある神の恵みによって、私は今日あるを得ているのである」。神様は、マリヤの生き方と、マルタの仕えようという思いを本当に活かすために、「マリヤであれ」と私たちにお勧めくださるのであろうと思うのです。

旧約聖書におけるダビデ王という人は、「神様の前に、一つのことを選ばせてください」と祈りました。「神様が麗しい方であるということがいつも私にわかりますように。私がいつも神様と一緒にいられますように。それが私の唯一の願いです」と祈ったのです。私たちが選ぶときに、神様が選ばせてくださる道を選ぶということが大切です。まずみことばに沈潜して聞き、みことばが与えられたら、今度は大胆に、臆せず、恐れず行動をしていく。そのようなことを、ここから学ばされると思います。

30　祈ることを教えたまえ〈一一章一―一三節〉

今朝は、新約聖書のルカによる福音書の第一一章をお開きください。まず、一節から四節までのところを読んでみます。

また、イエスはある所で祈っておられたが、それが終ったとき、弟子のひとりが言った、「主よ、ヨハネがその弟子たちに教えたように、わたしたちにも祈ることを教えてください」。そこで彼らに言われた、「祈るときには、こう言いなさい、『父よ、御名があがめられますように。御国がきますように。わたしたちの日ごとの食物を、日々お与えください。わたしたちに負債のある者を皆ゆるしますから、わたしたちの罪をもおゆるしください。わたしたちを試みに会わせないでください』」。

きょうは一節から一三節のところを通じまして、「祈ることを教えたまえ」という題でお話をしたいと思います。一節に、イエス様の弟子が、「お祈りを教えてください」と言ったことが書いてあります。

私たちはイエス様を信じて神の子にされたわけですが、神の子の特色は、一口に言って、父なる神様に向かって祈りをささげることのできる者であるということだと思います。みなさんは、お祈りのない生涯では信仰がいきいきとしてこないことをご承知だと思います。お祈りを欠いて信仰生涯を送ろうというのは、ご飯を食べないで生きていこう、呼吸をしないで生きていこうというのと同じです。そんなことはできないわけです。クリスチャンは、「私は神の子になりました。私は神様と一緒に歩んでいます」ということを大きな声で言って歩かなくても、お祈りがなされていたら、私たちの存在から自然と、他者に対しても感化を与えていくだろうと思うのです。

祈りにもいろいろあると思います。個人的に祈るお祈りもありますし、声を出さないで祈るお祈りもあるでしょう。あるいは、教会の集会で、みなさんで祈る祈りもあると思います。そういう祈りに私たちが参加することは、私たちの個人的な祈りの生涯を育成していきます。私たちは、心の中でお祈りをするだけではいけないと思うのです。イエス様は、「いつでも信じるところを口に言い表しなさい」とおっしゃっていますから、きれいな言葉でお祈りができるとか、できないという問題ではなくて、私たちの心をそのまま神様の前に言葉で言い表すのは大切なことです。そのときに初めて、「神様と私とはつながっているな」という、理屈を超えた実感を手にすることができるだろうと思います。

さて、ここにはイエス様の弟子の一人が、「ヨハネがその弟子たちに教えたように、私たちにも祈ることを教えてください」と言った、と書いてあります。バプテスマのヨハネは、イエス様の露払いをしたような先駆者でありました。この人は、自分のところに集まってくる弟子たちに向かって祈りということを厳格に教えたのです。旧約聖書のあり方に従って教えていたのだと思いますが、一週間に何日かは断食をして、あるいはお祈りをする前に沐浴をして、身をきよめてお祈りをする、というようなことを指導していました。そういう風評がイエス様の弟子たちに伝わってきたときに、「そうだ、私たちも先生に祈りのことを聞いてみよう」と思ったわけです。彼らもイエス様がよく山に登って静かにお祈りをしている姿を見ていましたし、時にはイエス様が声を上げて「天のお父様」と神様を呼んでいる姿を見ただろうと思うのですが、「どうやって祈るのか教えてください」と聞いたということであります。この一節から一三節までのところには、祈りとは何か、そしてどのように祈るべきかという、祈りの内容と態度について教えていますので、私たちはこの言葉に耳を傾けてお祈りに参加したいと思います。

私は自分のことを思うのですが、私もかつては、神様という方が生きていて、私のお祈りに耳を傾けてくださることを知りませんでした。けれども、あるときから、私は本当に神様の前に祈ることができるようになりました。洗礼を受けたからということではなくて、私が「天のお父様」と本当に呼ぶときに、天のお父様は私に答えてくださるという自覚的な経験を持ったのです。

お祈りには失敗をすることもあります。人の前で祈らされて、うまく祈れないこともある。それでもみなさん、知ってください。あなたの信仰がいきいきとして成長していくためには、お祈りを欠いては絶対にいけません。「どうりで私の信仰は床の間の置物みたいだった。日曜日になると。ふと目が醒めたようになって教会に来るけれども、火曜日、水曜日とだんだん落ちていく」という方もいるかもしれません。だから、お祈りはひとりですることもいいのですが、どうぞ祈禱会に出て来てください。祈禱会に来ると、「ああ、こうやって祈っているのだな。私が救われるためにも、こんなに名前が挙げられて祈られていたのだな」ということがわかると思います。私はいつも、一人一人の名前を丁寧に見てお祈りをしています。だれだれさんが救われますように、だれだれさんが癒されますように……こういう祈りを神様は聞いてくださると思う。

そして、自分もそういう祈りに参加すると、今度はひとりで家に帰って祈るときに、祈れるようになるのです。祈りにおいて成長する必要があると思います。これは教会のためにどうこう言っているのではありません。みなさん方の信仰のことを本当に思うと、神の子になったのだから、この地上において最高の神様の恵みをいただいて歩むことをお勧めしたいから、そう言うのです。聖霊は今も私たちの祈りを助けてくださる方ですから、確信と信頼をもって口を開いて神様の前にお祈りができるような者になりたいと思いますね。
イエス様のお弟子さんたちも、「祈りたいけれど言葉もわからないし、どういうふうにして祈ったらよいのだろう」ということで、「主よ、我らに祈ることを教えたまえ」と言ったわけです。そこで、二つのポイントを挙げてみたいと思います。一つは、「祈りの本質と内容」です。祈りとは何か、どういう内容で祈るべきかを、イエス様が教えてくださったということ。第二は、「いかに祈るべきか」ということ。祈りの態度を学んでいきたいと思っています。

1　祈りの本質と内容

まず、「祈りの本質と内容」ということでありますが、二節を見てください。こう書いてあります。

> そこで彼らに言われた、「祈るときには、こう言いなさい、『父よ、御名があがめられますように、御国がきますように……』」。

「祈るときには、こう言いなさい」と、祈る言葉さえも教えてくださったわけですが、イエス様はここで、単なる祈りの定型句をお教えになったのではなくて、お祈りがどういう内容を持つことが正しいことかということをおっしゃったのだと思います。そういう意味で、イエス様は弟子たちに特別に、まず神様に向かって、「父よ、御名があがめられますように」と祈るように言われたのです。

さて、私たちが今読んだところは、「主の祈り」です。多くの日本のキリスト教会では、大正時代に訳された文語訳聖書のマタイによる福音書の主の祈りを、公用の「主の祈り」としています。このルカによる福音書のほうは、それとは少し形が違って圧縮されているのですが、ルカはこの主の祈りの言葉だけを教えたのではなくて、どういう態度で祈るべきかということを教えるために、祈りの本髄だけを縮めていると見ることができます。

ここでイエス様は、お祈りをするときに、神を「お父様」と呼ぶことを教えられました。これは、「アバ」という言葉です。アラム語で「お父さん」という意味の言葉なのですが、日本語で「父よ」と言うと、何か隔たりを感じますよね。たとえば、私が私の父に、「父よ、聞きたまえ。あれを買いたまえ」なんて言わないわけです。「お父さん、買ってください」と言うでしょう。英語で言えば「ダディ」、私の田舎では「おとっつぁん」と言います。神様は、お祈りをするときに、そういうふうに呼ぶようにと言っておられるのです。

みなさんは、神様をそう呼んだことがありますか。呼びかけというのは、その人と相手との人格の出会いを意味します。国語の問題ではありません。私が私の父を呼ぶときに、「おとっつぁん」と呼ぶのは、父だったら聞いてくれるなという思いをもって呼びかけますし、父はまたそれを聞いて、「ああ、子どもが何か自分に求めているのだな」と思うわけです。そこには父と子のいのちの人格関係があるのです。みなさん、聞いてください。お祈りは、単なる願いではないのです。神様と私たちとの、父と子とのいのちの関係です。これなしに私たちの信仰の生涯はあり得ないだろうと思うのです。

ですから、パウロはローマ人への手紙の八章において、「私たちは神様の御霊によって、神様に向かって、『お父様』と言えるようにされている」と言っています。神様の御霊が今日もここに臨んで、私たちは、「アバ、父よ」と呼ぶことができる。これが祈りの本質です。基本の基本です。何も言葉が出てこなくても、「お父さん」と言えたら、それでツーカーになっていったら、これは進んだ信仰ですね。「お父さん」と本当に心の底から呼べたら、その祈りは答えられるのです。イエス様はここで、祈りの実質とは神とのいのちのつながりであることをお教えになったと見ることができます。

そして、祈りの内容として、まず祈るべきことは何かというと、「御名があがめられますように、御国がきますように」と書いてあります。「私の生涯が、神様を畏れ、神を神としていくことができますように。神様のご栄光が現れますように。神様が、人々から神と崇められることができますように」という、神様の栄えのための祈りがまず出てこなければならないのです。泥足で駆け込んで来て、はあはあ言いながら、「神様、なんか買ってください」なんて言っても駄目です。そうではなくて、まず私たちが神様の前に、「あなたの栄光が現れますように。あなたが多くの人々に信じられますように」と、神の栄光を求めることです。

その次には、「わたしたちの日ごとの食物を、日々お与えください」ということ。今度は自分のために祈ってよいということです。「日ごとの糧」というのは衣食住の問題でしょうけれども、現在の必要について、事細かにお祈りをしてよろしいということでしょう。そして、過去のことについては、「わたしたちに負債のある者を皆ゆるしますから、わたしたちの罪をもおゆるしください」ということ。私たちは、イエス様の十字架によって罪が赦されていることをもう一度感謝して、過去についての罪の赦しを祈るということです。将来に対しては、「わたしたちを試みに会わせないでください」。人生にはいろんな問題がやってきますが、その人生の試練に勝つことができるように祈りなさいということです。現在の必要のために、過去の罪の赦しの恵みのために、そして将来の試練について守られるように、お祈りをしなさいとイエス様は教えてくださったのであります。

ですから、まず父なる神様とのいのちの関係を確認し、神様の栄光の現れることを祈って、自分たちの現在の必要、過去の罪の赦し、来るべき将来のいろんな試練に耐えられるように祈ることが、祈りの本質であり、祈りの内容であるということであります。

2　いかに祈るべきか

第二に、それでは、そういう本質と内容とをもって、どういう態度で祈るべきか、「いかに祈るべきか」ということを見ていきたいと思います。五節から読んでみましょう。

そして彼らに言われた、「あなたがたのうちのだれかに、友人があるとして、その人のところへ真夜中に行き、『友よ、パンを三つ貸してください。友だちが旅先からわたしのところに着いたのですが、何も出すものがありませんから』と言った場合、彼は内から、『面倒をかけないでくれ。もう戸は締めてしまったし、子供たちもわたしたちと一緒に床にはいっているので、いま起きて何もあげるわけにはいかない』と言うであろう。しかし、よく聞きなさい、友人だからというのでは起きて与えないが、しきりに願うので、起き上がって必要なものを出してくれるだろう。そこでわたしはあなたがたに言う。求めよ、そうすれば、与えられるであろう。捜せ、そうすれば見いだすであろう。門をたたけ、そうすれば、あけてもらえるであろう。すべて求める者は得、捜す者は見いだし、門をたたく者はあけてもらえるからである。あなたがたのうちで、父であるものは、その子が魚を求めるのに、魚の代りにへびを与えるだろうか。卵を求めるのに、さそりを与えるだろうか。このように、あなたがたは悪い者であっても、自分の子供には良い贈り物をすることを知っているとすれば、天の父はなおさら、求めて来る者に聖霊を下さらないことがあろうか」。（五―一三節、傍点筆者）

ここでイエス様は、祈りの態度についてお教えくださったのでありますが、それは一口で言いますと、「信仰をもって祈る」ということです。「鰯の頭も信心から」というようなことではなくて、神様に対する信仰を持つということですね。イエス様はここで、「求めよ、さらば与えられん。たずねよ、さらば見いださん。門が閉まっていても、門をたたいてみろ。開けてもらえるぞ」と言ってくださいました。単発的な祈りで終わらないで、信仰をもって祈り続けていくことを、お教えになったと思うのです。

イエス様は、二つのたとえ話に、その原理を挟むようにして提示してくださいました。そういう祈りの態度をどのように実行したらよいだろうかということを、たとえで話してくださったということであります。その一つが、夜中に訪ねて来た友だちのことです。友だちが旅先から来て、お腹を空かせていたのですが、家には食べるものがないということで、隣に行って扉をドンドンとたたいて、「ちょっと起きてくれ」と言ったら、「もうみんな床に入っているのに、出て行ってパンをやることはできないよ」と言われてしまった。それでも、ドンドンとたたき続けると、その家の人はとうとう負けて、「友だちだからあげるのではないぞ。あんまりおまえがたたくからだ」と言って、パンを貸してくれたというお話です。信仰をもって祈るというのは、そういう祈りの態度なのです。八節を見てください。

> しかし、よく聞きなさい、友人だからというのでは起きて与えないが、しきりに願うので、起き上がって必要なものを出してくれるだろう。

「しきりに願うので」とあります。これは、訳としてはあまり良い訳ではありません。「しきりに」と言うと、何か「一生懸命に」という感じがしますよね。ところが、これはギリシャ語では心の態度を表す言葉で、あまり使われない言葉ですが、直訳すると「恥知らずの祈り」ということなのです。あるいは、「厚かましい祈り」と言ってもよいでしょう。

現代の注解者の中には、「人間が熱心に祈ってお祈りが答えられるということではない」という見方もあります。けれども、私はちょっと違うと思います。もちろん、私たちの熱心が神様を動かすことはできないと思います。神様はそんな安い方ではありません。しかし、そういう学者たちのように、「人間が熱心に祈れということではないぞ」と言ってしまうことについては、抵抗を感じるのです。「しきりに願う」というのは、厚かましく神の前に出て祈ることが大事だと言っていると思うのですね。

みなさん、私はここのところをみなさんに乗り越えてほしいのです。私たち人間は、聖なる神様の前には罪人ですから、お祈りをしていても、「でも、私はあんなことをしているから、この祈りは聞かれないのではないかな」というような誘惑が祈りの中にさっと入ってきます。サタンが、「ほれ見ろ、祈っているなんて言っても、おまえにはあれがあるだろう。おまえが陰でやっていることを知っているよ」と言ってくると、お祈りがそこで途絶えてしまうことがありますね。人間はみんな、すねに傷を持った存在なのです。神の前にきよい人なんて、一人もいない。それでも、厚かましいと思われてもいいから神のみ前に出て行くことです。神様に「しつこいな」と言われてもいいから出て行くという態度が必要なのです。

イエス・キリストの十字架の血潮は、そのために流されました。イエス様は、私たちの罪が赦されて、私たちが大胆に神の前に出て、良心の咎めを取り去られて祈ることができるように、十字架にかかってくださったのです。そんなことが自分の生まれつきの力や、道徳的な力でできるなら世話はありません。できないから、イエス様が死んでくださったのです。厚かましくても、しつこくても、神様が「おまえはそれでよいのだ」と言って私たちの祈りを許してくださり、聞いてくださるのは、イエス・キリストの血潮が流されているからです。「父よ、わたしは小林和夫の罪汚れのために死んでいます。もう小林和夫の古き人は死んでいるのです。だから、小林和夫の祈ることを聞いてあげてください」と、イエス・キリストが執り成しをして、私の祈りが突き抜けるようにしていてくださるのです。

「しきりに願うので」ということ。みなさんは、どうかお祈りをあっさり切り上げないでください。悔い改めるべきことがあれば、悔い改めればいいでしょう。しつこく願って、「厚かましいな」と思われるほどに祈ることです。そのような「切なる求め」というのが、ここで勧められている祈りの態度の一つのことです。

もう一つは、「父への信頼」ということです。イエス様は、「お父ちゃん」と呼ぶようにと言われましたが、お祈りをするときに、父への信頼がなかったら駄目ですね。ここでイエス様は、「あなたがたのうちで、父である者は、その子が魚を求めるのに、魚の代りにへびを与えるだろうか」とおっしゃいました。「あなたがたのお父さんたちは、あなたがたに求めるものをくれるではないか。人間の世界でもそうだとするならば、天の神様は求める者に一番良いものを与えてくださる」と言われたのです。私たちはすばらしい神様を与えられていますね。

みなさん、親が子を想う心がわかりますか。私だって、今は礼拝の説教を夢中でやっていますけれども、こういうことが終わると何が私の頭に来るかというと、子どものことですよ。親の心は子どもで占められているのです。

みなさん、知ってください。私たちの祈りを聞いてくださる天の父は、自分の子どものことを本当に忘れないで、念頭に置いていてくださっているものです。人間の父親でさえも、魚が欲しいと言われたら魚を買ってきます。パンが欲しいと言われればパンを備えます。ましてや、天の父は、肉親の父が私のことを全部わからなくても、もっともっと私をわかってくださいます。私を救ってくださったこの神様が、私たちの祈りに答えてくださいます。イエス様はここで、「求めて来る者に聖霊を下さらないことがあろうか」と教えてくださっているのです。

ですから、みなさん、どうぞ「祈っても聞かれるものか」なんていう声は退けて、「私の天の父は私のことで頭がいっぱいだ。私のことをいつも想ってくださっている方だ」と、父に対する信頼を持って祈っていきたいものですね。「父よ」と呼びましょう。神様の栄光が現れるように祈り、私たちの現在の必要、過去の罪の赦しの感謝、将来の試練に対する神様からの助けを祈って、「厚かましい」と言われるくらいに、祈りに打ち込んでいきたいと、そう思います。

教会の説教者 小林和夫牧師

小林和夫牧師は「講壇の人」である。アメリカ留学から帰国して一九六五年、東京聖書学院で教鞭をとるとともに、そのチャペルを借りて地域伝道を開始した学院教会の牧師に就任した。それから半世紀、教会で毎週の礼拝説教を続けながら、学院で後進の伝道者たちを育ててきた。主任牧師を二〇〇五年に斉藤善樹牧師に引き継ぎ、名誉牧師となった後も、毎月一回、礼拝で説教を担当している。牧会も信徒教育も、その講壇を中心に、みことばの説教によってしてきたと言っても過言ではない。

その説教に三十年余り養われてきた者として、会衆席で受け取った説教者の人物像のいくばくかを浮き彫りにしてみたい。説教は説教者と会衆とによって形づくられる、とはよく言われることだが、小林牧師の説教が実際に語られてきた教会の現場の片鱗でも感じ取ってもらえればさいわいである。

小林牧師の説教スタイルの基本は、聖書の一書ごとの連続講解説教である。それは、本著作集の読者には先刻承知のことだろう。複数の神学者、聖書学者の解釈を紹介した上で、「私はこれが妥当であろうと思います」といった話し方を、よく耳にしてきた。たまたま学院教会の礼拝に出席した教団教職者からは、「この信徒は、聖書学院の授業のようなこんな説教を毎週聞いているのか」と驚かれたことが一再ならずある。

しかし東京聖書学院教会は、いわゆるインテリ層が集まるタイプの教会ではない。百数十人の礼拝出席者の中に、時によっては医師や大学教授が二、三人いることはあったものの、大勢は普通の庶民だ。高邁な神学者の学説を聞いて、十分に把握し理解できる者がどれほどいたかは心もとない。

それでも、礼拝堂をあとにする時には、十代の若者から百歳のお年寄りまでが、主の恵みに深い感動を受け、心躍る思いで帰路に着くのだ。それは、聖書の言葉が、その日、まるで生きているかのように自分に働きかけてくる感覚と言ったらいいだろうか。単に巧みな聖書の解釈や高尚な神学的説明を聞いて意味がわかった、納得した、ということにとどまらない。聖書のみことばが開かれ、次々に説き明かされていくワクワク感。その言葉を語っておられる神が今、ここにおられると実感する厳粛さ。聖なるお方の臨在を感じずにはおられない。その結果もたらされる充足感のようなものが、学のあるなし、老若男女にかかわらず「恵まれた」と言える理由だろう。それは、福音そのものが持つ恵みに満たされる経験にほかならない。

この感覚を生み出している源泉は何だろう、と考えてきた。そして思い当たったことは、小林牧師自身がその聖なるお方の臨在にふれられて講壇に立っているということである。説教者自身が、その説教に取り扱われて語っている。「神様は最善以下のことはなさいませんから」「神様とはそういうお方さまです」と口癖のように語る、そのメッセージに励まされて、多くの教会員たちが信仰の歩みを堅くされてきた。

そのようなメッセージを裏打ちするのは、聖書に証しされ、聖霊によって「私」に語りかける、神の「お言葉」への信頼と、それを受け入れ従おうとする「信仰」だ。小林牧師自身が数々の病と苦闘し、家族とも様々の苦難をくぐり抜けながら、神の恵みのゆえに守られてきたことを、信徒たちは知っている。説教者自身が試練や困難の中で「お言葉」によってどのように取り扱われ、その中を「信仰」を持ってどのように通ってきたのかを、会衆は礼拝の場でともに聴くことで、いわば追体験する。そして、説教が締めくくられるころには、「小林先生を力づけてくださったこのお方の約束を、自分も信じていこう」という気持ちで満たされる。そうして「主イエスがともにいてくださるから、自分もやっていける」という信仰が与えられて、感謝の賛美をささげるのだ。

神学者であり牧会者である小林和夫牧師は、組織神学と実践神学の間に橋をかけようとしてきたと言われる。説教においてそれは、単に学者の説を紹介して説明するということにとどまらない。主イエスの教えたことや、現されたみわざを説き明かすとき、パウロ書簡が、あるいはヘブル人への手紙が、その教えをどう捉えているのかに言及することがしばしばあったが、それを単に教理の解説では終わらせない。パウロやヘブル人への手紙の記者がそうしたように、関連する旧約の記事に思いを馳せる。そのアプローチは、聖書の登場人物が経験したことやそのときの心の動きを、まるで目の前に取り出すようにして見せる。それはきわめてナラティブな、私はどう生きていったらいいのか、実際的な指針を与えるものだ。

小林牧師が「師」と仰ぎ尊敬してやまない車田秋次は、例話を語る時間を惜しみ、説教においてはもっぱら聖書の説き明かしに徹したと、親族からうかがったことがある。小林牧師は、師の「お言葉信仰」から多大な感化を受けたと聞くが、それに加えてみことばの実際生活への適用をも重視する。だがその適用の仕方は、どこかで探してきて付け加えたような「例話」を使ったりはしない。小林牧師自身が実存的に経験した福音の出来事を、説教の聴き手と分かち合っているということだ。

その説教を、小林牧師は原稿なしで語る。本編の「ルカによる福音書」もそうだが、本著作集に収められた説教はすべて、東京聖書学院教会の聖日礼拝で語られた説教の録音から文字に書き起こしたものである（ルカによる福音書と使徒行伝は一九九三年六月〜一九九六年十月の礼拝説教）。しかし原稿がないとはいえ、綿密なアウトラインは用意されている。講壇に立つ直前までそのメモに書き込みをしている小林牧師の姿を、教会員はしばしば目撃してきた。ところが、ひとたび説教が始まると、必ずしも準備したアウトラインに縛られることなく自由に展開したり、会衆の反応に応じて導かれるままに体験談やエピソードを加えたりして、予定とは違う形でその日の礼拝説教を終えることがままあった。綿密な準備を重ねつつ、しかし最後は聖霊の自由な働きにゆだねるという、説教の姿勢がうかがわれる。

教会の信徒たちの中にも、家族が次々と病に冒されたり、事故や大きな困難に遭ったりといった、試練の中を通される例が少なからずある。その人たちが、信仰に立ち、神様に支えられて乗り越えてゆく。そこに、説き明かされたみことばの力が現実に働いていることを見る。

最近の礼拝説教において、ホーリネス出身の神学者である渡辺善太から指導を受けた際に教えられた、「証人はなければならないが、あってはならない」という言葉を紹介したことがある。その日のテキストは、ヨハネによる福音書四章のスカルの井戸端で主と出会った女性の箇所だった。小林牧師は、四二節の「わたしたちが信じるのは、もうあなたが話してくれたからではない。自分自身で親しく聞いて、この人こそまことの救主であることが、わかったからである」というみことばに会衆の注意を促し、「このサマリヤの女性は証し人の役割を果したが、やがて人々は彼女の証しによってではなく、自らイエスの言葉によって信じた。それでいいと彼女は思っただろう」と説教を展開した。

小林牧師からみことばの説き明かしと、みことばによって主と出会った小林牧師自身の証しを耳にした信徒たちもまた、礼拝の中で説教者を介して神ご自身の臨在にふれ、自らイエスの言葉によって信じたのだ。「それでいい」と、小林牧師も思っていることだろう。

東京聖書学院教会会員
クリスチャン新聞編集顧問　根田祥一

ルカによる福音書・上　小林和夫著作集 補遺 1

2015 年 2 月 10 日発行

著 者　小林和夫

印刷・製本　シナノ印刷株式会社

発 行　いのちのことば社

〒 164-0001　東京都中野区中野 2-1-5
TEL 03-5341-6920
FAX 03-5341-6921
e-mail: support@wlpm.or.jp
http://www.wlpm.or.jp/

Printed in Japan　　ISBN978-4-264-03335-6